WIZARD

Mindset Secrets for Winning
How to Bring Personal Power to Everything You Do

ミネルヴィニの

by Mark Minervini

勝者に
なるための
思考法

自分を変えて、内なる力を最大限に引き出す

マーク・ミネルヴィニ[著]

長岡半太郎[監修]　山口雅裕[訳]

PanRolling

Mindset Secrets for Winning :
How to Bring Personal Power to Everything You Do
by Mark Minervini

Japanese translation rights arranged with Access Publishing Group, LLC
through Japan UNI Agency, Inc.

監修者まえがき

　本書は、マーケットの魔術師の1人であるマーク・ミネルヴィニが著した "Mindset Secrets for Winning : How to Bring Personal Power to Everything You Do" の邦訳である。この本を手に取るくらい真摯に投資やトレードに向き合う人ならば、ミネルヴィニについてはよくご存じのことだろう。中学中退から身を起して数々の苦難を乗り越え、最終的に偉大なトレーダーとなった彼は、文字どおり「生ける伝説」と言ってよい。また、ミネルヴィニの邦訳としては、すでに『ミネルヴィニの成長株投資法――高い先導株を買い、より高値で売り抜けろ』『株式トレード　基本と原則』『成長株投資の神』（いずれもパンローリング）があり、これらを通して、私たちは成長株投資の実践的な方法を学ぶことができる。

　一方、それらの前著に対して本書は、トレードの技術的な側面ではなく、より俯瞰的な立場から私たちが真に望む生き方を実現する方法に関して考察し、その認識と行動について述べている。その主張は、同じくマーケットの魔術師の1人であるラリー・ハイトが著した『ルール――トレードや人生や恋愛を成功に導くカギは「トレンドフォロー」』（パンローリング）を彷彿させる。

　彼らのように名を成したトレーダーが何かを書く、それもトレードについてではなく、成功を導くための心理に特化した本を書くのは、けっして経済的な理由や功名心からではない。それはトレードに限らず、この世界で困難に能動的に立ち向かい、人生を切り開いていくためにはそれが不可欠であり、すべての人々がそれを知るべきだと彼らが心から信じているからである。ミネルヴィニやハイト

1

の私たちに対する視線は、思いやりにあふれたとても温かいものだ。

　トレードをやろうとやるまいと、人は生きているかぎり遅かれ早かれ幾多の困難に遭遇することになる。そのなかには耐え難く苦しいものもあるだろう。そうした死の陰の谷を歩むとき、すべての人のかたわらに等しく神がいてくれるわけではない。もしそこにいるのが自分独りきりであるならば、自らの心を燃やして道を照らすよりほかに、どこにも光などない。ミネルヴィニが書いたのは、たとえ置かれた環境・状況を直接変えることができなくとも、自分の生き方に責任を持ち、自身の認識や行動を変えることで、ついにはその未来をも変えることができるという救済と希望なのである。多くの人が本書を読んで実行し、それぞれの目的が成就されることを願う。

　なお、本書に関係した参考書籍として、上記のハイトの著書のほかに、アメリカ心理学会の会長であるマーティン・セリグマンの著書『【新装版】オプティミストはなぜ成功するか──ポジティブ心理学の父が教える楽観主義の身につけ方』『ポジティブ心理学が教えてくれる「ほんものの幸せ」の見つけ方──とっておきの強みを生かす』（いずれもパンローリング）を強く推奨しておく。

　翻訳にあたっては以下の方々に感謝の意を表したい。まず山口雅裕氏には正確で読みやすい翻訳を、そして阿部達郎氏は丁寧な編集・校正を行っていただいた。また本書が発行される機会を得たのはパンローリング社社長の後藤康徳氏のおかげである。

　2022年6月

長岡半太郎

目　次
CONTENTS

CONTENTS

第1部　考え方を身に付ける

第2部　完璧な練習法を身に付ける

ボーナスチャプター

著者からのメッセージ

　本書を書く際に、私は自分の人生の多くの側面——ビジネスから
スポーツ、苦闘から勝利、そして貧困からお金持ちになるまで——
を引用した。私はオリンピックに出場する競技者たちが行う準備か
ら世界最高水準のコーチたちのテクニックまで、また成功したエリ
ートたちの人生に影響を与えたあらゆる側面に至るまで、幅広く調
べた。自己啓発書である本書では、スポーツの例をよく出している
が、これは競技に限った話ではない。何であれ自分の能力を最大限
に発揮したい人には本書が役に立つはずだ。私はすべての読者が心
を開いて、自分の人生に役立つ洞察を得てほしいと思っている。各
章は前の章に基づいて書かれているので、順を追って読むことが大
切だ。あなたの探求がうまくいくことを願っている。

　　　　　　　　　　　　　　　　マーク・ミネルヴィニ

はじめに
勝利を念頭に置いて

With Winning in Mind

　人が並外れた大成功者や勝者や優勝者になる要因は何だろうか。成人して以来、私は世界中で際立った成果を上げている人々が各分野で成功した要因を研究しながら、この疑問に興味をそそられてきた。分かったことは次のとおりだ。ほぼすべての大成功者は、トレーニングの肉体面と同じくらい精神面が重要だと認めている。オリンピックで金メダルを7つ取ったマーク・スピッツは、「勝敗を分かつ要因の99％は心理的なものだ」と語った。伝説的ゴルファーのジャック・ニクラウスは、最高の結果を出すために最も重要なのはイメージトレーニングだ、と書いている。それにもかかわらず、これら選ばれた人々を除くと、自分の考え方を改善し最適化するための心理的戦略を立てて、成功を目指している人はほとんどいない。肉体には生まれ持った限界があるが、精神には無限の可能性がある。これは私にとって、ずっと極めて重要な考え方だった。考え方を変えることで、私は人生を変えることができた。あなたも同じことができるはずだ！

　私は成功するために、人生で発見してきたことを毎日応用している。それは経済面に限らない。自分を奮い立たせることで、最も情熱を注いでいることを追求して、運命を切り開くことができている。本書では、私のパフォーマンスだけでなく生活の質も向上させた、

具体的な考え方の「秘密」を明かしている。私の目標は、長年にわたって学んできた重要なポイントや精神面のテクニック——私が勝つために使ってきたテクニック——を伝えて、それらの教訓を読者の方にも使ってもらうことだ。

　これから私自身が経験した重要な変化や、最高の成果を上げた人と平均的な人を分かつ重要な心理的特徴について検討する。さらに興味深いことだと思うが、これらの原則をどう使えば成功の基礎となるかを学ぶ。勝つことだけが重要なのではない。情熱の力で得られる充実感を伴った成功が重要なのだ。

　これは通常の自己啓発書ではない。私は心理学者ではないし、人間行動に関する博士号も持っていない。しかし、勝利と成功に関しては専門家だ。私の知識は学術理論に基づくものでも、単なる観察から得たものでもない。これは私が日常生活で実践していることだ。要するに、これは実際に役に立っているものだ。私はこれを利用して、一般的な基準で大成功を収めたし、現在も役に立ち続けている。

　私は30年以上にわたって、自己啓発や人間の優秀さを研究してきた。これから伝えることは、経歴に関係なくすべての勝者に共通することだ。私はこれを「自己実現の原則（Empowerment Principles）」と呼んでいる。私はこれを仕事や趣味だけでなく、人生のあらゆる側面に当てはめてきた。

　勝利について真っ先に知っておくべきことは単純だ。考え方が正しくなければ、いくら知識を高めてスキルを磨き、訓練を重ねても、それらが現実世界で最も必要なときに役に立つことはない。大切なことは、勝者の考え方を身に付けることだ。あなたの知的能力は身体能力と同様に頑強でなければならない。どんな状況にも対応できる、頼りになる考え方を身に付けて、勝者として優位に立てるよう

になる必要がある。

　以降では、ビジネスでもスポーツでも人生でも、効果を高めて成功するのに役立つ、強力なアイデアと戦略を説明する。これらのテクニックの使い方や訓練法が理解できれば、目標達成までの行程表としっかりした羅針盤が得られる。そうすれば、パフォーマンスが向上して、想像以上に早く夢を実現できる。

　都合の良いことに、成功に必要なものはすべて、すでに自分のなかにある。実は、それは最初からあるもので、あなたにぴったり合うのを待っているだけなのだ。これは単なる自己改革ではなく、自己発見だ。あなたにはすでに潜在能力があるからだ。これはどうやって自分の持つ力を引き出して発揮するかという問題なのだ。

成功の意味

　人生の早い段階では、成功には一定の意味がある。ほとんどの人にとって、成功とは通常、お金や財産や地位を得ることを意味する。私の場合は世界屈指の株式トレーダーになることだったが、これは明らかに経済的な成功を意味していた。大金を稼ぐことは間違いなく目標の１つだったが、目的もなくお金を稼いでも自慢にはならない。母はよく、「お金そのものはただの紙切れよ。世界の終わりに火をおこして暖を取るのにちょうどよいものなの」と言っていた。母に気づかされたのは、自由や生き方や雇用創出や慈善活動など、お金の価値はその使い道によるということだった。

　成功とは、対戦相手に勝ったり、観客の前で腕前を披露したりすることだけでなく、自分に勝つことでもある。それは、自分が夢見ていた人生を送るときに得られる達成感や、明確な目的があるとい

う感情だ。人生の前半で、私は経済的な意味で勝者になることを目指した。しかし、やがて、お金持ちになれば確かに気分は良いが、それだけではけっして幸せにはなれないということを学んだ。私は自分が単なる経済的な成功を望んでいるのではないことに気づいた。私は幸せになり、充実感を味わいたかった。**成功とは自分の目標を達成することだ。目標がオリンピックで金メダルを取ることでも、だれかの手本になることでも、地元のソフトボール大会に出ることでもかまわない。**成功とは個人的なものだからだ。自分の成果を活用して他人を助け、精神的に成長できなければ、私はほとんど何も達成していないと気づいた。以前の目標を達成することで、私はもっと大きくて意味のある目標を持つようになった。

　若いころ、初めて巨額投資の世界に足を踏み入れたとき、母は私に成功を願うカードを送ってくれた。それ以来、私はそれを額に入れて机の上に置いている。それには母の願いや愛、それに次の言葉が書かれている。

成功

「よく、大いに笑うこと。賢明な人々から尊敬され、子供たちから愛されること。正直な批評をする人から評価され、うわべだけの友人の裏切りに耐えること。美しいものを理解して、他人の最も良い面を見つけること。健康な子供を育てるか、庭を手入れするか、社会を改善して、世界をほんの少し良くすること。自分が生きたことで、人生が楽になった人が1人でも現れること。それが成功したということだ」
──ラルフ・ウォルドー・エマソン

どう始めるかではなく、どこで終わるか

　子供のころ、私はいつかお金持ちになって成功することを夢見ていた。しかし、当時の現実はまったく異なるものだった。貧しい家庭で育ちながら、母が生活費のやりくりに苦労や心配をしているのを見ていた。子供のころは、問題の多い危険な環境で育った。つらい生活だった。私は怖がりで、自信がなかった。周囲は暴力や犯罪がはびこり、お先真っ暗だった。母はもっと良い環境が必要だと気づき、郊外の小さなアパートに引っ越した。私はそこで新しい友人を作って、新たな生活を始めた。

　初めて友人の家に行ったときのことを私はよく覚えている。彼は中流階級の家に住んでいて、そこにはきれいな地下室や25インチのカラーテレビや暖炉があった。私は、「すごい、彼はお金持ちなんだ」と思った。すてきな家具があり、父親用の豪華な仕事部屋があり、光沢のある桜材の机の後ろには緑色の大きな革張りの椅子があった。裏庭をのぞくと、なんとプールまであった！　私はそんな「豪邸」に住める人がいることに驚いた。

　その年の後半に、父は私を連れて弁護士のところに行った。事務所に入ると、弁護士は緑色の大きな革張りの椅子に座った。それは友人の父親の仕事部屋にあったものに似ていて、真鍮製の飾りボタンが付いていた。それは威厳のある玉座のように、お金持ちが座るものに違いないと思った。私にとってその椅子は成功の象徴だった。20年後に成功を収め始めたとき、私はまず高級家具店に行き、4200ドルで同じような椅子を買った。あなたは「椅子に4000ドルも？」と言うかもしれない。そのとおり。その高すぎる椅子のためにお金を払うと勝者の気分を味わえたので、私は喜んでお金を支払った。

「勝つことがすべてではない」とよく言われる。自分を偽っては
いけない。負けるのは最悪だ。「負けっぷりのよい」人とは、負け
癖が付いている人にすぎない。勝ち負けは、適切なスキルを持って
いて何をすべきかを知っているという技術的な能力だけでは決まら
ない。トップの成績を残す人とそうでない人の違いは心理戦にある。

今私に会えば、かつては自信がなく、はっきりと主張できない人
間だったと思う人はいない。だが、現実はそんなものだ。恵まれな
い環境で育つと、富や成功は特別な集団に属する人だけに与えられ
る神秘的なものだと思い込みやすい。私は、そんなことは一度も信
じなかった。人生には現実とは異なることがたくさんある、と常に
思っていたからだ。この本は世界で自分の居場所を見つけて勝者に
なるために私が何をしてきたかを語ったものだ。

あなたが若くて何かを始めたばかりならば、出身や始め方に関係
なく、夢を実現できる。人生で自分を変えたいと夢見ている段階か、
夢をあきらめた場合でも、水準を高めるのに遅すぎることは断じて
ない。この本を一度読んでも、人生が奇跡的に変わることはないか
もしれない。しかし、これから紹介する原則によって私は間違いな
く変わった。起業家で自己啓発の講演家であるジム・ローンは、「成
功はいくつかの単純な規律を毎日課しさえすれば、得られるものだ」
と述べている。

この本では、勝者が勝って、夢を追う人が夢を実現するための規
律が見つけられる。

目的地ではなく、旅

私は成功のための健全な原則から出発したのではない。生涯にわ

たる経験から学んできたのだ。そのほとんどは間違いを犯したり、自分が知らなかったことを知識がある人から学んだりして得たものだ。私はそれらのツールと戦術を用いて貧困を脱し、かつては夢見るだけだった成功に達した。ほとんどの人はこれを、無一文から大金持ちになるというよくある話だと思うだろう。わずか数千ドルと８年の教育（そのとおり、私は15歳で学校を中退した）しか受けなかった私は、自分の持っていた唯一のもの——夢と学習意欲と粘り強さ——をつぎ込んで富を築いた。そして、31歳までに株取引で億万長者になった。

その後、1997年に世界屈指の株式トレーダーだと証明することにした。私は苦労して稼いだ資金（わずか数千ドルから始めてためたお金）のうちの25万ドルを使い、権威あるUSインベスティング・チャンピオンシップに出場した。そこでは業界で一流と呼ばれる人たちが株式、オプション、先物のトレードで実際に資金を運用して競い合う。ルールは単純だった。１年後に自己資金に対するリターンの比率が最大だった投資家が勝利するのだ。

12カ月後、私はチャンピオンに選ばれた。私の株式口座は155％増えていた（25万ドルが63万7500ドルになっていた）、アメリカで一流の何百人ものマネーマネジャーをリターン比率で打ち負かした。その後、私はウォール街で会社を立ち上げて、ハーバード、イェール、プリンストンといった名門校の卒業生に立ち向かった。そこでは私のような「一般人」を入れないという伝統があった。そんな壁があるにもかかわらず、私は成功できると信じていたし、伝統的な資格は満たしていなかったが、私は世界で最も成功した株式トレーダーの１人になった。アメリカで最大級の機関や世界中の興味深い顧客に投資の助言をし、一流大学で講演までするという名誉にあず

かった。執筆した3冊の本はいずれもベストセラーになり、6カ国語に翻訳された。今では、勝利の手法を学びたいという人々が私のコーチングワークショップや投資セミナーに世界中から集まってくる。何よりも、私は好きなことをして大成功を収めた。

　これは自慢ではなく、成功したから今の私があり、他人を成功に導くという究極の目的を達成する立場に立てた、と言いたいのだ。

　私は「どうやって、それを実現したのですか」とよく聞かれる。それは私の独自性や才能のおかげではなく、幸運だったからでもない。私が自ら考え方を変えて、勝利法が身に付く考え方を採り入れた結果だった。私はこの過程が良かったと固く信じているので、2年近くを費やして、自分が学んだすべてをこの本につぎ込んだのだ。

　あなたが偶然にではなく、意図的にこの本を手に取った可能性がないか考えてほしい。あなたは夢を追いかけ、進みたいといつも思っていた道を進む準備ができているからだ。そして、今のあなたよりも恵まれないところから始めた人の見本が必要ならば、私がここにいる。

　私ができたのだから、あなたにもできる。

宝箱

「本はあなたが手にしている夢だ」——ニール・ゲイマン

　救いは最も驚くべきときに、まったく予想外の形で訪れることがある。8歳のときに両親が離婚すると、生活はどん底に落ちた。母は生活保護を受けたが、フードスタンプを使い切ると十分な食事がとれなかった。夜になると、寝室から母の泣き声がよく聞こえてき

た。苦しい時期だった。幼いころから、自分の望む人生はこんなものではないと思っていた。

　母はやがて、デニスに会った。彼は成功を夢見ていて、母に暮らしはもっと良くなると約束した。母はその時期が一番幸せそうだった。彼は母に希望を与えた。彼は本当に良い人で、だれにでも好かれていた。だが、一度も成功しなかった。戸別訪問でAAA（アメリカ自動車協会）の会員になるよう勧誘をしていた。今の仕事は自分のやりたいことではないが、成功の「準備」はできている、とよく私に言った。多くの自助セミナーに行き、自己改善に関するさまざまな本やテープを買っていたが、特に変化はないように見えた。たいてい、それらの本やテープはほこりをかぶっていただけだ。

　その当時、私は仕事もなく一文無しだった。しかし、お金持ちになりたかった。貧しい人々はそれを夢見るものだ。ある日、デニスが持っている山積みの本が目に入った。私はそこからナポレオン・ヒルの『思考は現実化する』（きこ書房）をたまたま手に取った。その書名がすべてを語っているようだった。部屋には不動産投資、交渉術、自己啓発に関する本がたくさんあった。「これは成功本の山だ」と思った。それはまるで宝箱に巡り会ったかのようで、ふたを開けると、輝く金色の光が放たれ、天使たちが歌った！　私は昼夜を問わず読み始めた。いくら読んでも、読み足りなかった。本を読みテープを聴けば聴くほど、この人たちが成功できたのなら、自分も成功できるはずだと強く確信した。また、デニスと私との重要な違いは信念にあるのではないかと思うようになった。彼には見習うべき手本がたくさんあったのに、それを実行できるとは信じていなかった。だから、「準備」から一念発起して実際に行動するまでには至らなかった。

すごい！
この文章は
なかなかいい

　もちろん、私は世間知らずだったので、本を読んだだけですぐに100万ドルを稼いで、ロールスロイスとかわいい女の子たちと一緒に表紙を飾っている不動産投資コースの男のようになれると思った。しかし、私はもっと重要なことを学んだ。それらの本を書いた成功者すべてには共通点があり、それは勝者が従った一種の「レシピ」があることだった。同じその方式に従えば、私も同等以上の結果がきっと得られると確信した。

印刷された言葉の力

　生涯を通じて、私は本からひらめきを得てきた。貧しくて本を買えなかった時期は、書店の通路で立ち読みをした。また、学生のふりをして大学の図書館に行き、資料室で本全部を１ページ１セントでコピーをして、それをホチキスで留めた。私は学ぶのが大好きで、読む本すべてから触発される。いつも感じていたのだが、どんなにひどい本でも、１つくらいは良いアイデアが書かれている。経験から、本は人生を変えてくれるということを学んだ。私自身の人生では間違いなくそうだった。本書は株式市場での成功法に関する３冊の本に続く４冊目の本だ。

　私の本はすべて非常に個人的なもので、世の中や家族、特に娘に伝えたい信念や遺産が含まれている。娘には充実した人生を送り、

世の中に貢献できる機会を得るために、自立する力を付けることや、目的を持って生きることについて知ってほしい。私はこの知識をあなたにも伝えている。私が昔発見して、人生を変えた本やテープの「宝箱」のように、この本はあなたの人生に変化をもたらし、力を養うのに役立つと確信している。

50代になって人生を振り返ると、自分がどのように物事に取り組んできて、とても難しいと思われていた目標をどうやって達成したかが分かる。私は目覚めている時間のほとんどを戦略の開発に費やした。これはビジネスからオリンピックまで、あらゆる分野の勝者の研究から導き出された体系的な手法で、これまでに自分が行ったすべてのことに当てはめてきたものだ。この手法は最初から現在のように洗練されていたわけではないが、この普遍的な手法は繰り返し役に立った。例えば、空手の試合で闘うときやミュージシャンとしてのスキルを高めること、ビジネスや不動産や株式市場で成功を収めること、スポーツ大会に出場すること、プロレベルの写真を撮ること、本を書いてベストセラー作家になること、ライブセミナーを実施して人前でスピーチをすることに役立った。最近では、ピストル射撃大会に参加したときにも役に立った。そして、私は多芸多才の「ルネサンス人」になることを目指しているので、まだこれで終わりではない。

あなたは、「すごい！　これらはまったく関係ないことばかりだ。職業から趣味やそのほかの試みに至るまで幅広い」と思うかもしれない。それは本当だ。適切なプロセスを踏めば、どんな新しい課題に取り組んでも、比較的短期間にうまくなれると分かった。ただし、時間をかけて勝利の方程式を当てはめて、勝者の考え方を身に付ける必要がある。

デニスの本を発見してから35年がたったが、私は今でも本を読み、情報を得て、刺激を受けている。私の蔵書は何千冊もあり、それらはすべて読んだ。数え切れないほど繰り返し読んだ本もある。この本は、30年以上の研究と洗練、さらに個人的経験からの改良を総合したものだ。知恵と洞察によって、私は永続的な成功に必要な確たる基盤と個人的な戦略を構築できた。**私が知っていることすべてを、この本の読者が発見できることを望んでいる。どんぐりの実に樫の木が潜んでいるように、あなたにも驚くべき可能性が秘められている。これは適切な考え方を身に付けられるかどうかの問題にすぎない。それができれば、あなたも内なる勝者に火を付けて、明確な目的を持った人生を送ることができる。**

私の最初の翼

私は貧しい家庭に育ち、何度もつらい思いをしたが、人生で大きな影響を受けた、2人の重要な人物に恵まれた。それは両親だ。父も母も悪い見本となることをたくさんしたが、重要なものも与えてくれた。私はそれらの教訓を学ぶことにした。母は私をとても愛してくれていた。父はいつも「やってみろ」（つまり、チャンスを生かせ）と言った。私がドラムを担当していたバンドで、レコードを作るために15歳で学校を中退したときも含めて、私が打ち込んでいることを思いとどまらせることはまったくなかった。

幼児期の大切な思い出の1つは、寝る前に私のお気に入りの『おさるのジョージ』（岩波書店）と『かもめのジョナサン』（新潮社）を母が読んでくれたことだ。2冊とも楽しい思い出があるが、『かもめのジョナサン』は重要で、長く記憶に残った。これはリチャー

ド・バックによる例え話で、獲物を探すだけの群れのなかで日常生活にうんざりしているかもめのジョナサンについて書かれている。ジョナサンは人生について学ぶことや、飛んで自分の翼の力を試すことを願っている。母は「8歳の誕生日を迎えた息子へ。あなたもジョナサンと同じくらい高く飛べることを知っておくように」というメモをはさんで、この本を贈ってくれた。私は娘の8歳の誕生日に、同じメッセージを入れて同じ本を贈った。

　幼いときにその比喩が本当に理解できたとは思えないが、今では単純だが深遠なこの本のメッセージが理解できる。特に、1つの言葉が記憶に残っている。ジョナサンは大胆な飛行から戻ると、群れに向かって自分が発見したことを話した。「1000年の間、私たちは魚を追いかけるだけでしたが、今では生きる理由があります。それは学び、発見し、自由になることです！　話す機会を私にくれたら、見つけたことを教えます……」

　この話は成長するにつれて私にひらめきを与え、今では私の目的意識とよく合っている。ジョナサンのように、私は「群れ」に戻って、自分が発見したことを他人に伝える必要がある。私は一緒に育った子供たちのことを思い出す。彼らの多くは私と同じように不利な立場にあったが、その状況を乗り越えることはなかった。この本はかもめのジョナサンのような言葉を、聞く気がある人すべてに伝えるために書いた。私たちはだれでも高く飛べるが、自分の可能性を信じるかどうかはその人にかかっている。今までのように「魚を追いかけ」続けるか、たくましい想像力すら超えて高く飛ぶかは自分で選ばなくてはいけない。

音楽を共有する

　ノーベル物理学賞受賞者のエルヴィン・シュレーディンガーが言ったように、「結局のところ、自分のしていることを他人に伝えられなければ、していることに価値はない」。私は自分のストーリーや経験、それに成功に至るまでの道のりを伝えることで、何が可能かを見るようにと鼓舞してきた。私は非常に長い道のりを歩んできたが、本当の仕事はまだ始めたばかりだ。

　この本の核心は、あなたに自己実現の力を与えてその使い方を学ぶツールを提供することだ。力を付けると、全力を傾けたことを何でも達成できるようになる。本書を読んでいるすべての人が株式トレードでの大成功やスポーツ大会での優勝を目指しているわけではないだろう。また、ビジネスで成功を収めることや、必要以上にお金を稼ぐことはそれほど重要ではないかもしれない。しかし、何を達成したいにせよ、私がこれから伝えることを受け入れて、勝利の哲学で自分の思考や、おそらく人生を変えることができれば、追い求めていることを成し遂げる力が付くだろう。

　心の底からの歌は人に感動を与えて、奇跡を起こすことができる。これこそ私が伝えなければならない歌だ。これは中学2年で学校を中退してありとあらゆる攻撃を受けた、私の個人的な話に根ざしている。私にはお金もコネもなかった。あったのは、他人が成功できるのならば、自分だって成功できるはずだという信念だけだった。私は自分の能力や洞察力を信じていた。自分にとって非常に恐ろしい世界に大胆に挑戦して、勝者になった。もっと重要なことだが、私は貴重な人生の教訓を学んだ。**成功で重要なのは、何を成し遂げたかだけではない。その成果で何をするかが重要なのだ。私たちの**

心は単なる勝利以上のものを欲しがるからだ。心は意味を求める。 そのせいで、私はもっと大きなことを追い求めようとするのだ。人を鼓舞し、私を手本にしたおかげで、幸せで意味のある人生を送れたという人が1人でもいたと知ってから人生を終えたい。生活を改めれば、人生が変わる。

　物事は変えられるし、問題や障害は永遠に続くわけではないということをだれかが示しさえすればよい。そうすれば、世界が変わる可能性がある。だれかが障害を乗り越えると、ほかの人たちが自分にもできると信じるようになる。それが、先駆者になることが非常に重要な理由だ。そして、そのだれかが自分よりも貧しいところから出発していたら、自分にできる可能性はもっと高いと確信できるはずだ。

　1997年には、LPGA（全米女子プロゴルフ協会）ツアーに韓国人の女性ゴルファーは1人もいなかった。翌年、パク・セリは2つのメジャー大会で優勝した。新しい展望が開けた。不可能と思われていたことが突然、可能になった。彼女が刺激となって、若い世代の女性たちがゴルフを始めた。今日では、韓国人の女性たちがLPGAツアーで上位を占めている。

　あなたがこの世で必要でない存在であれば、ここには存在していないということを絶対に忘れないでほしい。そして、人生の困難や問題がいかに大きく見えても、偉大な変化はすべて、1つのアイデアを持った1人から始まるということも覚えておいてほしい。 アイザック・ニュートン卿の言葉を引用すれば、「私が人よりも遠くを見たとすれば、それは巨人たちの肩の上に立っているからだ」。そして、私はあなたと同じように、先駆者たちの肩の上に立っている。

　あなたは私や先人たちが苦労して得た知識が利用できるゆえに、

私よりもはるかに多くのことを達成できる。他人の考え方を変えることはできない。それは分かっているが、私自身のたどった道を伝えて、力を高めるのに役立つ新しい考え方ができるように、手がかりを残しておきたい。人類という美しい曲は流れ続け、あなたはこの世にいる間、そこにきっと一節を付け加える。問題はその一節がどんなものになるかだ。

この本は私が残す一節の一部だ。これはどうすれば意識を高めて、することすべてに力を発揮できるかの一例となるに違いない。あなたが達成しようとしていることが何であれ、それには物理的な限界があるかもしれない。だが、実は、私たちは常に心理的な限界のほうに先に達するのだ。能力は自分が置かれている状況ではなく、自分の考え方によってのみ制約されているということをまず知っておこう。適切な考え方ができれば、自分の人生の勝者になり、願ったことを何でも成し遂げることができる。

それは私が保証する。

第1部
考え方を身に付ける

Mastering Your Mindset

第1章
信じる脳
....
The Believing Brain

　勝者や並外れた成果を上げる人たちは平均的な人とは考え方や従う基準が違う。そして、やがて競争で優位に立つ。言うまでもないが、どの分野でも活躍するためにはスキルを磨く必要がある。しかし、大成功を収めた人たちは経歴や職業に関係なく、自分だけの勝つための考え方を持っている。そして、それは核となる信念に裏打ちされたものだ。私はこれを「グローバルビリーフ（根底をなす信念）」と呼んでいる。

　脳をコンピューターソフトウェア、体をハードウェアと考えてみよう。コンピューターはソフトウェアがないと役に立たない。ソフトウェアがハードウェアを制御しているからだ。そこで、この信念を、ほかのすべてのプログラムを動かすためのコンピューターのOS（オペレーティングシステム）に例えることができる。同様に、信念体系は自分の判断と行動すべての背後にある目に見えない力だ。体は脳に指示されたことを信念の範囲内で行う。信念はだれでも持っているが、すべての人が自分の力を十分に引き出す信念に従って生きているわけではない。これは重要だ。人生を導くのは信念だからだ。秘訣はこうだ。レオナルド・ダ・ヴィンチのように絵を描きたければ、彼と同じ考え方ができるようにすることだ。**僧侶と同じような考え方ができないのに、僧侶になることはできない。同様に、**

まず優勝したボクサーと同じような考え方ができなければ、ボクシングで優勝はできない。どうすればうまくいき、自分以外のほかの人が何を達成したかを知って、それらの背後にある考え方が理解できたとき、似た目標やさらに高い目標でさえも目指せるようになる。勝つための信念に触発されて自分の力を十分に引き出せるようになれば、さらに高い水準に身を置くことができる。

　結論　勝者のような成果を上げたければ、まず彼らと同じ考え方ができるようになる必要がある。ディーパック・チョプラが述べたように、「体の動きを変えるには、まず心のソフトウェアを書き直す必要がある」。成功した人の体の動きをまねても、さらに同等の知識やスキルを持ったとしてさえも、それでは不十分だ。それらの資質で何をするかを決めるのは自分の考え方だからだ。この章と本書全体を通して、最高のパフォーマンスや勝利に役立つ強力な信念と戦略を探求する。ここで言う勝利とは、レースやコンテストに勝つことだけでなく、人生で勝つことをも意味する。つまり、情熱と目的を持って目を覚まし、自分で思い描いた人生を送るということだ。

情報源とメッセージ

　自分が今信じていることをなぜ信じているのかとか、それらの信念は何に由来するのだろうかと考えたことはあるだろうか。ある日、目覚めると、突然、そういう信念を持っていたということはまずない。自分の信念を疑ったことはあるだろうか。現在の信念のおかげで大きく成長し、偉業を達成できるようになっただろうか。それとも、その信念は自分の妨げになっているだろうか。本当の問題は、

信念があなたの役に立っているのか、それともあなたが信念に振り回されているのかだ。本当に指図をしているのはどちらなのだろうか。

　生まれた瞬間から、私たちは絶えず数え切れない情報源からの情報にさらされている。私たちの信念は世界の人々によって形成されているとまでは言えなくとも、大いに影響を受けている。特に身近な人――私たちが一番愛し、信頼し、尊重している人々――の影響を受けることが多い。私たちの意識も無意識も、入ってくる情報の吸収・解釈・選別・処理を絶えず行っている。通常、情報の多くは無意識に吸収される。幼児のころから、私たちは両親や兄弟姉妹、友人、教師、自分にとってのヒーロー、見たテレビ番組、聴いた音楽、読んだ本、通った礼拝所、よく訪れるウェブサイトからでさえ、考え方や行動スタイル、信念の持ち方に影響を受けてきた。

　外部からの情報は信念に影響を及ぼすことがあり、信念に合った体験をすると信頼性が高まるため、信念がさらに強くなる。そういう体験を繰り返すと、さらに確信するようになる。また、たとえ1回の体験であっても、深く感動して強い愛着を持つ場合もある。信念が強まるほど、神経系に刷り込まれて非常に強い愛着となる。例えば、親が教育と学業成績を最も重視する環境で育てられると、子供にも高校をきちんと卒業して大学に進学するようにと強く求めがちになる。そして、自分が大学を卒業して高収入の仕事に就けたら、自分の経験からその信念には根拠があると思ってしまうので、教育の重要性をいっそう重視する可能性が高くなる。

　しかし、子供のときに抱いた恐怖の多くが大人になると信念になっていることも事実だ。それらは見えない力となって、私たちの行為すべてに影響を及ぼす。染み込んだ信念のほとんどは「代々伝わ

る家訓」のように何世代にもわたって受け継がれてきた。何を信じるかを自分で決め始めるまで、私たちは事前にプログラムされた一連の入力によって行動していて、それらは無意識に私たちの選択に影響を及ぼしている。

　あなたの現在の状況、人間関係、家計、幸福度、情熱や充実感、健康を振り返ってみよう。次に、こうした状況から自分について何が分かるか考えてみよう。それらは自分の信念について何を語っているだろうか。それらすべてに自分が果たした役割を理解し、自分の信念に従って行動した結果が現在の自分なのだということをよく考えてみよう。自己の向上は自己発見から始まる。自分の理想とする人間になるには、その人が信じていることを自分でも信じる必要がある。まずい判断をしたときは次のように考えよう。これまで信じてきたことが現在の状況を作り出しているのならば、今後新しく信じることで新たな未来を作り出すこともできるはずだ、と！

信念の重大さ

　ある水準では、信念は道徳観やポジティブな好みを作り出して、成功に向かわせることがある。しかし、ネガティブに働く場合もある。その場合、信念は偏見を作り出して、信じられないようなことをさせてしまう恐れさえある。確かなことが1つある。それは、信念の力は強力だということだ。

　人はさまざまな信念を持っている。何かについて強い信念を持っているとき、私たちは通常、それと矛盾することは何も信じない。そのせいで、私たちは核となる信念体系と多くの不信の体系を持つことになる。例えば、人々がある宗教を信じ、その信仰のすべての教義を受け入れている場合、ほかの宗教は信じず、ほかの宗教が絶対的な真理と考えていることを完全に拒否することになるだろう。逆に、だれかの信念に同意する場合、私たちはその人と友人になる可能性が高い。考えが似た人には親近感を抱くからだ。また、私たちは自分の意見や信念に合った話を読むことに多くの時間を費やしがちだ。これは理にかなってはいる。だが、これは自分の世界観を脅かすものを無意識のうちに無視し、拒絶しやすくしているということも意味している。なぜなら、私たちは自分の考えを真実と認める人々や情報に囲まれているからだ。これを「確証バイアス」と言う。ヘンリー・D・ソローは、「物質的なことであれ、知的なことであれ、道徳的なことであれ、人は受け入れる用意ができていることしか受け入れない」と言った。簡単に言えば、私たちはすでに自分が持っている信念を強化するような証拠を積極的に探す、ということだ。

　ミネソタ大学での実験で、ある状況では外向的に行動し、別の状

況では内向的に行動するジェーンという女性の話を被験者に読ませた。彼らは数日後に呼び戻されて、2つのグループに分けられた。1つのグループには、ジェーンが司書にふさわしいかと尋ねた。もう1つのグループには、彼女が不動産屋の仕事に向いているかと尋ねた。司書のグループは彼女が内向的であることを思い出して、司書に向いていると言った。その後、彼女が不動産屋に向いているかと尋ねると、「いいえ」と答えた。不動産のグループには正反対のことを尋ねた。そのグループは彼女が外向的で不動産屋の仕事に向いていると言い、その後に司書に向いているか尋ねると、「いいえ」と答えた。

　あなた自身の生活でも、あなたは自分が信じていることを経験しがちだ。実際、私たちは自分が真実と思っていることに偏っている。自分の信念をより強化する情報を求めて、それを重視し、自分の信念と矛盾する証拠は軽視する。また、私たちは自分の信念と合うようにデータを解釈しがちであり、自分の信念を裏付ける事実は覚えていても、信念と矛盾するような事実は忘れがちだ。だから、信念はとても重要だ。私たちの現実は自分の信じていることによって形成されているからだ。

　あなたが本当に信じていることは何なのだろうか。それが何であれ、それを十分強く信じて、それについていつも考え、毎日の会話でそれに焦点を合わせていれば、人生でそれに何度も出合うだろう。本書中の原則はすべて、この前提から出発している。

一致か対立か

はっきりさせておきたいことがある。信念は必ずしも正しいとは

限らないし、間違っているとも限らない。それはあくまで信念、つまり、何かについて強く持っている確信にすぎない。しかし、私たちはだれもが核となる信念を持っていて、自分自身や周りの世界の見方はそれに支配されている。あなたは実に素晴らしい信念を持っているかもしれないが、同時にその信念は自分の可能性を十分に発揮するための妨げにもなっている。

　信念は、物事が自分にとってどういう意味を持つかのイメージを作り出す。それらは私たちの基盤になる。そして、家の良さがその構造に見合っているのと同様に、私たちの考えすべての強固さは根底をなす信念で決まる。

　根底をなす信念には通常、強い思い入れがあるので、それは強くて普遍的な力だ。それは自分の行為のほぼすべてに適用され、新しい信念を形成することさえある。対照的に、孤立した信念が適用される範囲は狭くて一時的だ。それらは特定の状況についての考えや信念だ。例を挙げよう。

　ジムは妻を虐待している。そこで、私は次のように信じるとする。

１．ジムは悪い人だ。
２．妻を虐待する男はだれであっても悪い人だ。
３．男はみんな悪い人だ。
４．一般的に人は本質的に悪い。

　見て分かるように、信念の及ぶ範囲が広がるほど、より「根底をなす」ようになり、その意味合いも大きくなる。その結果、ジムや彼をどう見るかに関するそのほかの信念にも影響する可能性が極めて高くなり、男性一般や人類に関する信念にさえ影響する可能性が

高くなる！　それは、根底をなす信念が世界観を決めて、力を引き出したり厳しい制約を課したりすることがあるからだ。しかし、私たちの行動は必ずしもそうした信念と一致しているわけではない。**考え方と行動が一致しないと、葛藤が生じて自滅的行為に走る恐れが出てくる。しかし、自分の信念体系という流れに逆らって泳いでいるため、最終的には根底をなす信念が常に勝つ。**

　何かを十分に強く信じていれば、それはやがて自分のアイデンティティーの一部になる。そして、私たちは自分が思っている自己像に反することはめったにしない。例えば、お金をもっと稼いでも、結局は一文無しになる。新しい恋人を見つけても、同じことで言い争う。アイデンティティーが自分にとって不十分か不相応であれば、人生で何が現れようと関係ない。信念体系が行動を決定するからだ。

　あなたには1000万ドルを稼ぐチャンスがあるが、そのためには人を殺さなければならないという場合を考えてみよう。捕まる可能性がないと分かっていれば、この仕事を引き受けるだろうか。引き受けないと言う人は、1000万ドルが欲しくないから断ったのではない。殺人を犯すという行動が自分の価値観や信念体系と矛盾するからだ。自分の根底にある信念と反するような行為はできない。この葛藤は、「認知的不協和」と呼ばれる心理に根ざしている。これは、信念と行動が矛盾するときに生じる不快な心理状態と定義される。同様に、自分が何をし、何をしないかを決めるのも信念だ。だから、行動は自分の能力ではなく、自分が自分自身をどう見ているかによって決

まるのだ。

　実際の生活では通常、これほど極端な選択に直面することはない。しかし、私たちは毎日、自分の信念に従って行動するかどうかを自由に選べる。自分の信念に逆らえば自滅する。しかし、信念に合った考え方や行動をすれば、自分の力を十分に発揮できるようになる！

脳が現実を生み出す

　人は自分自身の認識を支配している。ダライ・ラマが言ったように、「将来自分に何が起きるか知りたければ、自分の心が今どう動いているかを見ることだ」。その自由な動きのなかに、自分の現実を選択・創造する力がある。勝者のように考えて、勝者が信じていることを信じられるようになれば、勝者のように振る舞い始めて勝ち始める！　どうしてだろうか。あなたの脳が勝者の脳内回路を作り出すからだ。

　子供の時期を過ぎると脳はあまり変化しない、と考えられてきた。思春期を過ぎると、脳は退化する一方だと信じられていた。結局、これは見当外れなことが分かった。脳の構造は脳細胞とニューロン間の化学信号を通して徐々に変化することが、テクノロジーの進歩によって解明されたのだ。この現象は「神経可塑性」と呼ばれる。脳は脳自体やその構造、神経回路を変化させることができ、新しい細胞を成長させることすらできる。脳は変われるのだ！　あなたは知性を高めて新しいスキルを学び、自分の望む人間になれる。その過程で、脳はシナプスの刈り込みを行い、もう必要ないか役に立たない神経連絡を絶ち、必要なシナプスを強化する。

　例えば、点字を読む人は一般の人よりも脳内の手の感覚野が大き

いことが発見された。これは遺伝によるものではない。スキルを学ぶ過程で脳に変化が生じたのだ。ジョー・ディスペンザ博士は『超自然になる』（ナチュラルスピリット）のなかで、次のように説明している。

> 何かを考えると脳内で生化学反応が始まり、脳から化学信号が放出される。考えは文字どおり物質に変化する。この信号あるいはメッセンジャーによって、体は自分がちょうど考えていたように感じる。自分がどう感じているかに気づくと、その感覚に密接に関連する考えがさらに浮かぶ。すると、脳からさらに化学物質が放出されて、同じ感覚が強められる。

重要なのは意味

人はある考えを抱いて、怒りや悲しみや幸せを感じられる唯一の生物だ。好きな色は青とか、マスタードよりもマヨネーズのほうが好きといったように、何かが自分にどういう意味を持つかを決めることができるのは人間だけだ。あなたはこれが何を示唆しているか分かっているだろうか。

私たちが意味付けをしないかぎり、人生で意味を持つものは何もない。私たちは経験を自分で作り出しているのだ！　これは自動的に生じるわけではない。人間の持つ能力で最も強力な選択の自由を行使するときに生じるのだ。すべての行動の背後には、頭の中で絵を思い浮かべて考える働きがある。それらの思考に従って行動すると、潜在意識にイメージが刷り込まれる。そして、それらのイメージを自分のアイデンティティー——自分とは何者か——と関連付け

始める。すると、そのイメージが現実になる。ディスペンザ博士の挙げた例によると、恐ろしい考えを持つとすぐに恐怖を感じる。すると、もっと恐ろしい考えを抱くようになる。思考が感情を生み、感情が思考を生むというループが生じるのだ。「脳内で同じ回路が繰り返し働くと、脳に同じパターンが配線される。結果として、脳は過去の思考の遺物になり、やがて自動的に同じ考えをして、同じイメージを作り出し始める」

　しかし、ほとんどの人は、自分が自動的な神経ループにとらわれていることに気づいていない。そのため、否定的な感情や自分にとって妨げとなる感情を避ける能力を十分に発揮している人はほとんどいない。彼らは感情的になって、これらの感情にレッテルを貼る。彼らは非難の矛先を別のところに向けて、自分の責任を放棄する。例えば、「この渋滞にはストレスがたまる」「彼女には腹が立つ」「君はプレッシャーをかけすぎだよ」といった具合だ。**しかし、世の中にストレスを感じるものがあるのではなく、ストレスを生み出すような思考があるだけだ。恐怖があるのではなく、恐ろしさを生み出す思考があるだけだ。こうした感情を作り出しているのはあなた自身である。個人的な体験が自分にとってどういう意味を持つかは、自分が決めている。**感情はどこからともなく生まれるのではなく、脳内で作り出されている。「世の中にある」ものはすべて、形を成していない生のデータにすぎず、あなたに解釈されるのを待っているだけだ。

　ウィリアム・シェイクスピアは、「良いことも悪いこともない。考え方次第で良くも悪くもなる」と書いている。この概念の重要な点は、だれかがあなたに何を言おうと何をしようと、あなたにその感じ方を押し付けることはだれにもできない、ということを理解す

ることだ。あなたはだれかの言うことが癪に障り、それを侮辱か悪口と思うかもしれない。しかし、だれもあなたに感じ方を押し付けることはできない。だれも、だ。あなたの感じ方をコントロールする力はあなたにしかないのだ。同様に、私たちは他人の言動をコントロールなどできない。それができればよいのに、と思うこともあるかもしれないが、この真実には大いなる自由がある。他人をコントロールできないからこそ、だれも私たちをコントロールする力など持っていないのだ。

アメリカの精神的な師であり平和主義者であり平和活動家のピース・ピルグリム（本名ミルドレッド・リゼット・ノーマン）は、世界平和のために4万キロを歩いている途中、浮浪罪で投獄された。釈放後、警察官に「あなたは刑務所に入る前と変わらず元気そうだ」と言われた。彼女は、「刑務所に入れることができるのは体だけです。私は刑務所にいるとは一度も感じませんでした。あなたも同じように感じるでしょう、自分で自分を閉じ込めないかぎりはね」と答えた。

私たちを駆り立てるのは出来事ではなく、思考

人生のハンドルは思考だ。私たちはだれでも、精神を集中し、すべての体験にどういう意味付けをするかを選択することで、人生をコントロールしている。これについて考えてみよう。世界には幸福も自信も悲惨さもない。これらはすべて、状況に対して自分が感じたり意味付けをしたりしたことだ。私を信じられないだろうか。ポケットか財布のなかを見て、自信を探してほしい。数ドルは見つかっても、自信は見つからなかっただろう。

感情は自分に起きたことのせいで生じるのではない。それは起きたことについての自分の信念——出来事に対する意味付け——のせいで生じるのだ。これを理解することは非常に重要だ。過去に起きたことは変えられないが、それが何を表すかや自分にとってどういう意味を持つかは変えられるからだ。人間は限られた事実を選び、理解したことに基づいて起きたことについて物語を作り、それに意味付けをする。自意識や自尊心は体験の背後にある物語と結びついている。しかし、過去についてのあらゆる感情と同様に、その物語は純粋に想像力の産物だ。それは、物語についての認識は自分でコントロールできるということを意味する。

過去の出来事はランプで、出来事についての考えは電球とみなそう。発する光が強すぎるか暗すぎて気に入らなければ、電球を交換すればよい。ランプ（出来事）は変わらないが、電球（意味）は交換できる。

これが幸福の秘訣だ。自分で意味付けをして与える力以外に、あなたに特定の感じ方を強制する力はどこにもない。人生で起きるすべてのことをどう思うかを決めるのはあなただ。これには、過去の出来事を現在どう思っているかも含まれる。肝心なのは、「公式の」事実を別の事実に置き換えることではなく、事実の持つ意味を置き換えるか、修正することだ。**過去が化石のように不変でないことを理解する気があれば、不本意な経験の背後にある意味を修正して、自分の履歴の束縛から自分自身を解放することができる。**私たちは過去のイメージを修正して、ひどい記憶を解放された真実に変えることができる。

私たちは人生で体験したことのほとんどを忘れてしまう。特定の体験自体ではなく、良い物語を覚えていれば、自分を幸せだと思う。

そうやって自分に語りかけることで過去を変えていくのだ。起きた事実を変えることはできないが、それが持つ重要度を変えて、現在における意味を生み出すイメージを修正することはできる。実際に起きたことは、当時「起きたこと」について今どのように考えるのかに比べれば、それほど重要ではない。過去を別の角度から見れば、心配事や混乱が明快さや理解に、怒りや苦痛が共感や思いやりに変わることもある。例えば、子供のころの仕打ちや育てられ方に納得できなければ、両親が本当に自分を愛していたのか疑問に思うかもしれない。しかし、両親は信念に従って彼らなりに最善を尽くしたのだと考えられるようになれば、どうだろうか。あなたの見方も変わるのではないだろうか。

　来週のために、1日に数回、次のように繰り返してみよう。「私が与える意味以外に、意味はない」

　この言葉で、実は、人生はキャンバスだと思えるだろう、そして、あなたはそのキャンバスに何を描いて、どういう意味付けをするかを選べるようになる。**人生で起きることの意味に、正しい答えも間違った答えもない。私たちは自分にとって物事がどういう意味を持つかを選び、それらを良いか悪いか、道徳的か不道徳的か、ストレスがかかるものか楽しいものかといったレッテルを貼る。それによって、人生で起きたことをどう思っているかが決まる。**ある人が失敗ととらえることを、別の人は貴重なフィードバックであり、学習や向上の機会ととらえる。それは自然に起きるのではない。あなたが自分の人生で起きることすべてに意味付けをした結果によって起こるのだ。意味付けが幸福と成功に欠かせないカギなのだ。

自分の信念に立ち向かい、それを変化させる

　子供のころ、多くの人はサンタクロースを信じていた。私も信じ
ていたが、生まれつき信じていたわけではない。サンタクロースは
いると言われたし、クリスマスになるとうれしい物が入った小さな
包みが現れたから信じたのだ。私は何を知っていただろうか。私は
それが本当だと思い込んでいた。その後、真夜中に母がプレゼント
を包んでいるのを目撃し、クリスマスの直前に母のクローゼットに
プレゼントが入っているのを見つけた。突然、私の信念に疑いが生
じ、確信が持てなくなった。疑いを確かめたくて、私はプレゼント
の1つに赤いペンで小さな印を付けた。同じ包みがクリスマスの朝
にクリスマスツリーの下に置かれていたときに確証を得た。何が起
きているのか納得した。ママがサンタクロースだったのだ！　友人
に何があったかを話すと、彼も母親がツリーの下にプレゼントを置
くのを見たと言った。それで、その新しい信念はさらに強められた。
そして、学校の子供たちもサンタクロースはいないと言った！

　子供時代の信念にいつまでもしがみついている人もいる。また、
たとえある考え方が意味ある結果をもたらさない場合でも、他人に
信じるべきだと言われたので、信じ続けるという人もいる。信念は
他人の意見に左右されることがあるだけでなく、操作されることさ
えある。しかし、自分自身の信念を選択し、自分の進みたい道を進
み、自分の望む人間になろうと決めることもできる。私たちはみん
な、学んで選択するという驚くべき能力を持っているにもかかわら
ず、学習のほとんどは無意識のうちに意図せずに行われる。それは、
私たちが頭に取り込んでいることを監視し規制して、信念に疑問を
投げかけることをしないからだ。

　ほとんどの人が自分の真の可能性やより高い自己を実現できない
のは、それを妨げる信念を持っていて、それが世の中を見るレンズ
になるからだ。私たちの性格の大部分は、幼児期に恥ずかしいこと
や面目を失うことやかっこ悪く見えることを恐れることによって形
成される。**この恐れに基づく信念にとらわれているかぎり、勇気を
持って自分の夢見る人生を作り出すことはできない。大人になって
も、おびえた子供のままでいるだろう。**たとえ成功を経験しても、
現在まで自分を導いてきた思考の多くは、必ずしも望む場所まで導
いてくれるとは限らない。個人の成長には新しい考え方が常に必要
だ。

　私は幼少期に問題を抱えた家庭で育ち、悪い見本に囲まれていた。
成功してより良い生活を送るためには、子供の時期に根付いた信念
の多くを変える必要があった。信念を変えるためには3つの段階が
ある。

1. **自分の古い信念に挑んでそれを揺るがす**　「現在の信念は自分
　　をどのように妨げているのだろうか」と自分に問いかけよう。

2. **新しく代わりとなる信念を取り入れる**　「どういう新しい信念
　　──自分にとって妨げとなっている信念と真っ向から対立する
　　信念──を採り入れたら、驚くべきことを成し遂げる力を引き
　　出せるだろうか」と自分に問いかけよう。

3. **新しい信念を繰り返し強める**　「どうすればこの新しい信念を
　　検証し、強めることができるだろうか」と自分に問いかけよう。

依存から脱する

　自分について何かを信じているとき、その信念に合った行動をすることになり、その行動が信念を強化して、さらに同じ行動を促す働きをする。同様に、他人について何かを信じていると、他人が自分の思い込みを正当化するようにせしめるため、さらに自分の信念を強化することになる。これは研究によっても裏付けられている。

　では、今あなたの信念を変える妨げとなっているものは何だろうか。

　ほとんどの人にとって、それは自分自身の問題への依存だ。生存のための感情を高めるために、私たちは自分の周囲への不愉快な刺激を維持して、ストレス反応を生み出せるようにしている。この反応が起きると、体内に化学物質が生じて、エネルギーが一気に高まる。この高まりは自分の問題から来ていて、この問題はアイデンティティー——自分を何者と信じているか——を強める。結果として、私たちは無意識のうちに自分の惨めさに依存するようになる！　**私たちは日々の退屈な仕事で生じるさまざまな問題がなくなったら、何をしてどう感じるべきか分からない、と恐れながら生きることに慣れている。私たちは自分が何者であるかに気づこうとしない。**これは学習して得た障害であり、このせいで私たちは神経症的な傾向にとらわれ続ける。そして、真の意図から注意がそれることになる。

　人はだれでも、神経質な癖を持っている。恐怖や不安は、私が「自動神経反応」と呼ぶお決まりの行動を引き起こす。私たちはパブロフの犬さながらに、刺激に対して無意識に反応する。自分の問題についてしょっちゅう不平を言い、話をしたがる。自分で理解できることに親しみや安心を感じるからだ。ことわざにもあるように、「同

病相哀れむ」のだ。なかには興奮して脳を刺激し、無意識のうちに争いを求める人もいる。彼らにはそんなつもりはなく、自分が何をしているかに気づいてさえいない。それでも、絶えず騒動を起こして脳を「オン」にしようとする。夫婦や恋人同士がいつも言い争いをしているのを見れば分かる。彼らは神経を刺激して脳を高ぶらせる必要があるのだ。争いによって感情が高ぶってストレス化学物質が作られると、脳は活発に働き続けるのだ。

　ネガティブな感情は反射的な反応を引き起こすことで、収まることになっている。だが、現実にはそれでは何も解決しない。実際、それらの反応は逆効果なものから極めて不健康なものまでさまざまだ。しかし、本当の問題は、私たちがネガティブな感情に依存するようになり、やがてそれらが自分のアイデンティティーや人生でとる行動の一部になるという点だ。その行動を好むかどうかに関係なく、それしか心地良く感じられる行動を知らないかもしれない。だ

から、そうした反応を繰り返すのだ。

　こうである必要はない。私たちは残りの人生を決まったパターンで行動するように、遺伝子によって運命づけられているわけではない。習慣でさえ、運命になるほど根深くはない。神経系の依存を逆転させることは可能だ。あなたが自分の問題にこだわるようになったのと同様に、それらの不健康なやり方をやめて、愛や情熱や喜びや感謝やひらめきからポジティブなエネルギーを引き出すようにすることもできる。それにはまず、どういう人間になりたいかを決めて、そういう人たちが信じていることを自分も信じることだ。**変化は、新しい自分をイメージして、足かせとなっている信念を、能力を引き出す新たな信念に置き換えるところから始まる。自分ですでに実現している場面をイメージすることから始まる。**「自分にとって完璧な日はどういうものだろうか」と問いかけてみよう。そんな日を想像して、細かいところまですべてを鮮明に感じてみよう。本当に今「体験」していることを潜在意識で感じられるほど、新しい未来を生きてみてほしい。

　最初のうちは、これは難しいかもしれない。特に自分の考え方のパターンがネガティブな感情に支配されている場合、意識的に自分の傾向を認識しようとし、自分が今どう感じているかを客観的に考えようとするからだ。たとえ意識的には喜びを望んでいて問題を理解していても、無意識では別の感じ方をする習慣が出来上がっている。自分の過去がいかに苦痛でトラウマになっていようと、それを思い出して追体験したがるのは、そうすることによって、自分がどういう人間でどういう育ちをしてきたかを確認できるからだ。あなたが過去の問題にまつわる感情にこだわってきたのなら、そのように自動神経反応が出来上がってしまっていることだろう。

　しかし、精神をコントロールして適切なメッセージを伝えようと決心すれば、文字どおり脳内プログラムを書き変えることができる。この学習による習慣を私は「自動実現」と呼んでいる。私たちは最初に実体験をしなくても、思考によって体に感情的な信号を送り、遺伝子の動きを変えることができる。レースでの勝利や宝くじの当選や大出世をしなくても、それらの出来事に伴うポジティブな感情を体験できる。考えるだけで、感情を生み出すことは可能だ。すでにその出来事を体験しているように体が信じ始めるほどにまで、喜びや感謝の気持ちを味わえる。すると、心が自動的に体をその方向に動かす。

自分の頭の中で流れ続ける歌を書こう

　精神的依存から脱するためには、まず自分自身との対話や他人との対話を監視することから始まる。あなたは自分自身に語り続ける物語の作家であり、語り手だ。自分の考えや発言や行動によって、人生で何を経験し手に入れるかがすべて決まる。これで自分の正体が明らかになる。あなたはこのことを意識しているだろうか。

　人生の質は、人生の重要な出来事にどういう意味付けをして、自分自身とどういう対話をするかで決まる。同じ行動を繰り返して同じメッセージを聞き続けていれば、やがてそれを信じるようになる。自覚することが大切な理由は、自分の望まない考えや感情に気づけるようになるからだ。「私は毎日どんな考えや会話や行動をしているだろうか」と自分に問いかけてみよう。

　自分の運命を自分で決めたければ、まず自分の人生の物語を決めなければならない。自分の考え方や話し方をコントロールすれば、

本当のあるべき自分へと上書きして、脳の配線を作り直せる。**考えや感情や表現を変えると、自分に新しい信号が送られて、新しいタンパク質が作られ、細胞が新たに活性化される。心理学の課題が生物学の課題になる。**

　自分や他人とのやりとりが頭の中で流れ続ける歌を強め、その歌が自分のアイデンティティーをたたえる歌になる。あなたの目標は新しい自分を表す新しいメッセージで新しい曲を作ることだ。古い考え方と対立する新しい信念を取り込んで、それを強めれば、古い自分を壊すことができる。自分がなりたい人物のイメージを作り、すでに自分はそうなっていると想像すれば、両者のギャップを埋めるように頭が働く。そうすれば、意識が広がり、自分の未来像を現実化するチャンスが見え始める。毎日このように考え続けると、やがては日常的で自然なものになる。そして、最終的には無意識で自動的なものになる。

　これはどういう仕組みなのだろうか。

　潜在意識では、想像していることも現実なのだ。取る予定の休暇、立ち上げたいビジネス、なりたい人間など、何かに焦点を合わせているときには、それまでになかったアイデアや思考パターンがすぐに生まれる。体の生理的な働きでさえ、頭の中のイメージが現実であるかのように反応する。

　頭の中でそういうところに1日10回でも20回でも行き続けると、実際にそこに行ったかのように感じ、そのイメージが潜在意識に刷り込まれる。そして、そのイメージに依存するようになる。問題は、多くの人はこの新しい未来に頭の中で頻繁に訪ねたり鮮やかにイメージしたりしないので、新しいイメージを刷り込んで古いものと置き換えるチャンスがまったくないことだ。それができれば、良い意

味でイメージに不一致が生じ、頭はそのギャップを埋める方法を探す。貧しい人が豊かな生活に必要なことをしている自分をいつも想像していれば、頭は自動的にそこに注意を向け始める。それまで見えなかった将来見通し（いつもあったチャンス）に焦点が合い始める。そのときに、そのイメージを対応する行動で強め、新しい習慣を作れるかどうかはあなたにかかっている。

　ソローの言葉を引用すると、「しっかりした道を作るには、繰り返し歩かねばならない。頭にしっかりした道を刻むには、人生を導きたい考えを頭で繰り返す必要がある」。誤解をしないように。この後、行動に移さなければ意味がない。努力をしなければ、何も見えてこない。しかし、まずは頭でそう思い込む必要がある。そうすれば、体は自信を持って動くことができる。これを達成するためには、思い描いてきたように生き、現在と実現したい将来とのギャップを頭の中で埋める必要がある。

　例えば、USインベスティング・チャンピオンシップに出場した年、私は毎朝目を覚ますと、鏡を見て、「おはよう、1997年のUSインベスティングチャンピオン」と自分に向かって言った。私は自分がすでに大会の優勝者だと確信していた。大会での調子を聞かれるたびに、私はもう勝ったと話した。彼らは大会はすでに終わったのだと思ったが、私の頭の中を別にすれば、まだ終わってはいなかった。だが、そこまで強く確信していたので、優勝に向かって突き進めることができたのだ。

　2019年のインタビューで、NBA（全米プロバスケットボール協会）のゴールデンステート・ウォリアーズのパワーフォワードであるドレイモンド・グリーンは、「間違って何かが上手になることなんてない」と言った。そして、次のように説明した。

選手がこれまでで最高だという態度でなければ、すでに負けて
いるも同然だ。私は記憶をたどれるかぎり、昔からそういう態
度だった。そして、毎日バスケットボールコートに足を踏み入
れるたびに、それを目指している。私は常に、自分のすべきこ
とを実行するのに最高の状態にあるという態度だ。そうすると、
最高の状態になる可能性が高くなるんだ。

将来、成功するという気持ちではなく、すでに成功していると思
い込んだら、毎日をそういうつもりで生き始めることができる。頭
の中ではすでに「そこ（成功している場所）」にいるのだ。**物理的
な変化よりも先にこれが必要だ。勝者のように生き始めようと決心
した瞬間に勝者になる。そうすれば、競争や人生で勝つことが可能
になる。しかし、まずは新しいアイデンティティーで生きることに
よって、現在の自分となりたい自分とのギャップを埋める必要があ
る。**
　成功して夢を実現するために必要なすべてのものは、すでに自分
のなかにある。必要なのは、望ましい自己と調和することだけだ。
しかし、このチャンスをつかめる人はほとんどいない。私たちは自
分の問題の心地良さと神経症的な機能不全とを「調和」させている
からだ。

変化を体現しよう

　人の性格は、その人がどのように考え、感じ、行動するかによっ
て形成される。逆ではない。毎日考えていることや会話（自分自身

との会話も含めて）を確認すれば、心が何に依存し、神経がどう働いているかが明らかになる。過去の体験に慣れ切っていて、ネガティブに考える習慣が付いていても、それを変えることはできる。まず、自分の考えを記録してみよう。すると、将来のことを心配するか過去を振り返って後悔するかに、ほとんどの時間を費やしていることに気づくだろう。本当に「成功している」と感じられるまで、成功したときの自分を想像する必要がある。しかし、新しい自己を作り出すためには、単にポジティブに考えるだけでなく、ポジティブに生きる必要がある。

　望んでもいない性格にとらわれていると感じる人は、自分で思い込んでいる自己像に洗脳されているため、理想の自分に気づけない。**自分の最も良い部分を見つけて、その部分こそが自分だとみなそう。自分の最高の資質を伸ばそうと努力すれば、それらは成長する。最も良いと思った自分がいれば、劣った自分は消滅する。**しかし、これは自分にしかできない。自分が何者かを自分で決められないのに、ほかにだれが決められるだろうか。態度をはっきりさせる第1段階は、①何を考えるか、②その考えに従ってどう行動するか、③自分や他人に何を伝えるか──を選ぶことだ。信念と思考と行動が結び付いて初めて、真の力が生まれる。これら3つのどれが欠けても役に立たない。最終的には、自分の頭で考えることだけでは性格は決まらない。自分が何をするか、自分の行動によって性格が決まる。そして、行動は信念と一致していなければならない。そうでなければ、変化は一時的なものにすぎなくなる。

　なりたい人にだれを選ぶかで、どういう人生を選んだかを自分に「宣言する」ことになる。勝者のように考えて行動することを選択すれば、自分は勝者の出す結果に値すると思えるようになる。そう

図1.1　RASは脳幹から放射状に広がる円錐形の神経複合体である。
　　　RASの神経線維は入ってくる感覚データを選別して、そのデータが意識に入っていい情報かどうかを判断する。RASは文字どおり意識の「門番」として機能するため、脳の最も重要な活動系の１つである

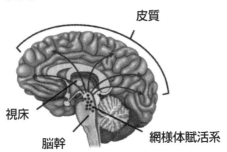

すれば、本当に勝者になれる。自分が本当に望んでいるものは何かを認識して、自分の最高の資質をはっきりと示し、自分の望むところにすでに到達しているかのように、そのことに集中して、本当に望む人生が何かを自分に宣言してみよう。今、その新たな場で生きよう！　そうすれば、自分がそこに達してさらにその先に進むように、潜在意識も働き出すだろう。

網様体賦活系に感謝しよう

　私たちはどこに注目するかを決めるだけで、望む情報をより多く集められる。この驚くべき事実はRAS（網様体賦活系）のおかげだ。グーグルで検索すると、次のような文章が見つかる（サイエンス・ディレクトのウェブサイトから引用）。「RAS（網様体賦活系）は脳幹にあるニューロンのネットワークで、前方に向かって視床下部にニューロンを投射して行動を調節する。また、後方に向かって視

床に、皮質には直接にニューロンを投射し、脳波パターンを非同期化して意識を覚醒させる」。これを簡単に言えば、次のとおりだ。

RASとは、重要な情報だけが通過するように不要な情報を取り除く脳幹の神経束のことだ（**図**1.1を参照）。ある色の新車を買うと、突然、まったく同じ車がどこにでもあるのに気づくが、これはRASのせいだ。私は最近、濃いオレンジ色の小型トラックを買った。その時点では、この色は独特だと思っていた。車を買って数日すると、同じメーカー、同じ型、同じ色の車をあちこちで見かけるようになった。何が起きたのだろうか。ディーラーが濃いオレンジ色の小型トラックを大量に出荷して、安売りを始めたのだろうか。そんなことはない。それは私のRASのせいだ。濃いオレンジ色の小型トラックが大量に出回ったわけではない。私がオレンジ色の小型トラックのことを強く意識するようになっただけだ。

騒がしい人混みのなかにいても、だれかに名前を呼ばれるとすぐに、そこに注意が向くのも同じ理由だ。RASは無関係な「ノイズ」を排除し、データを選別して重要な部分だけを示す。RASはあなたが与える変数を探すが、これはすべてあなたが気づかないうちに起きる。

RASがなければ、気が散って頭がおかしくなるだろう。自分の周囲――体内、環境、家のなか、繁華街――の光景や音やイメージのすべてが増幅される。そして、これらを一斉に意識するため、圧倒される。すぐに情報過多になって押しつぶされる。RASはそういうことが起きないようにする。例えば、線路沿いの家に住んでいる場合、睡眠中に鳴り響く列車の通過音を雑音とみなさないようにRASが調整する。RASがそういう風に訓練されていない人は騒音ですぐに目覚める。達成したいことを通じて、意識を潜在意識の考

えに融合させることで、RASを訓練することができる。達成したいことに集中すると、RASがそれに役立つ人々や情報やチャンスを明らかにしてくれる。例えば、本当に15キロ減量したいと思っていて、その目標を達成しようという思いがあれば、その思いに焦点を合わせるほど、達成に役立つ情報に注意が向く。

　RASについて初歩的なことを理解するだけでも、自分が何に焦点を合わせているかを意識することがいかに重要かが分かる。過去に起きた悪いことばかりにこだわり続ければ、同じような未来しか生み出せない。どうしてだろうか。当然、見慣れたイメージのほうが再現しやすいからだ。**何かを望むと意識野にメッセージが送られるが、意識野はほかのすべての「エネルギー野」につながっている。そのため、思考は波紋のように全体に広がる。そして、思考にはどんな意図もかなえる組織力がある。**人々はこの現象をよく「引き寄せの法則」と呼ぶ。しかし、これは魔法ではない。何もないところから現れるものなどない。RASやそれが選ぶイメージには優れた科学的根拠がある。意識的に焦点を移すか絞り込めば、RASを導いてイメージにもっと集中できる。これはロケットの誘導システムに似ている。適切なコースをプログラムすれば、目標を達成できる。

頭の中を「手入れする」

　庭では植えたものしか育たない。そして、それはすべて種から始まる。頭も同じことで、思考が種だ。自宅の庭が青々と生い茂ろうと、有害な雑草で枯れようと、庭は植えたものしか育たない。種（アイデア）によって、庭（脳）の構成が決まる。あなたの庭では何が育っただろうか。その答えは、何を植えたか、何を植えることを他

人に許したかでまったく変わる。

　ここで重要なのは、庭で生えてくるものをどうコントロールするか、つまり、精神の養い方や考えを集中させるところをどうコントロールするかだ。それにはまず、自分の力を引き出す信念を選び、その信念を意識的に強めることだ。同じ考えの人々と交わり、自分の力を引き出す本を読み、励みになるオーディオプログラムを聴き、素晴らしいセミナーに参加し、自分の足を引っ張る古い信念に惑わされない環境に身を置こう。力を引き出せる方法で自分の考えや言葉に焦点を合わせ、真の意図に沿って生きよう。これらを実行すれば、神聖な庭に害毒が入って、ノイローゼになることもなくなる。

　あなたはおそらく、長い時間をかけて自分の力を奪うイメージやネガティブな信念をため込んでいるだろう。あなたはそれらを（頭の庭から雑草を取り除くように）根絶やしにして、新しいものと取り替える必要がある。それには粘り強さと努力が必要だ。足かせとなっている信念の多くはおそらく10歳になる前から神経系に刷り込まれているはずだからだ。

　ほとんどの人は子供のころ、熱いストーブに触るとやけどをすると言われた経験があるだろう。実際に触ったら、強い痛みを感じたはずだ。すると、注意されたこと——だから、言っただろう！——が信念として根付く。私たちは何かを信じると、それが真実だと証明する方法を探して、それをさらに強化する。学校の成績があまり良くないとかスポーツがあまり上手でないと言われて、それを真に受けるのは危険だ。

　脳は驚くべきもので、自分がどの段階にいようと、人生を変える力を持っている。自分が脳をどうプログラムし直すかを決めさえすればよいのだ。自分が本当に望む人生を創造するチャンスを脳に与

えれば、それはびっくりするほど想像以上のものを返してくれるだろう。それにはまず、健全な考えを持ち、自分の力を引き出す信念を選び、新たに設定した高い基準に従って行動することだ。そうすれば、RASは自分に逆らうのではなく、自分の役に立つように働き始め、チャンスと成功が得られる方向にあなたを向かわせるだろう。

今、望む生き方をする

　自分の持つ強い信念について振り返り、先入観のせいでどれほど安全で慣れ親しんだところに閉じこもり、勇気を出して本当に望む人生を追求できなくなっているかを考えてほしい。足かせとなっているそれらの信念はどこから来たのだろうか。自分で選んだのだろうか。もっと重要なことだが、それらは本当になりたい自分を表す信念なのだろうか。**あなたが想像していた人生を送っていないのなら、それはある人や出来事のせいで、自分はあまり賢くないか才能がないと思い込み、それを信じているからだ。**マイナス面のせいで、自分には価値がないと思い込んでいるのだ。

　次のことを試してみよう。なぜあることに動揺したり、劣っていると感じたりするのかと問うのではなく、その出来事や状況を自分がどうとらえているのかを問うてみよう。まずは、それにどう対応できるかを問うてみよう。

　挫折をしたが、立ち上がってやり直そうとして、また挫折をしたら、「どうして、自分なんだ。何もかもきちんとやったのに、すべてがうまくいかない！」と思うだろう。それよりももっと良い問いは、「今、自分の力を引き出すためにどういう信念——これまでの

考え方に惑わされないどういう新しい信念——を採り入れることができるだろうか」だ。これはとても重要だ。人生の状況は、自分のすることすべてに影響を与える見えざる力、すなわち信念の副産物だからだ。そして、あなたはその信念を変える力を持っている。

　私たちは毎日ステージに立ち、文字どおり自分のために作られた役割を演じている。自分が歌う歌詞やメロディーを聴衆が聴くのを待っていると、自分にスポットライトが当たる。これは自分のショーであり、自分だけがそれを魅力的にする力を持っている。夢や欲望はどこかに出かけて見つけてきて、取り入れるようなものではない。それらは、自分のなかから外に出ようとしているものを教えてくれる存在なのである！　信念が自分の強い思いで修正されるとき、自分の真の可能性が自然に現れてくる。自分が何を信じているかや、自分の信念が素晴らしい人生を送る妨げになっていないかを調べよう。そして、信念体系を再調整するプロセスに全力を注ぎ、足かせとなっている信念に挑んで、それらを自分の力を引き出す確信に変えよう。

　頭の中で生き生きとイメージできて、繰り返し楽しめる未来を信じていると、脳は自分の環境を「未来に合わせて」、人をそこに向かわせる。現在の環境とは関係なく未来像や夢を持っているときに、素晴らしいことが起きる。素晴らしいことは常に、現実よりもより広く深く考えることで始まる。ただし、頭を働かせるOSの設定を変えないかぎり、変化は起きない。

　私たちは成功して素晴らしいことをしたいと思うが、勝つ考え方をして勝者のように生きることができなければ、大成功する可能性はほとんどない。勝つためにはまず、勝者と同じように考えて、勝者が信じていることを信じることが必要だ！

　今持っている信念は意識的な思考によって作られたもので、それらを変えるのも意識的な思考だ。私たちは頭の中で過去の出来事を何度も（おそらく何千回も）追体験できるが、同様に未来をも体験して、その体験し信じたことすべてに力を引き出す意味を持たせることもできる。

　私は何年もかけて、勝つ考え方を身に付けるのに役立つ重要な信念——ほぼすべての勝者が共有する原則——があることを発見した。次の章では、それを伝えて、あなたが望んでいた人生を想像し、体験し始めることができるようにするつもりだ。

　それでは始めよう。

第2章
勝者の気高い7つの真実
The Seven Noble Truths of a Winner

　もともとあなたは車のセールスマンやオリンピック選手として生まれてきたわけでも、配管工や電気技師や医者や弁護士として生まれてきたわけでもない。あなたは単に脳を持った人間として生まれてきた。そして、その考えや行動はだれからの影響も受けずに決めることができ、あなたは自分の選んだあるべき人物像になろうという決心をする。ウィリアム・ジェニングス・ブライアンが言ったように、「運命とは時の運ではなく、選択できるのだ」。これはおそらく、私自身の考え方に最も大きな変化をもたらした言葉で、私の人生に多大な影響を及ぼした。未来を創造して運命を決める力は、自分の中にあると自覚することが何よりも大切だ。

　だれにでも才能があり、自分の想像以上の可能性を秘めているが、だれもがその才能を発掘して夢を実現させる方法を知っているわけではない。可能性は自分で気づくかどうかにかかわらず、昔から自分の中にあるものであり、今後もあり続ける。森に落ちている小さくて目立たないどんぐりは、適切な条件があれば巨大な樫の木に育つ。同じように、自分のなりたい人物像にまで成長するには、自分の力を引き出す信念を選んで、新たなものを生み出せる状況を作り出す必要がある。第1段階は、自分の望む目標に導いてくれる信念、自分のたどり着きたい場所に導いてくれる信念を作動させることだ。

　前に言ったように、信念は必ずしも真理であるとは限らないし、間違っているとも限らない。それはある 1 つの信念にすぎない。成長の妨げになる信念を選び、代々受け継がれてきた考え方を受け入れている人もいる。勝者は成功への意欲をかき立てて、力を引き出してくれる正しい信念を選ぶ。素晴らしいことを達成し、揺るぎない成功を手にするためには、自分の力を最も引き出してくれる信念を作動させる必要がある。

　この章では、勝者の考え方を支える重要な柱である、勝者の気高い 7 つの真実について書いていく。この 7 つだけが力を引き出す信念というわけではないが、核となる信念であり、私の人生に最も影響を及ぼしたものだ。

真実 1　勝利は選択によって得られる

「昨日は取り戻せないが、明日勝つか負けるかは自分次第だ」──リンドン・B・ジョンソン

　スポーツでもビジネスでも人生のあらゆる面でも、私たちは勝ち負けを自ら選んでいる。そのとおり！　私たちは勝者になると決心したときに勝つ。その方法を知らないのならば、学んで利用できる情報を探さないという選択を自分でしたのだ。

　勝者は、待ち望むことなど戦略にならないことを理解している。最高の結果を出す人は偶然の素晴らしい結果など絶対に信じない。彼らは自分が最大の力を発揮できる条件を進んで作り出す。彼らは勝者になろうと決心し、その目標を胸に刻んで毎日生きている。適切な条件がそろえば、期待は裏切られないと分かっているからだ。

　勝ち負けは自分で作り出すものだが、それを理解しているのは勝者だけだ。勝者にとって、勝つことは間違いなく意識して選択した結果なのだ！

　あなたは、私がここまで述べてきたことを正しいと思うだろうか。思わないのならば、そのつもりでなくても、自分の人生をコントロールできないことを受け入れている。あるいは、正しい部分もあると思ってはいるが、運もあると思っているかもしれない。そうであれば、本当に成功しようとすることに何の意味があるだろうか。運が良いかどうかを確かめるだけですむはずだ。

　自分の世界を創っているのは自分だと信じていないのならば、あなたは周りに流されるままだ。幸運が訪れるときも、不運に見舞われるときもあるだろう。確かに、宝くじを買って「幸運な数字」が当たることもある。しかし、生涯で見れば、運や運命は一貫して成功する人間の成長とはほとんど関係ない。

　勝利は選択の結果だという信念は、1つの出来事にだけ当てはまるわけではない。生涯にわたることなのだ！　世の中をどうとらえて、何を選択するかに応じて、自分の置かれた状況からポジティブなこともネガティブなことも生み出される。しかし、適切な条件を作り出せるかどうかは自分にかかっている。**個人の最大の力は自分の心に指示を出して選択する能力にある。すべての行動、反応、感情——幸福や悲しみや怒りや愛——はすべて自ら選択したものだと気づいたときに真の力が得られる。**自分の力を最大限に引き出したければ、最高の考え方ができるようになる必要がある。適切な時期に適切な場所にいることは役に立つが、それでもその瞬間に備えておく必要がある。成功を運や運命のせいにするのなら、救いようがない。それは、達成したいことはすべて自分ではどうにもならない

こと、つまり、単なる偶然にコントロールされていると言っているのに等しい。

　人間は存在しているだけのアメーバではない。私たちには頭脳や意識や想像力、それに自由意志がある。これらは浪費されるためではなく、使われるためにある天からの贈り物だ。私たちは考えられるあらゆる状態や気分を心の中で自由に作り出せる。これは、自分の強みは自分で選べるということを意味している！　だれにでもこの能力がある。しかし、人生のあらゆる面で自分の強みを探し、それを伸ばせるのは、意識的な選択の結果だということを最初に認める必要がある。

　確かに、生まれつき才能に恵まれている人もいる。オリンピックで23個という史上最多の金メダルを取った水泳選手のマイケル・フェルプスのように、特別な筋肉の持ち主もいる。彼の遺伝的な強みは、短めの脚に比べて腕が非常に長いところだ。そのおかげで、腕を広げると２メートルを超える「翼幅」が得られる。

　では、サーファーのベサニー・ハミルトンについて考えてみよう。彼女は13歳のときにサメに襲われて、左腕を肩まで食いちぎられた。しかし、１カ月後にはサーフィンを再開して、２年後にNSSA（全米学生サーフィン連盟）のエクスプローラー女子部門で優勝した。

　ベトナム戦争で地雷によって両足を失ったボブ・ウィーランドはリハビリ後、訓練と準備を18カ月間行い、アメリカを「走って」横断した。そのとおり、彼は両手で4500キロを踏破したのだ。彼はパワーリフティングで世界記録を樹立した。また、ハワイのコナで開催された厳しいアイアンマンレースに参加して、両足がないのに車椅子にも乗らずに完走した唯一の人だ。彼は1991年にNFL（全米ナショナル・フットボールリーグ）のグリーンベイ・パッカーズで

ストレングスコーチの職を得た。

　分かっただろう。私たちは遺伝や過去の状況や身体的な制約に完全に支配されているわけではないし、その犠牲になっているわけでもない。私たちの体は自分の頭に指示されたように動くだけだ。長期的には、運は成功や幸福とはほとんど関係がない。自分の世界は自分で行う選択によって形成される。より良い選択が習慣として根付くにつれて、より強力な信念体系が無意識のうちに自動的に出来上がっていく。

　では、なぜ人は成功を選ばないのだろうか。

　自分は成功に値する人間ではないと感じる人や、勝者になるまでの苦痛やプレッシャーや犠牲に耐えるのはごめんだと思う人もいるかもしれない。大成功に必要なことをしない理由で最も多いのは恐怖心だ。そういう人たちは、恥ずかしさや笑われることや断られることを恐れている。彼らは失敗を恐れているのだ。これは何を信じ、何を失敗と考えるかによって変わる。オリンピックの金メダリストは平均的な人とは大きく異なる信念を持っているが、それは彼らが選択したことだ。そして、これは2人が同じ状況を経験しても、結果がまったく異なる理由の説明にもなっている。

**　人生はラジオに似ている。全局が同時に放送をしている。これは自分がどの局に合わせるかを選ぶ問題にすぎない。勝つ方法も負ける方法も常にあり、どちらも選ぶことができる。どういう選択をしたかは自分を取り巻く状況で明らかになる。**勝者やパフォーマンスが並外れている人は、積極的に責任を引き受ける点で際立っている。彼らは成功の手本となる人を探し、成功までの行程表を作り、勝利を手にするまで段階的に調整しながら計画を実行していく。彼らは、自分の成功が運や運命とは関係ないことを知っている。成功はコミ

ットメントや熱心さや準備や一貫性、それに夢を追求する意欲の結果だ。勝者は勝利の最も重要な特徴——勝利は選択の結果だという信念——を理解している。

コントロールできることをコントロールする

世界はコントロールできないが、自分はコントロールできる。そして「自制する」ためには、それができさえすればよい。だが、人生は人に自制することを求めてはいない。人生は人に反応する機会を与えているだけだ。自分の力を最大限に利用するために、まず自分を点検しよう。自分がコントロールできることをすべて書き出そう。そうすれば、選択の力を使うだけで人生のどの領域を活用できるかがすぐに分かる。

今すぐに試そう！　「私は……をコントロールする」という言葉でリストを作り始めよう。

自分でコントロールできないことに集中するせいで、欲求不満になって、望みがないと思う人もいる。自分でコントロールできないことは必ず起こるので、それを気にしすぎたり心配したりしても意味がない。人生でコントロールできる領域に時間とエネルギーを使おう。それが勝者のやり方だ。彼らは、自分でコントロールできないことには執着しない。彼らは目的に向かって動き、目の前の仕事から気を散らすことはけっしてない。そうした努力をすれば、結果はおのずとついてくると分かっている。

あなたは自分ができると思っていることよりもはるかに多くのことを達成できる。それは私が保証する。しかし、勝利は意識的に選択してつかみ取るものだということを受け入れないかぎり、潜在能

力を十分に発揮することはできない。あなたは勝てるのに不調な状態なのだ。次のように考えてみよう。自分の選択が結果にほとんど影響しないと信じているのに、精魂を込めて粘り強く努力する人がいるだろうか。勝利を選択するということは、自分がコントロールしていることに焦点を合わせ、選択の力を用いて、それを活用することを意味する。思い切って単なる運を信じたいと思ったときは、立ち止まって、「ただ願うことは戦略ではないし、それに頼ることもできない！」と自分に言い聞かせよう。そして、自分でコントロールできることに焦点を合わせて、真の選択をしよう。

真実2　自分の人生は自分のもの

「今日、責任を逃れても、明日、その責任から逃れることはできない」
——エイブラハム・リンカーン

　自分の力を引き出す2番目の真実はもっと興味をそそる。経験するすべてを創造するのは自分自身であり、人生にかかわることについて許可なく発言できる人は自分のほかにだれもいない。人は自分が選んだ人生を作り出す。自分が世界をどう認識し、出来事にどう反応するかによって、現実が作り出される。だから、人生やそこで起きるすべてに対して、自分で責任を負うことになる！　いったんこれを認識すれば、人生で大切なのは自分を見つけることでも、自分を幸せにするものを見つけることでもないと分かるだろう。人生で大切なのは自分や自分の境遇を創造することだ。しかも、ポジティブ思考や希望的観測によって魔法のように物事を出現させるのではなく、「私が生み出す」という考え方で自ら創造するのだ。それぐらいの責任感があれば、すべてが好機に見え始める。そうなれば、その好機が自分自身の未来を作り出す力になる。

　この信念に抵抗する人たちもいる。彼らはこう考える。「車にはねられるといった、偶然の出来事はどうなのだろうか。ガンのような重病にかかった人はどうだろう。彼らは間違いなくそれらを自分で作り出してはいない！」

　自分が責任を負うというのは因果関係の話ではない。それは責任を取るという意味だが、非難されるということでもない。対応能力を養い、それを使うということだ。選択をすれば、結果が生じる。**ある通りを運転するという選択をして、トラックと衝突するかもしれない。だが、その通りを車で行けばトラックに衝突すると分かっていただろうか。この答えによって、自分が結果を作り出したという事実が変わるだろうか。**

　W・ミッチェルに尋ねてほしい。1971年7月19日に、彼は乗っていたオートバイの前で向きを変えたクリーニング店のトラックのせ

いで体の65％以上をやけどした。顔と手はひどい負傷をして、10本の指のほとんどを失った。医者は彼の足の指を切って手に縫いつけざるを得なかった。恐ろしいことに思えるが、これは始まりにすぎなかった！　ケガから回復して約4年後には、乗っていた小型飛行機が離陸時に墜落したために脊髄を損傷して、腰から下がマヒした。NSTB（国家運輸安全委員会）の調査によると、飛行前の点検で翼に張った薄い氷を見逃したことが事故の原因だった。

　講演でミッチェルは言った。

　　私は人生で初めて選択の力を完全に理解しました。私はミッチェルに対して責任があるということを初めて理解し始めたと思います。自分を非難するという意味でも、罪悪感を持つという意味でもありません。自分に責任を持つという意味です。私は対応することができたのです！　そして、だれのせいで、だれが間違っていて、だれが悪くて、だれが良かったとしても、病院のベッドにいたのは私だったのです。短い指の私でした。それが私の未来でした。

　何かを引き受けるということは、それを自分のものだと表明することである。いったん引き受けたら、それを使って自分のすることに責任を持つことができる。責任とは素晴らしいものだ！　人は自分の人生に責任を持つ。良いことも悪いことも含めてすべてに自分で責任を負うようになったとき、対応力という人間のあらゆる資質のなかで最も強力なものが育ち始める。

　ほとんどの人にとって反発とは、何かネガティブなことが起きたときにほかの関係ないことを非難したがるという意味だ。私たちは

責任を罪や非難と結び付けがちだ。「それは私のせいではない！環境のせいだったんだ」「両親は妹のほうをかわいがった」「まずいときに、まずい場所にいたんだ」「運が悪かっただけだ」などと言うか、ほかのだれかか何かのせいにする。

　非難は最も簡単に自分の力を奪う。反射的に非難をすればするほど、無力感に襲われてあきらめるようになる。自分が何を選ぼうと関係ないと思うからだ。他人や物事に支配されていると思っているので自ら動けず、状況を変えることはできないと感じる。実際には、自分で選んでいない考えや行動を押し付ける力を持っている人なんかだれもいない。だから、責任を負うことが選択の最高の形なのだ。しかし、振り子が逆方向に大きく振れることもある。責任を負うときに、自分を非難するところまでいく人がときどきいる。彼らは自分の生活で「うまくいかない」ことすべて、あらゆる不幸や不運を自分のせいにする。それも違う。

　私たちが反射的に他人を非難するのは、責任を取るのが焼きジャガイモを手渡されたときに似て苦痛なので、他人のせいにして責任を逃れたいからだ。しかし、自分で百パーセント責任を負うと決心すれば、非難などどうでもよいと思えるほど人生が変わる。非難は容認に取って代わり、自分の力を引き出せるようになる。実は、人は人生でこれをしようと選んだことを何でもできる力を持っている。人は自分で認識を作り出しているのだ。自分がどう対応するかは自分で選んでいるのだ。だから、自分の現実を作り出しているのは自分なのだ。

自分の世界を消すことも作り直すこともできる

　自分の世界は自分で作っているということを知っているということは、自分の現実を作り出す力が自分にあるということを意味している。幼いときはだれもこれを理解していないので、常に過去に照らして自分を作り直している。自分の世界は自分で作っていると認識できたとき、自分の世界を作り直したり消したりする力が得られる。**自分が作り出すどんな考えも変えることができる。自分にとっての現実は、実際の物事がどう「である」かではなく、物事をどうとらえるかを自ら選ぶことによって作り出されているからだ。**これはすべて、自分の世界を作り出しているのは自分であり、最終的には自分が責任者だという信念から出発する。

　W・ミッチェルは、「とんでもなく長い時間を、バックミラーを見て人生を運転しているかのような人々に会うことがある」と語った。彼らは次のようなことを言う。

　「……さえしていたら」

　「……しておくべきだった」

　「……できていたはずだ」

　「……していたら、どんなに良かったことか」

　彼は、「自動車メーカーがフロントガラスをバックミラーよりもはるかに大きく作るのには理由がある」という、驚くべき比喩で講演を締めくくった。

　確かに、過去の経験から学んで向上することはできる。しかし、過ぎ去ったことを後悔したり心配したりして多くの時間を費やせば、現在コントロールできることに貴重な時間やエネルギーを使えなくなる。過去と未来は記憶と想像のなかにしか存在しない。唯一の現

実は今だけだ。この瞬間にしていることが同時に過去と未来を作り出しているのだ。人生のすべてがこの瞬間に行う選択の結果だということを受け入れたとき、私は経験を自ら作り出す力を得た。すると、私の人生は大きく変わった。平凡な成果しか生み出していない人は、失敗や過ちは自分がコントロールできない要因のせいで起きたと思っている。「私は運が悪かった」とか「人生は不公平だ」と思うのだ。並外れた成果を上げる人は責任を負い、次に対応力を養う。彼らは結果に対する責任を自分に対する非難ではなく、自分の持つ力とみなす。

人生のすべては自分で作り出しているという考えに賛成するかどうかにかかわらず、明白なことが１つある。最終的には、常に自分が責任を負うということだ。自分の人生に責任を負わず、常に元凶や非難すべき人や悪いことをした人を探していれば、だれかが助けてくれるのを待つようになる。

待つのをやめよう！　責任を自分で引き受けて、今日から自分の未来を作り始めよう。

真実３　優れた成果は１つの過程にすぎない

「私は仕事に精魂を傾け、その過程でわれを忘れた」──フィンセント・ファン・ゴッホ

「どうやって象を食べる？」という冗談を聞いたことがあるだろうか。オチはもちろん、「１口ずつだよ」だ。しかし、この答えには冗談以上のものがある。ヘレン・ケラーは、「私は偉大で高潔な仕事を成し遂げたいと思っていますが、私の主な務めは小さな仕事

を1つずつ偉大で高潔であるかのように成し遂げることです」と言った。これはすべての勝者がやがて理解する根本的な真実だ。勝利とは1つのプロセスであり、人はそのプロセスを信頼し、それが進展するのを待つ必要がある。さもないと、すぐに大きな結果を得ようとして、重要な手順を飛ばすという大きな間違いをするため、あきらめるしかなくなる。

　私の娘は歌うのが大好きだ。幼いころから「パパ、大人になったら有名歌手になりたい」とよく言っていた。しかし、多くの幼い子供たちと同様に、彼女は音痴だった。私の友人や家族の多くは、生まれ持った才能がなければ歌手にはなれないから、別のことをしたほうがよいと言った。私は彼らに言った。「歌うのが好きで自分を信じているのなら、上手に歌えるようになる。だけど、周囲から生まれ持った才能がないと言われ続けたら、自分を信じることなんてできない！」。数年後、彼女は天使のように歌っていた。選抜されて合唱団やアカペラでも歌えるようになった。

　私にとって、彼女はデレク・ライドルが『エマージェンス──セブン・ステップス・フォー・ラディカル・ライフ・チェンジ（Emergence : Seven Steps for Radical Life Change）』に書いた「一度に1音ずつ声を出しさえすれば、いつの間にか歌っている」の良い見本だ。

　素晴らしいことは一夜にではなく、徐々に実現するものだということをまず理解しておこう。才能を伸ばすといった大きな目標を達成するには、計画に従って段階を一歩一歩進む必要がある。**不可能としか思えないことを成し遂げた人はだれでも、できることを少しずつ実行していっただけだ。**つまり、大きな目標を達成するためには、私が「建設者」と呼ぶタイプ──規律正しくプロセスを重視す

71

る人——でなければならない。彼らは、正しい段階を経れば結果は付いてくると信じている。失敗にくよくよするのではなく、それを継続的な学習と調整のなかでの貴重な教訓ととらえる。失敗をすると、「二度と同じ失敗はしない」と自分に言い聞かせる。結果は良くても悪くても意味がある。そこまでに至ったプロセスを常に改善できるからだ。

　残念ながら、ほとんどの人はこれとは正反対で、私が「破壊者」と呼んでいるタイプだ。彼らは結果にこだわり、視野が狭く、落ち込みやすい。すぐに結果が出ないと、がっかりして自信をなくす。失敗をすると、他人か何かほかのせいにしようとする。プロセスに全力を注ぐことはまったくなく、言い訳ばかりして、めったに責任を負わない。彼らが永続的なものも素晴らしいものもけっして作り上げられないのは当然だ。

作り出す力と破壊する力

　だれの心にも建設者と破壊者がいる。それはちょうど、だれでも愛することや同情することができるだけでなく、憎むことや危害を加えることもできるのと同じだ。それでは、建設者と破壊者のどちらが結果を出すだろうか。どちらが達成したことに責任を負うだろうか。

　これに答えるために、ピーマ・ショードロンが書いた、私のお気に入りの1冊『テイキング・ザ・リープ（Taking the Leap : Freeing Ourselves from Old Habits and Fears)』から引用しよう。

　「ネイティブアメリカンの祖父は孫に、世の中の暴力と虐待に

ついてや、どうしてそういうことが起きるのかを話していた。祖父によれば、それは2匹のオオカミが心のなかで争っているからだ。1匹は復讐心や怒りに満ちていて、もう1匹は理解があって親切だ。『どちらのオオカミが争いに勝つの』と孫は尋ねた。すると祖父は、『それは自分がエサを与えることに決めたほうだ』と答えた」

だれにでも建設者と破壊者の両面があることを認識しよう。大切なのは建設者を養って、破壊者を飢えさせることだ。建設者は、勝利は優れたパフォーマンスの結果であり、優れたパフォーマンスは優れたことを実行した結果であることを知っている。しかし、勝つことばかり考えていると、正しい段階を経ることに集中できなくなる。プロセスを考えることが大切だというのが答えだ。

この本の執筆は1つのプロセスだ。私はほとんど毎日これに取り組んでいる。メモを取り、アイデアをより洗練し、書き直す。プロセスに集中すれば、最終的に誇りに思える本が完成すると分かっている。勝って成功する人は、最善を尽くすプロセスに熱中するようになる。実際、彼らはプロセス重視の生活を送っている。「大切なのはプロセスである」という格言がある。私はそれに付け加えて、大切なのはプロセスであり、プロセスに熱中し、その結果をすべて引き受けることだ、と言いたい。

行き詰まってもイライラしないように。目の前の困難な段階に興味を持とう。勝者になったり、ビジョンを実現したりするまでのプロセスは本当に素晴らしい。心から旅を楽しみ、各段階を1つずつ情熱をもって進もう。

真実4　すべての結果には教訓が含まれている

「失敗などない、あきらめるのが早すぎるだけだ」——ジョナス・ソーク

　だれも「失敗」はしない。失敗とは錯覚であり、1つの判断であり、意見である。私たちは行うことすべてで常に、勝ち、負け、引き分けという結果を導き出している。それらのどの結果にも、プロセスのどこまで進んでいるか、何を適切に行っていて、何を変える必要があるかを伝える情報が含まれている。このように、すべてに教えがある。そして、結果から学ぶことが有意義で永続的な進歩をする唯一の方法だ。

　勝利は1つのプロセスであり、大きな目標を達成するためには時間と労力と改善が必要になる。山が高いほど、頂上までの道のりは長い。途中で、挫折することも転ぶこともあるだろう。それはみな同じだ。挫折を教訓と考えるようにならなければ、結局は自分を失敗者と見るようになる。人生で間違いを犯さない人はいないからだ。間違いは避けられないが、そこから学ぶかどうかは自分で選べる。それをフィードバックととらえるか失敗ととらえるかで大きな違いが出る。**失敗したと考えて、あきらめる言い訳にする人もいる。だが、失敗と考えてもあきらめないかぎり、失敗のしようがない。成功か失敗かは自分の頭の中にしか存在しない。挫折とは、評価をして、そこから学ぶための情報を含む結果にすぎない。**

　オリンピック水泳選手のマイケル・フェルプスの粘り強さについて、コーチのボブ・ボウマンは、「彼がやる気をなくすのを見たことがない」と言った。だから、フェルプスは史上最多の金メダルを

獲得したのだ。対照的に、すぐにあきらめる人は、どんな結果でもすべて学ぶ価値のある教師だと考えることができない。ジェームズ・アレンの言葉を引用すれば、「困難に直面している人がいたら、その状況に喜びを見いださせよう。それは、いまや極端に無関心か愚かになっている人が全エネルギーと知性を注いで困難から抜け出し、もっと良い方法を見つけるきっかけになるからだ」。

　ミスを恐れる人は、勝つために必要なことについて錯覚をしている。勝者にとって、負けるとつらいのは確かだ。そんなとき、ミスは未開拓分野の調査をもっと賢く知的に行うための情報や自由を与えてくれるものだと気づく必要がある。ミスをしないで偉大なことを成し遂げることはできない。ミスを恐れているかぎり、けっして大成功は望めない。ミスをしないということは、自分に全力で挑戦をしていないことを意味するからだ。バックミンスター・フラーはかつて次のように言った。「私が学校を経営していたら、満点を取った生徒にはオウム返しの答えをしたという理由で平均的な成績を付ける。たくさん間違えて、間違いから学んだと言った生徒には最高の成績を付ける」

　私たちが直面するどんな状況にも教訓が潜んでいる。うれしい結果もあれば、自分が試される結果もある。すべての経験が役に立つ。それに触発される場合もあれば、教えられるか何らかの形で役に立つ場合もある。

　世の中には2種類の人々がいる。1種類はどんな間違いからでも学ぶべき教えがあるというありがたさを知らない人々だ。もう1種類は苦痛や困難にもかかわらず進み続け、新たに発見した知識や希望にますます興奮する人々だ。あなたはどちらだろうか。自分が作り出す結果で何をしたいだろうか。

ひどい日もあることを心得ておこう

「暗闇にいるとき、少しの知識が道を照らす」──ヨーダ

　成功のカギは、成功する考え方をし、それに基づいて行動することだ。これは、自分のアイデアや行動のすべてが常に望ましい結果を作り出すという意味ではない。時には、成功は望めないと感じ、「まったくダメだ！」と思うこともあるだろう。あきらめたくなることさえあるかもしれない。分かっている。私は経験者だ。初めて株式トレードをしたとき、私は6年続けてまったく利益を出せなかった。ひどく落ち込んだ日に、もうやめようかとも思った。しかし、すべての結果にはメッセージがあると分かっていたので、いわゆる失敗を受け入れて、重要な教訓を学び、やり続けた。すると、何年もの試行錯誤の末に、1年で稼ぎたいと夢見ていた利益よりも大きな利益を1週間で稼ぐことができた。私はイギリスの詩人ロバート・ブラウニングの言葉、「何年もの失敗も、1分の成功で報われる」の意味を実体験で理解した。**自分の望むことを追求する過程では挫折や失望やひどい日もあると覚悟しよう。成功に至る過程の貴重な経験としてそれらすべてを受け入れ、「先生、ありがとう」と言えるようになろう。**

　世界記録保持者でオリンピックの金メダリストであるセバスチャン・コーは『ザ・ウイニング・マインド（The Winning Mind)』のなかで、「レースに勝って学ぶものがないことはあっても、負けて学ぶものが何もないことはめったになかった」と書いている。物事が計画どおりにいかなくても怒るのをやめて、そのプロセスを受け入れると、教訓や成功への道が見え始める。すると、自分の力を発揮

できるようになる。すべてが師なので、すべてに価値があるという信念は、受け入れるのが非常に難しい。偉大な哲学者であるフリードリヒ・ニーチェは、「試練は人を強くする」と言った。自然が問いを投げかけるとき、必ず答えがあるからだ。

ネイビー・シールズはこれを飾らない表現で、「困難な状況を受け入れよう」と言った。良いことも悪いことも貴重な経験とみなすことができれば、学ぶことができる。これが逆境に遭っても粘り強く向上していく唯一の方法だ。安全第一でリスクをとらなければ、夢を実現したときの気分をけっして味わえない。間違いは勝利に至るプロセスの一部であり、最高の教育になることが多い。このことを心得て、好奇心と熱意を持って結果を分析し、何かを学ぶべきだ。最も重要なことは、ひどい日があっても、夢やそこに至るプロセスを絶対にあきらめないことだ。

真実5　やる気は欲望よりも大切

「やる気があれば、力は付く」──ピーター・マクウィリアムス

ときどき「すべてやってみたが、うまくいかない」と言われることがある。そのとき、私はいつも、「それが本当だったら、うまくいっているはずだから、すべてを試したとは思えない」と言う。それから、「あなたは何をやりたくないの？」と尋ねる。それで会話が変わる。

人が「できない」と言うとき、実際は「やりたくない」と言っているのだ。失敗に悩まされるときは、成功するために必要なことをしていない、と本能が告げているのだ。あなたにはできないと告げ

ているのではなく、「Ｘ」をやろうという気になるまでは成功しないと告げているのだ。

すでにやっていることを、もっと時間をかけて続けていく必要があるだけかもしれない。木に実がなるためには一定の条件が必要なように、人生でも努力が実を結ぶにはある条件が必要だ。樫の木は一晩で大きくはならない。**どれだけのことを望んでいるかは関係ない。最終的に手に入る成功は必要なことをどれだけ進んでやるかと比例している。また、そのやる気は試練に遭うだろう。試練があるのは良いことだ。**私たちは試練を乗り越えることによって、成長し学ぶのだ。

海兵隊には、「だれもが天国に行きたいと思っているが、進んで死ぬ者はだれもいない」という言葉がある。あなたは夢を実現するためにどれほど自ら進んで行動するだろうか。

現在の人生は、これまで喜んで耐えてきた結果得られたものだ。意欲とは、目的地までの旅を喜んで受け入れることを意味する。夢と一体化して、それを生きる。必要なことを本当に何でもする気があり、信念体系と行動を一致させたときにだけ、どれほど落ち込んでもあきらめない段階に達することができる。進んでやる気持ちがあれば、無理なことは何もない。ここまで来れば、目標を達成できるかどうかは、自分のやり方で生き、選んだ運命をどこまでも受け入れられるかどうかの問題にすぎない。

次の段階は必ずある。進歩し続けるためには、これまでにどれだけの段階を踏んできたかやそこでの結果に関係なく、次の段階に進む意欲が必要だ。それが決意だ！　私が株式トレードを仕事として始めたとき、トレードがうまくなるだけでなく、最終的に世界屈指のトレーダーになるために必要なことは何でもするつもりだった。

私はこのプロセスが大好きだったので、いつも最終的な結果ではなく、次の段階を必死で目指した。私はトレードで成功してお金持ちになっていなかったとしても、今日でも続けていただろう。私が成功したのは意欲と情熱があったからだ！

トマトの種ができるのに目的があるように、あなたも目的があって生まれてきた。可能性を秘めて生まれてきたのだ。すべての条件が完璧にそろうまで待つのはやめよう！　音を1つか2つ外しても歌おう。自分の可能性を意欲的に追い求めよう。

だれでも勝ちたいと思っているが、失敗するリスクを恐れない人しか勝者になれない。知識だけでは不十分だ。何をすべきか知っていても、実行しなければ、幸福にはなれない。そういう人は「自分にはできる」と考えるだけで、実行に移さないからだ。すると、自分を失敗者と感じるようになる。自分が本当にどれほどうまくできるかを知る唯一の方法は、大きな目標を設定することだ。ヘンリー・デイヴィッド・ソローが言ったように、「夢に向かって、自信を持って進もう！　自分の想像した人生を生きよう」。

「自分は何を達成したいのか、何になりたいのか、それを実現するためにどれほどの意欲があるのか」と自分に問いかけよう。

真実6　記録は破られるためにある

「逆境に夢破れる人もいれば、記録を破る人もいる」──ウィリアム・アーサー・ワード

人は先に成功した先駆者たちに刺激を受け、駆り立てられる。どうすればうまくいくかが分かっているとき、つまり、他人が何をし

たかを知っているときには同様の目標を設定できるし、それを超えることさえできる。記録は破られるためにあり、先駆者たちは進むべき方向を示してくれている。彼らは私たちを奮起させて、超えるべき基準を示してくれる。そして、私たちもあとに続く人々を導くことができる。頭を働かせることができれば、ほとんど何でも学べる。自分の力を引き出す信念に基づいて適切なプロセスを踏めば、他人が達成したことは達成できるし、それを超えることもできる。しかし、そのためには、過去の成功は超えられるし、超えるためにあるという信念が必要だ。そして、これまでの自分も超える対象に含まれるのだ！

　若いとき、私はロッキー4を見ていて、よりによって映画館のなかでひらめいた。ロッキーシリーズはどれもやる気を起こさせるが、この作品では、ロッキー・バルボアは圧倒的な体格の持ち主のロシア人のイワン・ドラゴに何度も倒される。今は、アポロ・クリードの元トレーナー（トニー・「デューク」・エバーズ）がロッキーのトレーナー兼セカンドだ。ロッキーは1ラウンド終了ごとにコーナーに戻る。彼は巨体で強力なドラゴを恐れている。しかし、デュークはロッキーが自分を信じるような言葉を投げかける。「おまえはやつにダメージを与えている。やつは機械じゃない。ただの男だ」。ドラゴは手ごわい相手だったが、彼はただの人間だった。デュークのロッキーに対するアドバイスは、「もっと男になれ！」だった。

　その言葉で、私は投資でジョー・ディマジオに匹敵するほどのパフォーマンスを出したいという、とてつもない挑戦を願うようになった。1994年に、私は自分にとってのヒーローの1人である偉大なポール・チューダー・ジョーンズの投資記録を超えることを目標にした。彼は4年連続で3桁のリターンを達成し、5年目は99.6％だ

ったと言われていた。これを達成するには、5年間で最低3950％の
リターンが必要で、年平均リターンが100％で、10万ドルを300万ド
ル以上に増やす必要があった。それまでの人生でそれほどの水準に
近づくことすらできなかったことを考えると、これは明らかに信じ
難いほど野心的な目標だった。しかし、ジョーンズ氏には失礼だが、
彼も「ただの男」だということを私は知っていた。過去の成功はす
べて、もっと大きな成功への道しるべになる。だから、私は彼が達
成したことを超えることができるはずだ。

　私はポール・チューダー・ジョーンズのトレード法だけでなく、
もっと重要なことだが彼の信念も調べた。彼は非常にリスク回避的
で、リスク管理によって損失を抑えることが氏のトレード手法の基
本になっていた。具体的なトレード戦略はあまり分からなかったが、
リスクが懸念される場合には彼と同じようにトレードをした。私は
この考えを自分の戦略に用いつつ、プロセスの改善に取り組んだ。

　信念体系を実績ある勝者に合わせれば、その人と同じ成果を出せ
るだけでなく、それを超えることさえできると確信していた。5年
後、私は結果を出した。私はやり遂げたのだ！　5年連続で3桁の
リターンを出した。それだけでなく、累積リターンは目標の3950％
を超えて、10倍近くに達した。複利での総リターンは3万3554％だ
った。年平均リターンは220％だった。これは10万ドルが3000万ド
ル以上になったということだ。突然、かつては想像できなかったこ
とが現実になった。

**自分のあこがれる英雄が本当に自分の手本になり、自分にもでき
ること——自分でも達成して、超えることすらできる目標——を示
してくれていると信じないかぎり、自分なんかにはできないと思う
ことを実行に移す人は絶対にいない。どんなに高い目標を掲げても、**

それを超える成果を出せると励ましてくれる人は必ずいる。彼らは勇気を出して励まし、模範を示して導いてくれる。そうなれば、自分の可能性が理解できる。たとえ自分の限界と思うところに目標を置いても、それはまだ全能力のほんの一部にすぎない。『ウイニング・ゴールド（Winning Gold）』で、アマチュアレスリングの世界大会で金メダルを3回取ったリー・ケンプはこう書いている。「ダン・ゲーブルは1972年にオリンピックで優勝して、すぐに伝説になった。私は1976年に18歳で彼と闘って優勝した。まだ大学2年生で、レスリングの経験は6年しかなかった」

　不可能なことはだれかがそれを達成するまでしか存在しない。例えば、かつては1マイル（1609メートル）競走で4分を切ることは不可能だと思われていた。1マイル4分は肉体的な限界であり、どんな人でも体を壊すことなく、その記録を破ることはできないと考えられていた。しかし、1954年5月6日にイギリスのロジャー・バニスター選手が1マイルを3分59秒4で走った。突然、不可能なことが可能になった。すると、56日後に、オーストラリアのジョン・ランディー選手が3分57秒9の記録を出した。その後、3年以内に16人のランナーが4分の壁を破った。

　1マイル競走で4分は切れないと言われていた肉体的な限界はどうなったのだろう。人間の進化に突然の飛躍があったのだろうか。いや、固定観念が打ち破られたことで、違いが生じたのだ。

　私たちが限界と思っていることは、頭の中にしかないことが多い。信念は、私たちが人生で何を試み、何を試みないかに影響する。私たちは、目標や画期的なことを達成する人は「特別」な存在であり、才能か幸運に恵まれているからだ、という誤った信念や思い込みにとらわれていることがある。これは、ほとんどの場合に当てはまら

ないだけではない。何年にもわたって頂点に立つために懸命に頑張ってきた勝者にも失礼だ。また、私たちの世代は前の世代よりも先に進むだろうが、次世代には及ばないだろう。学習能力には限界がないからだ。そして、これはあなたにも当てはまる！　人間は向上し続けるようにできている。これはテクノロジーや人工知能に限らない。人間の思考や知性にも言えることだ！　他人が何をしようと、私たちは常にそれを超えることができる。情熱を持って本気で知識を蓄え訓練を積み重ねたら、世界記録を更新することだって可能だ。自分で気づいていなくても、記録を破る力は自分の中にある。

　しかし、自分の勝利や間違いから、また他人から学べると信じるまでは、真の可能性を発揮して、地元の大会に勝ったり世界記録を樹立したりできるかどうかはけっして分からない。あなたは夢に向かって無条件で進もうと決心する必要がある。そうすれば、自分でも驚くほどのことを達成でき、ほかの人が進みたいと思う道をも切り開けるだろう。

真実7　望んでいた人間になるのに遅すぎることはない

「だれも人生を初めからやり直すことはできないが、だれでも今日から始めて、新たな結果を出すことはできる」――マリア・ロビンソン

「もう遅すぎる」と思ったことはないだろうか。ほかによく聞く言い訳には、「年を取りすぎている」「自分のやり方にこだわりがある」「今は変われない」「今知っていることをもっと早く知っていたらよかった」などがある。だが、これらは本当ではない！

　グラディス・バリルは86歳のときに初めてマラソン大会に参加し

て、92歳のときにホノルルマラソンを完走して有名になった。彼女
はゴールまで9時間53分も頑張った。そして、この信じ難い成績は
ギネスで世界記録と認められた。

　五十嵐貞一さんは96歳のときに、東京から100キロの位置にある
標高3776メートルの芙蓉峰、富士山を最年長で登頂した。その日は、
カリフォルニア州ロマリンダ在住の91歳のアメリカ人であるフルダ・
クルックスが登頂した最年長の女性になった9日後だった。

　私は50歳のときにピストル射撃を始めた。友人にこのスポーツを
紹介されたのだが、40口径のピストルを撃ちながら障害物コースを
できるだけ速く走ることに、最初は興味が湧かなかった。それに、
競争をするには年を取りすぎているかもしれないとも思った。しか
し、地元の大会に参加して勝つためのプロセスを踏んだ。すぐに私
は半分の年齢の若者と競争して手際よく動き、大会で何回か勝ちさ
えした。今では、州や全国大会にも定期的に参加している。この経
験から、特に考え方を変えるという点では、夢を追求したり難しい
課題に挑戦したりするのに遅すぎることは絶対にないと、改めて思
い出した。

　89歳のときにシンクレア・コミュニティー・カレッジを卒業し、
社会学の学位を取った史上最高齢の学生のビニー・ディーン・ウォ
ーカーのことを考えてみよう。また、ついに単位をすべて取って、
イースタン・オレゴン大学を99歳で卒業し、2011年に世界記録を更
新したレオ・プラスがいる。

　歌手のスーザン・ボイルは、「世の中には他人にレッテルを貼る
人がたくさんいます。でも、自分に対して同じことをする必要はあ
りません」と言った。時間や年齢の壁があるという通念を打ち砕く
には、自分の力を引き出す信念体系が根底に必要だ。25歳であろう

と75歳であろうと、もう遅すぎるとか、もっと早く始めるべきだったという言い訳ができる。だが、自分の望むことを試すのに、特になりたい人間になるのに遅すぎることはけっしてない。

結果ではなく原因

信念とは人生で一度だけ参照したり、思い出したときに使ったりするものではない。それは内なる羅針盤を構成するものであり、自分の行うすべてに影響を及ぼす見えない力だ。自分の力を引き出す信念は、並外れたパフォーマンスを発揮する人が共通して持っているものだ。私たちはそれによって自分の支えとなる精神的基盤を作り出す。そして、それが次に勝利の環境を作り出す。「もちろん、成功した人がポジティブに考えるのは簡単だ」と言う人もいる。だが、勝者は勝つ前にこの信念を持っている。だから、彼らは成功したのだ。逆ではない。個人的なことを言えば、私の信念は成功した結果、出来上がったものではない。信念こそが成功した原因なのだ。

あなたが自分の信念体系に逆らって行動しているのならば、考え方を変える必要がある。まず、自分自身の核となる信念を検討し直そう。あなたは勝利を自分で選んだと思っているだろうか。プロセスや旅は目的地と同様に大事だと思っているだろうか。他人ができることは自分にもできると本当に信じているだろうか。自分が出した結果すべてから学ぼうとしているだろうか。残念ながら、これらの質問に「いいえ」と答える人たちもいる。自分や世の中について楽観的に考えることを、信念が支持しないからだ。

基盤にも階層があり、ある原則は前の原則に基づいている。**自分の力を引き出す核となる信念が基盤になっていなければ、力を生み**

出す戦略や行動で前に進むことはできない。解決法？　自分の力を引き出す信念を選ぶことだ！

　これは、生い立ちや伝統や環境によって子供のころから築いてきた信念を持つ人が、自分について別のことを信じるという難題だ。自分の力を奪う信念を持っていると、自分の望むことでさえ達成できることには限界があると考えてしまう。

　まず、自分の能力を信じることだ。そうすれば、目標や優先順位が決まる。すると、ポジティブな自己イメージを肯定する訓練に支えられた行動に移ることができる。鎖を作る輪のように、ある1つの行動が次の行動につながる。しかし、鎖と同じく、最も弱い輪以上には良くならない。最初に、自分に限界を設けている、足かせとなっている信念の打破に挑戦しよう！

　自分の力を引き出す信念は手の届くところにある。あなたはすでに必要なものをすべて持っている。自分の潜在能力を適切に使えないというだけで、自分の能力に対する信念を軽く見ないでほしい。

　あなたは知的な人間だ。それは、自分の想像をはるかに超える能力を持つ驚くべき存在であることを意味する。あなたは結局、自分が信じるものを選ぶ。つまり、あなたは自分の思い描いたとおりの人間になれるということだ。自分を解放して、自分の力を発揮するのに遅すぎるということはない。あなたの根底をなす信念が出発点になるのだ。

第3章
勝者のセルフイメージを作り上げる

Building the Self-Image of a Champion

　何十年もたった今でも、初めて全国空手大会に出場するまでの感情——興奮と不安、家族や友人の前で闘うプレッシャー——を覚えている。1982年のことだった。私は地方大会に何度か出場していたが、全米大会の最高レベルで闘うことがどういうものか、よく分かっていなかった。競技場に着くとほっとした。私たちはひどい氷雨のなかを何時間も車で移動していたからだ。ついに、トリプルAフルコンタクト空手の試合を行うことになった。競技場には有名な選手たちがいた。会場は熱気に包まれていた。

　私はこの瞬間のために毎日練習し、準備をしていた。私を知る人たちは地方大会での私の活躍ぶりを知っていたので、私が勝つと思い込んでいた。１回戦が始まると、私はタタミに上がった。そこには真っ黒な空手着に真っ赤な鉢巻き姿の相手が立っていた。彼の仲間たちもみんな同じ姿をしていた。それは彼らが結束していることを表していた。彼らは彼に向かって、「こいつはちょろい」「おまえの力を見せてやれ」「ここは地元だ」と大声援を送っていた。

　彼は試合の直前に両手を両脇で伸ばして、ヘビのようにシューという音を立てて跳び跳ね始めた。認めざるを得ないが、私はおじけづいていた。審判が「始め」と言うと、相手は雄たけびを上げた。私はびっくりして集中力を失った。その途端に攻撃された！

　数秒後、私は肋骨が折れて倒れていた。息ができず、強い痛みに襲われた。父を見ると、当てが外れて首を横に振っていた。私は立ち上がって中央に戻ったが、精神的にはすでに負けていた。それは時間の問題で、数ポイント取られて負けた。

　帰りの車内では長い沈黙が続いた。私はすっかり自信をなくしたが、やめようとはまったく思わなかった。それは嫌だった！　私は道場に戻って、何が悪かったのかをすぐに考えたかった。もっと練習をして腕を磨く必要があると思った。「もっと練習をして戦術を改善し、だれよりも強くなるぞ」と誓った。トレーニングやスパーリングを増やして、厳しい練習をした。しかし、体だけでなく心を鍛える方法も学ぶ必要があると、そのときは思いもしなかった。

　私は技術的には素晴らしいものを持っていた。カンフー映画で見る派手な回転技や宙返りがすべてできたので、「ムービーマン」と呼ばれていた。私は練習でも地元の大会でも強かった。しかし、リスクが高く、はるかに強いプレッシャーがかかる大きな大会では、結果のことや負けて恥ずかしい思いをしたくないということばかり考えて、試合に影響が出た。身に付けたどんな技術も役に立たなかった。

　全米大会の日、私はすでに精神的に負けていたので、技術を生かせなかった。自己評価が低かったので、技術的にどれだけ優れていても関係なかった。私にはプレッシャーの下で闘うための平常心と自信という最も重要なスキルが欠けていた。精神面での戦略がなかっただけでなく、もっと悪いことに、セルフイメージが本当の問題だということに気づいていなかった。

　これはその後の仕事や趣味にも役立つ教訓になった。これはおそらくスポーツでもエンターテインメントでもセールスでも、最も注

目されるべき分野だ。練習を繰り返して必死に努力をしても、期待していたほどの結果が得られないのならば、セルフイメージに原因がある。人生のどの分野でも勝ちたければ、真っ先に強化すべきは筋肉でも魅力でもセールストークでもない。それは自分が持っているセルフイメージだ。

　勝者のようなセルフイメージを作り上げるには、具体的な手順を含む適切な計画を立てなければならない。大きな自信を養うために必要なことを習慣として行い続けるのは簡単ではないからだ。それどころか、失敗をするとネガティブ思考に陥り、「ドジ、なんであんな愚かなことをしたんだ。一体、どうしたんだ」といった無力さを感じる言葉を自分に向けやすい。

　私たちは問題を探しがちだ。ほとんどの人は鏡を見ると、すぐに欠点を見つける。「鼻が大きすぎる」「ハゲている」「太りすぎだ」「やせすぎだ」「金髪だったらいいのに」「もっと背が高ければいいのに」といった具合で、切りがない。そして、ヘマをしたときも同じことをする。私たちは悪いところを直したいと思うので、そこにこだわる。良いことをやっているつもりなのだが、これは勝者のやり方ではない。だから、ほとんどの人は並外れた結果を出す人たちのようなセルフイメージを持っていないのだ。

　しかし、セルフイメージについて尋ねられると、ほとんどの人は驚くべきことにかなり良いと答える。だが、これは意識的な答えであり、自尊心から出た答えだ。潜在意識ではどう考えているだろうか。そこにどんなセルフイメージが刷り込まれていか、自分で分かっているだろうか。それがあなたを導き、人生でどこに向かうかをコントロールするのだ。

　あなたのセルフイメージは次のことから作り出される。

●過去の経験をどうとらえているか。

●自分について言われたことのうち、何を信じているか。

●自分にどれほどの価値があると感じているか。

●現在、自分をどう見ているか。

　本当のセルフイメージとは、意識で自分を理想化したイメージではなく、潜在意識の深いところに刷り込まれているイメージだ。このセルフイメージでどれくらい自分の力を発揮できるかが決まる。セルフイメージは自分自身について信じ込んでいるありとあらゆることの貯蔵庫だ。そのため、自分が頭の中でどのように考え、会話をするかをコントロールしている。潜在意識下のセルフイメージは子供時代にまでさかのぼれる非常に若い時期のもので、自信がなく弱気のイメージかもしれない。生涯に経験したことはすべて脳に保存されている。どれほど自信があり楽観的なのか、あるいはどれほど自信がなく悲観的なのかは、潜在意識やそこに蓄えられている経験から何を本当の自分と信じているかによって決まる。それらによってアイデンティティーが確立し、潜在意識は私たちの言動のすべてをこのアイデンティティーに一致させようとする。

「自分らしい」領域

　セルフイメージは室温を一定に保つサーモスタットのように調整の働きをする。室温が下がりすぎると暖房のスイッチが入り、上がりすぎると冷房のスイッチが入る。セルフイメージも同様に、「自分らしい」領域を作る。困難を乗り越えるほうが「あなたらしい」だろうか。それとも、プレッシャーに負けるほうが「あなたらしい」

だろうか。「自分らしい」と考える境界は、自分の持つセルフイメージ次第で広がったり縮まったりする。プレッシャーで緊張するほうが「自分らしい」と納得すれば、それが自分の考える自分になる。やがて、自分は「何をやってもうまくいかない」と信じ始める。「自分らしい」と思っていることを予想して、それがいつも的中する予言になる。

　仕組みはこうだ。あなたがアマチュアゴルファーで、過去２年間の最高スコアが86、最低スコアが115だったとする。ある日、前半の９ホールを36で回った。これはすごい、とあなたは思う。後半の９ホールを43で回りさえすれば、スコアは70台と、これまでの最高スコアだ。50で回ったとしても86で、最高スコアに並ぶ。それで、何が起きるだろうか。後半の９ホールでがたがたに崩れる（通常は１、２ホールでダブルボギーかトリプルボギー）。あなたは翌週も出かける。今度は２つのトリプルボギーから始めて、最悪の前半９ホールになる。ところが、後半はいつもよりもずっと良くなり、最終スコアは通常の86から115の範囲に収まる。

　どちらの場合も、最終スコアは今までの範囲を上回ることも下回ることもできなかった。どうしてだろうか。

　それは主として、潜在意識が期待に合わせようと調整するからだ。あなたは86から115の範囲でプレーするのが「自分らしい」と確信している。次に、この「領域」をアイデンティティーの一部と連想し始める。あなたはいつも他人に「ぼくはボギーゴルファーなんですよ」と言う。

　私たちはスポーツから仕事、人間関係、生活全般に至るまで、どの分野でも「自分らしい」領域に閉じ込められる可能性がある。高い水準で成果を上げる能力があっても、「勝つほうが自分らしい」

と思わなければ、勝つ可能性はほとんどない。**私たちが今している
ことを繰り返すのは、それが自分のアイデンティティーと一致して
いるからだ。セルフイメージを改善して、潜在能力と自分の能力だ
と思っていることとのギャップを埋めることを目標にしてほしい。**

　友人の1人はいつも「分かってると思うが、私はストレス症だ」
と言う。彼は「ときどきストレスを感じる」とか「今、ストレスを
感じている」と言っているのではない。彼は「ストレス症」だと思
い込んでいる。彼について詳しく知らなくても、日常生活にかなり
のストレスを抱えていることは理解できる。

　私が初めて「自分らしい」領域という現象を知ったのは、オリン
ピックの金メダリストであるラニー・バッシャムからだった。彼は、
『ウイズ・ウイニング・イン・マインド（With Winning in Mind）』
のなかで次のように書いている。「私たちにとっての問題は、パフォー
マンスを向上させるために何かを変える必要があることは分かっ
ているが、自分を変えたいとは思っていないことだ。新しい機器を
買って解決するほうを好む。本を読むかレッスンを受けて解決した
がる。問題は自分ではなく、ほかのだれかだと思いたがる。しかし、
セルフイメージを変えることができるのは自分だけだ。すべては、自
分が問題であることを認めるところから始まるのだ」

　「自分らしい」領域を向上させるには自分に対する見方を変える
必要がある。「私はプレッシャーを受けると失敗する」とか「私は
仕事に取りかかるのが遅い」と自分に言い聞かせると、それを本当
だと信じ込む危険がある。確固としたセルフイメージがあれば、「私
はプレッシャーを受けても能力を最大限に発揮する」や「最初から
好調で最後はさらに絶好調なのが自分らしい」と考えるようになる。
そういう考え方をどうやって身に付けるかを次に説明しよう。

セルフイメージを超えることはできない

　自分は実際よりも実力があると考えている不器用な男を、私は思い込みの強いやつだと思っていた。それで、彼を甘く見ていた。しかし、空手大会で彼に負けてから、私はセルフイメージについて学んだ。この種の人間をけっして見くびってはいけない。やっかいな人間や不器用な人間は、自分たちでも成功できることを証明するために、必要なことは何でもする意欲に燃えているのだ。

　セルフイメージが健全であれば自信が生まれ、それが不健全であればためらいや疑いが生じる。才能で劣っている人が優れている人を打ち負かすことがあるのはこのためだ。知っておくべきことはこうだ。情熱や欲求、高い勤労精神や気力があり、天性にも恵まれていても、勝者の持つセルフイメージを作り出せなければ、勝つ可能性はほとんどない。

　人はだれでも、1つか2つは得意なことを持っている。1から10の尺度で8の才能があれば、かなりの能力があると言える。しかし、セルフイメージはわずか4だとする。すると、プレッシャーがかかっている状況では、8よりも4に近い成果しか出せない。理由？　**どれほど才能や生まれ持った能力があっても、たとえ毎日何時間も練習をしても、能力を十分に発揮できない。セルフイメージが不健全だと、そのイメージに見合う力しか出せないからだ。**

　悪いセルフイメージほど、人生で成果を出す障害になり、人に重くのしかかるものはない。この現実を考えると、自分のスキルの水準を超えるセルフイメージを持っておくほうがはるかに良い。これは多くの人（特に両親）が信じていることとは逆だ。彼らは自信過剰を恐れていて、自分たちや自分の子供たちが「現実的」であるほ

うが良いと思っている。しかし、実際には、人は現在の状態よりも優れているものなのだ。セルフイメージが「非現実的」であれば、潜在能力を最大限に発揮して、現在よりも向上することができる。勝者のセルフイメージを持っていれば、自分よりも才能に恵まれているにもかかわらず、セルフイメージが低い人々に勝つことができる。心の中で伝説的人物になりきることが、これから学ぶ精神的スキルで最も重要なことかもしれない。

　潜在能力を発揮するためには、セルフイメージが少なくとも自分の才能と同じ水準か、できれば少し高くあるべきだ。これをおかしいとか傲慢だと思う人もいるかもしれない。自分のアイデンティティーが能力を上回ることなどあり得るだろうか。しかし、**ずば抜けた人々は自分の成功に役立つような考え方をする。セルフイメージが良ければ、いつでも勝つことはできる。しかし、セルフイメージが悪いと、勝って当然の人でさえよく失敗する。**

　勝者のセルフイメージで最も象徴的な例は、「私は最強だ」と宣言したことで知られるモハメド・アリだ。彼は最強のボクサーだった。そのことを彼は知っていた。彼は精神的訓練も肉体的準備も10の水準だった。彼が3回も世界ヘビー級チャンピオンになったのも

当然だと言えるだろう。

自分の期待と成果が等しいと見る勝者の心には調和がある。セルフイメージと成功は比例している。勝者は1番でゴールするために必要なものを自分が持っていると信じている。勝てると信じるためには高いセルフイメージを持つ必要がある。自分を信頼できなければ、プレッシャーがかかる状況では特にだが、最高水準の成果を発揮することはできない。セルフイメージはそれほど重要なのだ。

意識は船長、潜在意識は「乗組員」

セルフイメージは脳の潜在意識にある。ここは自分自身についての考えがすべて保存されている場所だ。人が何かについて考えるたびに、それらは脳に刷り込まれる。何らかの作業をして結果が良ければセルフイメージも良くなるし、結果が悪ければセルフイメージも悪くなる。これらの刷り込みを自分がどうとらえるかに応じて、セルフイメージは自分に対する見方を生み出す。その主な仕事は、自分の信じているイメージどおりに自分を維持し続けることだ。

幸いにも、潜在意識は暗示にとても敏感だ。これは朗報だ。潜在意識は自分についての考えをすべて監視しているが、無条件にそうするからだ。物事を論理的に分析することはできないのだ。それは意識の仕事だ。結局のところ、物事をどうとらえるかや、何が「良く」て、何が「悪い」と判断するかをコントロールしているのは自

分自身である。潜在意識は自分の考えをすべて記録しているだけなのだ。

　私たちは潜在意識がスキルを機械的に実行できるようになるまで、反復練習と意識による指示でスキルを磨く。セルフイメージはそれが本当の自分とみなす水準に合わせて、潜在意識のスキルをコントロールする。**意識は船長のような存在で、「乗組員（潜在意識）」に指示を出す。船長は進路を決めるが、実際に船を操縦するのは乗組員だ。**また、意識は映画か演劇の監督のような存在で、俳優に指示を出すと考えることもできる。こう理解すると、意識は方針を決める力を持っていると見ることができる。しかし、それを実行するのは潜在意識だ。潜在意識にあるイメージや記憶がセルフイメージに悪影響を及ぼせば、「意識下の船長」が指示した計画をうまく実行できない。自分ではうまくやりたいのに、常に何かが間違っているようで、十分な成果を上げられない。

　しかし、過去の失敗に未来を指示される必要はない。意識を使って、新しいイメージや可能性を潜在意識に刷り込むこともできる。そうすれば、出来事をどう経験するかについての見方が変わり、人生を変えるチャンスが生まれる。このようにすれば、セルフイメージを勝者のものに作り変えることができる。

氷山モデル

　意識と潜在意識を理解するために、氷山を想像してほしい。海面よりも上に見えるのは「氷山の一角」で、全体の約10％にすぎない。これが意識であり、ここに自分の論理や批判的思考や意志力や集中力が存在する。海面よりも下のはるかに大きな部分は潜在意識で、

図3.1　意識は潜在意識に教え込む。セルフイメージは自分自身に対する考えに応じて成長したり縮まったりする。しかし、私たちの行為のほとんどは無意識のうちに行われるし、潜在意識の奥深くに収められているものに動かされる

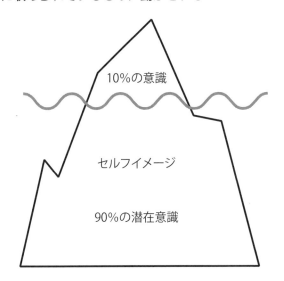

直感的な行為や創造的な行為に大きな影響を及ぼす。これが「氷山モデル」と呼ばれるものだ。

　潜在意識には長期記憶や感情や価値観、それに攻撃・逃避反応といったストレスがかかる状況での反応が収められている。本能や自動的・直感的な行為は潜在意識から生じる。そして、これらの記憶や経験を元に信念や習慣や行動が作り上げられる。私たちの行為の約90％は潜在意識によるものだ（図3.1を参照）。だから、この氷山の隠れた部分は非常に大きくて、私たちの生活に及ぼすあらゆる影響を表している。

　潜在意識には本能や学習した行動が保存されていて、そこにすでにあるものは消去できない。しかし、過去の経験や潜在意識の働き

に縛られたり導かれたりする必要はない。潜在意識に健全な考えを植え付ければ、セルフイメージを改善できる。そのためには、ネガティブな経験をできるだけ減らし、自分の役に立つ経験に意味や感情を割り当てて、それを繰り返すようにすることが大切だ。そうすれば、ポジティブで自信に満ちたセルフイメージが長期記憶を行う「ハードディスクに書き込まれる」。すると、自分自身に対する信念が劇的に良くなり、自動的に手際良く行動して、申し分ない結果が得られるようになる。

感情に比例する記憶

　繰り返し練習をしたのに、思ったほどの結果が出なかったことがあるだろうか。あなたがほとんどの人と同じならば、ストレスを感じるか冷静さを失うのだろう。バスケットでゴールを決め損なったり、ゴルフでパットを外したり、目標に達しなかったり、契約を取れなかったりするたびに、がっかりし、怒ることさえある。やがて、うまくピンを狙えたり、ほかの何かを上手にできたりするようになっても、以前の大きな失敗をまだ引きずっている場合がよくある。6回のフリースローのうち2回しか決められないのも無理はない。あるいは、バーディーパットを5回続けて外すのも無理はない。がっかりした経験を感情的にとらえるせいで、失敗のイメージが膨らむのだ。**潜在意識が記憶をイメージとして保存し処理するとき、同じ重要性を持たせない。むしろ、潜在意識は感情が最大になったときの経験を優先する。**

　心理学の研究では、恐怖や怒りや喜びなどの強い感情を伴う出来事のほうが、あまり劇的でない出来事よりもはるかに記憶に刻まれ

ることが分かっている。失敗するたびに怒っていると、同じ失敗を
繰り返しやすくなる。科学者たちはこの点について有力な生物学的
根拠を特定している。ある感情が湧いたときに出るホルモンは、神
経を再配線して新しい記憶回路を形成する部位で神経細胞の感受性
を高めて、記憶の「準備をさせる」。ニューヨークのコールド・ス
プリング・ハーバー・ラボラトリーのロバート・マリノーは言う。「こ
の現象はだれでも分かる。9.11のテロについての話を聞くと、自分
がそのときどこにいたかをおそらく思い出すだろう。しかし、前日
の９月10日にどこにいたかは思い出せないだろう」。彼はこのプロ
セスが状況によってはPTSD（心的外傷後ストレス障害——衝撃的
な出来事の生々しい記憶が長く続く状態）のような病を引き起こす
場合さえあると述べた。

　**強い感情を伴う思考は神経系の奥深くまで届き、感情をほとんど
伴わない思考よりも記憶に残りやすく、影響力も大きい。**潜在意識
は最も強い感情を伴う思考を高く評価する。自分の経験を処理する
最善の方法を学ぶためには、このことを理解しておくことが大切だ。

　潜在意識は経験を、それに伴う感情によって増幅されたイメージ
で分類する。だから、幼いころの記憶には、楽しかったことや興奮
したこと、悲しかったことや怖かったこと、トラウマとして残った
ことなど、強い感情を伴うことがある。今、体験していることが後
に記憶になることにも同じことが当てはまる。例えば、10日間の休
暇に出かけたとすると、最も鮮明に思い出すのは頂点（最高と最低）
の体験と最も新しい最後の数日間の体験だ。この概念は重要である。
勝者のセルフイメージを作り上げるときに大きな役割を果たすから
だ。

感情でふち取る

潜在意識に刷り込まれているものを、感情で「ふち取られた」イメージと考えよう。イメージは変わらなくても、ふち取ることで重みや意味が増し、心に占める比重が大きくなる。研究によると、失敗を恐れるようにさせる最もたやすい方法は失敗したときに責めることで、悪いセルフイメージを作る最もたやすい方法はその失敗を強い感情で呼び起こすことだ。例えば、子供時代にフットボールの試合でパスを落とした記憶があっても、直後に仲間から励まされていたら、失敗に伴うネガティブな感情は最小限に抑えられ、悪い影響はないかもしれない。しかし、ボールを落としたあと、グラウンドにいたみんなに笑われて、恥ずかしい思いをしていたらどうだろうか。家に帰ると、父親から「おまえはダメだな、恥ずかしいよ」と厳しく責められたら、どうだろうか。どんな印象が心に残るだろうか。そうした強い感情は経験を大きな枠でふち取り、意味を強めて記憶に残るものにする。

失敗しても感情的になりすぎないことが目標だ。**まずは、「何がまずかったのか」「もっとうまくできるはずだった」といった考えをすべて頭から振り払うことだ。自分が何を学べるかに関心を向けて、純粋にデータを収集・分析する観察者として結果を見よう。**

失敗しても、感情を抑えよう。自然に進んでいるプロセスを信じることができるようになるほど、感情に影響されなくなる。何を学べるかに関心を持てば解決策に注意を向けることができ、良くない結果が出てもそれを感情的にとらえずにすむ。怒って感情的になれば、悪い結果を強い感情でふち取ることになる。すると、心の中のイメージが強く残り、自然なプロセスから外れて、同じ失敗を繰り

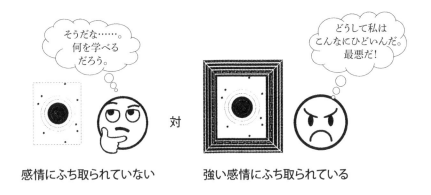

感情にふち取られていない　　　強い感情にふち取られている

返しやすくなる。

大いに祝い、音楽に合わせて踊ろう

　感情がイメージを強化するのだから、良い結果をできるだけ重視することが目標になる。良い結果が出たら、必ず自分を祝福しよう。自慢するのが目的ではない。勝利をできるだけポジティブな感情と結びつけるためだ。こういうときにこそ、感情を大いに出すのだ。**練習でも実践でも、結果が良いときにはポジティブな感情の「比重」をできるだけ高めて、結果が悪いときにはできるだけ感情を抑えるようにしよう。**良い結果は大きな枠でふち取り、悪い結果は小さな枠でふち取ろう。成功したときに良い気分に浸る方法を学ぼう。成功を体と心で祝う習慣を作ろう。私は、「それは自分らしい」と感情を強める言葉を使っている。

　拳を突き上げ、踊り、叫ぼう。自分が気持ち良いと感じることを何でもしよう。感情を込めて自分を褒めよう。良い結果をポジティブな言動で認めれば、勝つ——的を射る、パットを決める、プレゼ

ンを成功させる、取引をまとめる、完璧に
演奏する——ことは「自分らしく」て、そ
れが勝者でありチャンピオンである自分と
いう人間だ、と潜在意識に伝えていること
になる。

**自分を褒めなければ、自分の努力を軽く
見ていることになり、成果をプラスに評価
できず、アイデンティティーを強化するチ
ャンスを逃す。**勝者のセルフイメージを築
くためには、成果を積み重ねて、それらを感情で強調するところか
ら始めよう。うまくいったときには自分を褒める習慣を付けよう。
成功の大小にかかわらず、自分の成功を認めよう。練習での小さな
勝利でも祝うべきだ。そうすれば、ポジティブなイメージや感情が
心に蓄えられる。

　タイガー・ウッズの映像を見ていると、ウイニングパットを決め
たあと、拳を突き上げたり叫んだり歓喜したりするという驚くよう
な行動を取る。彼が順位を下げたりヘマをしたりしたときよりも勝
ったときに感情をあらわにしているのが分かる。残念ながら、ほと
んどの人は大喜びしない。恥ずかしいか、うぬぼれたくないのかも
しれない。最初のうちは、勝って大喜びをするのが難しいという人
もいるかもしれない。自分を褒めたり、情熱や興奮をバンザイで表
したりするのは決まり悪いかもしれない。しかし、セルフイメージ
を本当に高めたければ、それこそがやるべきことなのだ。

　例えば、アーチェリーで見事に的を射たとする。そのときに、成
功をきちんと認めずに次のショットに移れば、感情を込めてその経
験の意義を認めた場合ほど、潜在意識に強く残らない。しかし、何

度も的を外したら、間違いなく不平や不満などの感情をあらわにして、結果に対してネガティブな感情を抱くはずだ。そうすれば、それは潜在意識に刷り込まれてしまう！　失敗に対しては、観察者のように客観的に冷静な判断をすることが目標になる。失敗は学ぶための単なる情報とみなそう。感情的になれば、うまく考えて学ぶことができないからだ。失敗したときには、「ここは修正が必要だ」などの言葉を使って冷静に対処しよう。あるいは、「今起きたことから何を学べるだろうか」といった、自分の力を発揮するための問いを自分にしてみよう。しかし、うまくいったときには、感情を込めて喜び祝おう。

強化によるシェーピング（望ましい行動の形成）

　私たちはだれでも、サーカスで動物ができそうもない行動をするのに驚いたことがある。動物は「シェーピング」と呼ばれる望ましい行動を強化する技術を用いて、そうした妙技を行うように訓練される。訓練の最初の段階では、動物は「芸」と呼べるほどの行動はまったくできない。トレーナーは動物がすでに行っている行動を選び、まずその行動を強化する。そして、時間をかけて強化の条件を少しずつ変えていき、最終的な行動により近いことができるようにする。このように、体系的に強化をすることで特定の行動が形成される。**ある特定の行動を強化すれば、その行動を再びする可能性が高くなるのだ。**

　人間も複雑な行動を学び、シェーピングで自信を付けることができる。シェーピングを効果的に用いるためには、現在できることから始めて、その行動を強化し、徐々に行動のレベルを引き上げては

それを強化していく。次の段階で要求することが現実的で、各段階の差が十分に小さいことが大切だ。そうすれば、それらを身に付けて強化していくことができる。このテクニックは達成目標の引き上げと強化を組み合わせたもので、多くのことで成果を向上させるのに非常に役立つ。ジミー・ジョンソンは、「私たちは90%をプラスの強化に頼っている」と述べたことがある。彼はカレッジフットボールとスーパーボウルの両方でチームを優勝に導いた初のコーチであり、それを成し遂げたわずか3人のうちの1人だ。

　スポーツのパフォーマンス向上に行動科学の技術が有効かどうかを広範囲に調査した結果、ポジティブな体系的強化テクニックは成功率が一貫して高いと分かった。ある調査では、少年サッカーチームのパフォーマンス向上にポジティブな強化が用いられた。コーチは攻撃のプレーを3種類選んだ。これをプレーA、プレーB、プレーCと呼ぶことにしよう。

　実験ではまず、各段階のそれぞれのプレーを何回正確に行えるかのデータを注意深く集めた。次に、コーチはプレーAで強化の手順を体系的に行った。プレーのたびにどの要素がうまくできたかを確認し、うまくできた段階では選手を褒めた。プレーBとプレーCを行うときには強化の手順を実行しなかった。

　その後、一定の間隔を空けながら、プレーBのみとプレーCのみ

でも強化の手順を実行した。強化手順を用いた前後でどれくらいプレーを正確に行えたかを比較すると、3つのプレーすべてでパフォーマンスは向上していた。ただし、それは強化を行ったあとに限られていた。プレーAのパフォーマンスは強化後に61.7%から81.5%に向上したが、プレーBとプレーCでは強化を行うまで向上しなかった。強化後のプレーBとプレーCのパフォーマンスはそれぞれ54.4%から82%、65.5%から79.8%に向上した。

　体系的に強化を行えば、パフォーマンスは明らかに大幅に向上していた。ほかの調査でも、体操、水泳、野球、ゴルフ、テニスで同様のパフォーマンスの向上が示されている。すぐに強化のテクニックを使おう。強化のタイミングも重要だ。**条件が同じならば、早く強化を行うほど、行動に大きな影響を及ぼすことができる。望ましい行動が現れたら、できるだけ素早く強化しよう**。行動やスキルのレベルが高くない初期の段階では、頻繁に強化を行う必要がある。

　頻繁に強化を行えば、望ましい反応の強化に役立つだけでなく、どれくらい向上しているかを頻繁に確認できる。ポジティブな強化は行動を良くする役に立つが、批判は悪い行動の定着につながり、変化を妨げる。

　プラスの強化とは次のようなものだ。

●褒めること
●指示
●感情と行動の関連付け

　次のことはできるだけ減らす。

●批判（代わりに「練習が必要だ」のような言葉を使うか、「私は
　何を学んだだろうか」と自分に問いかける）
●ネガティブな感情（励ましやポジティブな問い掛けに置き換える）
●ネガティブイメージ（望ましいイメージに置き換える。起きてほ
　しいことをイメージする）

ポジティブ思考を維持する

　研究によると、ネガティブ思考はほとんどの場合、パフォーマン
スの低下を招き、パフォーマンスが低下するとセルフイメージも悪
くなることが分かった。これまで述べてきたように、勝ったときは
大喜びして、ポジティブな強化をすべきだ。一方、ヘマをしたとき
は、否定的な発言や思いをできるかぎり控えるべきだ。これはミス
を無視したり、悪い結果を良い結果と言い張ったりするのとは違う。
ミスを際立たせずに、事実そのものに目を向けさせているのだ。**ポ
ジティブ思考が必ずしも素晴らしい結果を生むわけではないが、ネ
ガティブ思考は間違いなくパフォーマンスの低下につながる。**

　例えば、難しい曲を練習していて、途中で必ずミスをするとしよ
う。その際、「もっと練習が必要だ」と思う以上にミスを重視して
はならない。感情的になったり自分を責めたりせずに、事実を確認
するのだ。感情をあらわにするのは、うまくできて喜ぶときのため
に取っておこう。それまでは、自分のミスを分析的かつ客観的に見
るようにしよう。

　「ああ、最悪だ」と思ったり、「一体、自分のどこがまずいのだろ
う」と自分に問いかけたりして自分に批判的な態度を取ると、自分
の望まないイメージが潜在意識に刷り込まれる。**自分に批判的にな**

っても向上はしない。**逆に、避けたいと思っていることをもっとやらかしてしまう。パフォーマンスが悪くても、できるだけネガティブな考えや感情を抱かないようにしよう。**私たちの頭の中では２種類の会話が主導権争いをしている。１つは批判、もう１つは励ましだ。やるべきことは、批判の音量を下げて、応援や励ましの音量を上げることだ。そのためには気配りが必要になる。「空振り」をしたときに、自分が何を言い、何を思うかを強く意識しよう。

　例えば野球ならば、「空振りをするな」や「内野フライを打つんじゃない」ではなく、「しっかり当てるんだ」と自分を励ますべきだ。スピーチでも、「ステージでおじけづかないように」と思うのは逆効果であり、「聴衆からポジティブなエネルギーを引き出そう」と考えるべきだ。何をする場合でも、解決策と良い結果に目を向けて自分を励まそう。そうすれば、最も良い結果が出る可能性が高くなる。

　また、他人の愚痴を聞かないようにしよう。さもないと、いつの間にか彼らの問題を自分の問題として意識するようになる。セルフイメージは必ず自分の強化している方向に動いていく。例えば、射撃大会で「的を外す」という会話をしていれば、たとえ他人が的を外したとか外していないという話でも、潜在意識には「的を外す」という言葉しか残らない。これは特に演技や競技をする直前には極めて重要になる。私はそういうときには、ネガティブな会話や冗談を一切しない。**自分の好成績や、好成績を今後出す確率を上げるために何をすべきかに話題を限るべきだ。**そして、何か問題が起きても愚痴をこぼさないように気を付けよう。愚痴はネガティブな強化だ。自分が成功したときのことを思い出して、解決策に焦点を合わせよう。成績が最も良かったときのことだけを考えていれば、成功

する確率が高くなる。

勝者の考え方を身に付ける

　態度を改めてセルフイメージを作り直すと、私の人生は文字どおり一変した。私は貧しい家庭で育ったせいで、貧しい人間に特有の考え方をしていた。そのため、幼いころは自分に自信がなかった。原因はセルフイメージの悪さにあった。両親は私が幼かったときに離婚した。母は子供たちを養うために２つの仕事を掛け持ちせざるを得なかった。それで、サッカー、野球、フットボール、バスケットボールといったスポーツの試合を見に連れて行ってもらえなかった。支援体制もあまりない環境で育ったので、１人で自信を付けるしかなかった。例えば、リトルリーグで野球をしていたとき、みんな私よりもうまいと思っていた。彼らは家族や友だちに応援されていたのに、私は１人ぼっちだったからだ。彼らを見るといつも、「うわー、絶対にうまいはずだ」と思っていた。

　私は間違ったことを重視していたのだが、潜在意識はそのことに気づかず、意識からの「指示」に従っていた。恐怖心や自信のなさが強化されていくと、潜在意識はネガティブ思考の貯蔵庫になり、それが自分には価値がないという考えを強化していった。空手の大きな試合に初めて出場したとき、セルフイメージが低い少年時代に戻ってしまったのも不思議ではない。勝者の意識や自信や対処法が身に付いていなかったからだ。

　長年、トレーダーのコーチをし、セミナーや大学で教え、何千人もの人に講演をしているうちに、これがありふれた経験であることに気づいた。子供時代に出来上がったセルフイメージは全人生に影

図3.2　意識（CM）が潜在意識（SCM）に指示を出すと、潜在意識は
その指示を自己イメージ（SI）のレベルで実行する。この３つ
が調和しているときに、最も力が発揮される

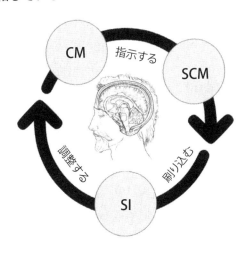

響を及ぼす。また、多くのことがこれで説明できる。成人したころ
は、自分に学歴や才能があればやっていけると考えて、社会に出た
かもしれない。しかし、思っていたようにはいかず、挫折したかも
しれない。一体、どうしてだろう。自分よりも才能がないか、頭が
良くない人でも成功しているのに。原因はたいてい、セルフイメー
ジの悪さにある（**図3.2**）。

　うれしいことに、変わるのに遅すぎるということはない。変わる
ためには、意識と潜在意識とセルフイメージを調和させる必要があ
る。これらがお互いに支え合えば、最適な状態で活動できる。単な
る「ポジティブ思考」だけでは不十分だ。セルフイメージを作り直
すには、潜在意識の深くにあるアイデンティティーの根本から作り
直す必要がある。なりたい自分のイメージに目を向けて、それを絶
えず強化すれば、自然と変化が現れてくる。

無意識にできるようになる

　意識と潜在意識の関係は車の運転方法の学習に例えられる。運転方法を知らないので、教習所に入学したとする。最初は教室で運転方法のビデオを見たり本を読んだりする。これは意識的な情報収集だ。そして、初めて教官と車に乗る。これは初めての経験だから、強く意識しながらの運転だ。潜在意識に蓄えられているスキルや直感は何もない。まだうまく運転できないので、アクセルやブレーキを踏みすぎる。

　運転する距離が長くなるにつれて、意識しなくても自然に運転ができるようになる。道路にはまだ注意を払っているが、運転は潜在意識による「自動運転」に近くなっている。意識しないで上手に運転できる。だが、そうなったのは、まず上手に運転するために必要な情報を集めて経験を積み、そのイメージを潜在意識に刷り込んだからだ。そして、車の運転が上手になるにつれて自信が付き、セルフイメージも高まっていく。

　良いセルフイメージはアクセルのような働きをする。しかし、自信がなければアクセルを踏むのをためらい、ブレーキを踏んでしまうことさえある。セルフイメージが悪くて、自分は価値がない人間だと思うのはブレーキを踏んでいるのと変わりない。自信があれば、アクセルを踏み込める。自信を持って決めた方向に進むためには、自分のセルフイメージが重要になる。

上手にやっている自分を見つける

　あなたは自分が成功者か失敗者であると証明するための証拠を無

意識に集めていないだろうか。これはとても重要な質問なので、慎重に考えてほしい。ゴルフやテニスでうまく打ちたいとき、「あのときは運が良かっただけだからなあ」と思うだろうか。あるいは、ミスをしたとき、「どうしていつもこうなんだ」と思うだろうか。自分が期待外れの人間だと証明する証拠を無意識のうちに絶えず集めている人もいる。勝者は自分がミスショットをしたと分かっても、考え方は常に「ここから何を学べるだろうか。次はもっとうまく打つぞ」だ。そして、うまく打てたら、「自分の実力どおりの素晴らしいショットだ」と思う。

　違いが分かるだろうか。**完璧な人などいないので、ミスは避けられない。しかし、間違えてばかりの人もいない。成功したり進歩したりするときが必ずある。自分がうまくやっているところを見つけるように習慣づけよう。これこそが勝者の習慣だ。**

　勝者は自分をさらに向上させるために最善を尽くす。過去に成功したときの感情を繰り返し思い出そう。これを実行すればするほど、自分の力を発揮できるようになる。必要なときにいつでもこの感情を思い出せば、重大な段階に達したり重要な目標に向かって困難を乗り越えたりするといった、プレッシャーがかかる状況でも自信を持てる。過去の成功体験を利用できるようになれば、成功する可能性も自動的に高くなる。勝者になるための最も重要な要素は、努力すれば報われるということを知ることだが、それが分かるようになる。

　たいていの人は失敗すると、イライラして「自分のどこが悪いんだ」と自分に問いかけたり、「どうしてこんなに愚かなことをしたんだろう」といつも思ったりする。彼らは自分の問題点を見つけて修正したいと心から願っている。これは理にかなっていると思うだ

ろう。しかし、それではうまくいかないのだ。

自分の強みに注目しない理由

　人間はプレッシャーがかかる状況になると、ネガティブ思考に陥りやすい。突然、ミスしそうなことや過去にうまくいかなかったことばかりに考えが向いてしまう。これでは自信を失って、パフォーマンスが落ちてしまう。

　私たちが自分の強みに注目しない理由はいくつかある。

●私たちは進化の過程で、問題点に気を配るようになった。
●問題点のほうがすぐに対処すべきことだと感じやすい。
●社会規範によって謙虚さが求められている。
●私たちは必ずしも自分の強みに気づいているわけではない。
●私たちは自分の弱点こそ最も強化すべきところだと考えやすい。

　うまくできなかったことの原因ばかりを考えないようにしよう。そうではなく、成功体験だけについて考えよう。**できなかったときのことばかり考えても、間違いの知識が豊富になるだけだ。自分が間違いを気にして、これからどうやればよいか悩んでいることに気づいたら、すぐに頭を切り替えて成功体験に関心を向け、最も良かった自分を思い描こう。**自分がどうなりたいのかに焦点を合わせよう。自分が最も良かった瞬間や成功したときの感覚を思い出して、なりたい自分をイメージしよう。あるいは、逆境から立ち直ったときのことを思い出そう。間違いを正すには次の方法しかない。「それでできなかったのならば、どういう結果だと良かったのだろう」

や「うまくやるためには何をする必要があるのだろうか」と自分に問いかけることだ。そして、それを実行している自分をイメージしよう。

このように考えるための良い訓練方法は、自分の力を最も発揮できたときの話を書き留めておくことだ。自分が最も誇りに思っていることは何だろうか。人生を振り返れば、上手にやれたことがたくさんあるはずだ。そうしたことがまた起きたら、それを書き留めて、ときどきそれらを思い返そう。心でそれらを再現する習慣を身に付けると、勝者のセルフイメージを築いていけるだろう。

勝利日記を付ける

成功した行動はすべて、頭に刷り込まれる。刷り込まれた行動は感情でふち取られている。勝者の考え方を身に付けるためには、できるだけそうした感情を再体験することが必要だ。勝ったときの感覚を思い出したときには、感情にふち取られた行動パターンも刺激される。

リングノートのような簡単なものでかまわない。成功体験を日記に書いていけば、自尊心の支えになるデータが集まる。あとで自信を持ちたいときや勝者の気持ちになりたいときに、この勝利日記を読めばよい。難しいことや怖いことに取り組もうとするとき、あるいはステージに立ったり大きな商談をしたりする直前に、日記を読み返せば、自分でも勝てることを思い出せる。もっと重要なのは、それがどういう気分かを思い出すことができる。日記には写真や切り抜きなど、成功したときの気持ちを思い出す手がかりになるものを貼ってもよい。第10章では、ビデオを使って強いセルフイメージ

を作り、自信を高める方法を説明する。

才能だけでは不十分

　世の中には才能豊かな人がたくさんいる。しかし、才能があるだけでは勝者にはなれない。勝者のセルフイメージがなければ、「才能を生かせない人」で終わるだけだ。そういう人たちには能力があり、生まれつきの才能にさえ恵まれている場合もあるが、セルフイメージが高くないせいで、才能に見合った実力が発揮できないのだ。たいていは、過去に言われたことや経験したことが決め手となり、自分の力を疑ってしまうのだ。彼らは自分には価値がないとか能力がないとかと信じ込むようになっている。また、スポーツ選手やビジネスパーソン、妻や夫としての成果を人としての自分の価値と結びつけて考えているために、間違えて恥をかいたり、笑われたり、拒絶されたりするのを恐れる人もいる。

　あなたが彼らのような人間ならば、自分は他人よりも劣っているというイメージを捨てて、自分は力強くて自信にあふれているという、永続的なセルフイメージを作るときだ。なりたかった自分になるのに遅すぎるということはない。しかし、まずは「内なる勝者」を作り上げる必要がある。つまり、自分のスキルを最高水準まで高めると同時に、セルフイメージも最高水準まで高める必要があるということだ。そうすれば、自分の能力を最大限に発揮できるようになる。

　第2部では、スキルを身に付けると同時に、強くて健全なセルフイメージを作って維持するためのテクニックや戦略を検討する。

第4章
できると思うこと──粘り強く本気で取り組むためのカギ

Expectancy – The Key to Commitment and Persistence

　大きな目標を達成したい、人生で何か素晴らしいことをしたいと本気で思っているのならば、全力で取り組む必要がある。辞書には「コミット（commit）」の定義が載っているが、「I'm committed（全力で取り組む）」という言葉の意味は間違いなく人によって違う。自分やだれかに絶対にやると誓っておきながら、何らかの理由でやり遂げなかったことがあれば、「全力で取り組む」と言うだけでは不十分だと分かっているはずだ。この表現はただの言葉ではない。**コミットメントの私の定義は単純だ。最初の興奮や喜びがなくなったあとでも、やると決めたことをやり遂げることだ。**熱狂が冷めて、目標達成に決意と努力がいかに必要かを理解したとき、何としてもやり続けるには本気で取り組む必要がある。

　本気で取り組むためのカギは「できると思うこと」だ。自分ならできると思っている人がやり抜くのは自信過剰のせいではなく、できるまで根気よく熱心に打ち込むからだ。これは頭でやると誓うだけでなく──やるべきことは自分で分かっている──、感情を込めて誓うことが重要である。勝ったときの気分を知っていれば、その経験を再び味わいたいという思いに駆られるはずだ。

　1996年のアトランタ・オリンピックで女子バスケットボールチームの監督を務めたタラ・バンダーバーは、チームに勝つ意欲をもっ

と持ってほしいと考えていた。彼女は肉体面のトレーニングだけでなく、優勝したときの気分をしっかり味わってほしいと思った。そこで、オリンピック開催の数カ月前にバスケットボールコートでメダルの模擬授与式を行い、金メダルを首にかけてもらうという体験を選手全員にさせた。彼女は選手たちに金メダルを勝ち取ったときの喜びを頭の中で再現させて、やる気を高めたかったのだ。数カ月後、選手たちはオリンピックで金メダルを取る感動を実際に味わった。

　優れた勝者は一般の人とは異なり、通常、自信にあふれている。それは努力と準備によって得られたものだ。**彼らは自分が勝つだろうと思うだけではない。勝つために必要なことをやり抜いたので、心底から勝利を確信している。**

　勝つことだけが大切なのではなく、勝ちたいと思って、そのためにトレーニングを重ね、勝利を確信していることが大切なのだ。感情が加わるとき、何かを見て感情がこみ上げるとき、やり抜く気持ちが高まる。例えば、医師からこのままでは命にかかわると警告されると、感情がこみ上げる。死ぬのは嫌だと思うと、禁煙や減量や健康に良い食事など、健康のために思い切ったことをする。しかし、悪い結果につながる「心配事」だけが感情を刺激するわけではない。自分の感情や勝利の味は勝者になる喜びや期待を生み出せる。1996年にオリンピックに出場した女子バスケットボールチームの場合、表彰台に上がって金メダルを首にかけてもらったときの感情を知ったからこそ、選手たちは練習中や試合中にその感情を思い起こして、

再現できたのだ。

　マイケル・ジョーダンは、「素晴らしいことを実現する前に、それができると思う必要がある」と言っている。だれもが勝者になりたいと思うが、心から自分が優勝すると信じている人しか優勝することはできない。金メダルを取りたいと思うのは意識的な欲求だが、金メダルが取れると思うのは無意識の信念だ。両者には大きな違いがある。3度の世界チャンピオンに輝いたレスラーのリロイ・ケンプは『ウイニング・ゴールド（Winning Gold）』で、「レスリングをしていた若いときは寝室に表彰台を作り、優勝者の名前が読み上げられると1位の台に上がっていた」と述べている。

目標に至るプロセスを受け入れる

　勝者の考え方を身に付けるには、勝てるという期待があるうえでやり抜く強い気持ちが必要だ。そうでなければ、障害がありそうだと思うとすぐに挫折することになる。人はよく誓いを立てるが、やりがいのあることに取り組んでいれば、思わぬ障害や問題や困難にぶつかることはよくある。困難が生じたり障害が立ちはだかったりすると、やる気がなくなって疑念を抱くようになる。こうしたネガティブな感情はアキレス腱になる。それは熱意だけでなく、自信を持って進む力も奪うことになる弱点だ。決意が揺らいでくるのだ。

　困難に直面するとすぐにあきらめる人は、「思っていたよりも難しい」とか、「生活の妨げになる」とか、「本当にやりたいことではなかった」などと、いくらでも言い訳を思いつく。だから、ジムには1月に新会員がたくさん入ってくるが、4月か5月まで通い続ける人はほとんどいないのだ。誓いを立てても、やり遂げるために必

要な作業を怠れば、誓いの真の意味を見落とす。例えば、「オール5を取る」と誓っておきながら、あまり勉強をしない学生がいるとする。望む結果を出すために真剣に努力をしなければ、誓いは空約束にすぎない。多くの人がすぐにあきらめるのは、誤った期待をしているからだ。つまり、障害を実行の過程で現れる目の覚める瞬間だと思って受け入れるのではなく、乗り越えるのに苦労する嫌なものと見ているのだ。

　誓いを立てたときは、期待に胸を膨らませている。しかし、困難や障害が立ちはだかると目標に疑問を感じて、自信を失う。やがて、強さや決意が試される。しかし、本当に目標を達成する少数の人たちは何があってもやり続ける。彼らは結果だけではなく、そこに至るプロセスも重要だと理解している。**誓いを立てるとき、正しい段階を経るから成功するのだと分かっている。彼らはプロセスに全力を注ぎ、目標までの道のりを受け入れる。**

　地球上で最も高くて（8848メートル）、最も有名なエベレストに登る目標を立てたとしよう。600人以上が登頂に成功した年もあるが、これは挑戦した人の約半分だ。だから、エベレストの登頂を目標にする人がいても不思議ではない。しかし、エベレストという「世界の頂点」に立つといった挑戦では、非常に骨の折れるプロセスをやり抜く必要がある。まず、高山に登る訓練を含めて、あらゆる調整やトレーニングが必要になる。エベレストの南側ルート（多くの人が取るルート）を目指してネパールに到着しても、それは始まりにすぎない。山頂まで一気に登ることはできない。気象条件が整うまで待ち、嵐を切り抜け、厳しい環境に耐えながらベースキャンプからベースキャンプへと進んでいくのだ。それこそが登るというプロセスであり、やり抜くということだ。山頂への到達はその見返りに

すぎない。チベットのシェルパだったテンジン・ノルゲイとエベレストに世界で初めて登頂したエドモンド・ヒラリーは、「私たちが征服するのは山ではなく、自分自身だ」という名言を残している。

　途中で起きることすべてを必要なプロセスの一部として受け入れると、挫折や災難のせいでやめようとは思わず、いわゆる失敗は目的に至る重要な段階やわくわくする機会と見ることができるようになる。

　ヒラリーは失敗に終わったそれまでの遠征を含めて、トレーニングと登山を何年も積み重ねていた。そして、1953年5月29日に、彼はだれもが不可能と考えていたことをノルゲイとともに成し遂げた。動けなくなるまで一歩ずつ進むという決意を原動力に、2人は地球上で最も高い場所に立った。

　彼らは単に体調が良く覚悟ができていただけではない、と考えて間違いない。バンダーバーの率いるバスケットボールチームと同様に、何としても目標を達成するという強い思いでやり抜く決意をしていたに違いない。達成できるという確信にそうした強い感情が伴っていれば、単なる結果を超えてはるかに大きなことをやり抜くことができる。自分のトレーニングを信じて、過程を1つ1つこなしていけば、感情が目標まで引っ張っていく原動力になる。

期待の高さが持つ力

　ほとんどの人は大きな目標を達成するためには粘り強くやり抜く必要があることを、少なくとも頭では理解している。しかし、勝算の低い困難な状況にもかかわらず粘り強くやり続けることがどういうことかを実際に経験している人はほとんどいない。そういう粘り

強さは成功する期待の高さから生じる。

　考えてみてほしい。**絶対に成功すると確信していたら、粘り強く努力するだろうか。もちろん、するだろう。粘り強く努力できるかどうかは、本当にやる価値があるという確信の強さにかかっている。**「自分は何ができると確信しているだろう。どんなことがあっても、成功するまで無条件でやり遂げられるものは何だろう」と自分に問いかけてみてほしい。

　期待は奇妙で思いがけない形で影響を及ぼす。正しい見通しがないと、期待は失敗するのではという恐れを生む。紙を丸めてゴミ箱に投げ入れてもらう実験では、ゴミ箱の真上から、4.5メートル離れた場所から、12メートル離れた場所から、という3カ所から投げてもらった。すると、被験者は4.5メートル離れた場所で最も不安を感じた。

　ゴミ箱の真上から投げると、だれもが入れられると思い、外すとは思わない。12メートルも離れると遠すぎて、だれも入れられるとは思わない。しかし、4.5メートルからだと、うまく入れられそうだと思う一方で、外す可能性があることも分かっている。

　では、どうすれば恐怖心を抑えながら、成功するという確信を持てるだろうか。**最高の能力を発揮できる人々は、自分は成功するという確信が特に強いという点で、単にうまいという人とは異なる。同時に、彼らはプロセスに集中することによって、プレッシャーを感じずに力を発揮できる。**私の場合、結果のことは忘れて、自分を最善の状態に持っていくことに集中しようと決心したときに、最も成功した。プロセスをきちんとこなすことに集中したら、結果として成功がついてきたのだ。分かりやすい例として、ちょっと面白いエピソードを紹介しよう。

　ある日、友人が私を訪ねてきて、家に数日泊まった。彼は、「マッツォ・ボール・スープを作るよ。僕のやつが一番おいしいよ」と言った。

　「それはいい！　僕はそのスープが大好きなんだ」と彼に言った。

　彼の作ったスープを味わいながら、「ジェイ、こんなにおいしいスープを作るコツは何なの」と尋ねた。

　「簡単さ。マッツォ・ボール・スープの素の箱に書いてあるとおりに作るだけさ」と彼は答えた。

レモンケーキを作れますか？

　私の株式トレードのセミナーでは、投資戦略を3日にわたって徹底的に教えたあと、「自分の投資口座で、今後6カ月に100％のリターンを得られると思う人は何人いますか」と全員に向かって尋ねる。毎回、比率はほぼ同じで、手を上げる人は100人当たり数人しかない。

　彼らは私の株式トレード法を、実例を含めて30時間も聞いたばかりだということを忘れないでほしい。過去のセミナーに参加して、すでにこの目標を達成した人も含まれている。彼らはレッスンやイラストや文書によって、株式市場で並外れた成果を達成するためのプランをすべて説明された。それなのに、目標を達成できると思う、と答えた人はわずかだった。

　私は彼らに言う。「手を上げた人が3桁の目標を達成できるという保証はできません。しかし、保証できることが1つあります。手を上げなかった人は絶対に目標を達成できません」

　すると、会場は張り詰めた空気に包まれる。緊張している人もい

れば、明らかに動揺している人もいる。昨年は1人の男性が立ち上がって、こう尋ねた。「では、私はどうすればいいのでしょう？私には目標を達成できない、時間を無駄にしましたね、と言いたいのですか？」

私は彼に言った。「違います。手を上げないことで、あなたは自分にはできないと私に言っているのです。私はあなたに、できると言っているのです。あなたが人生でいろいろ行ってきたことと同じで、これは1つのプロセスです。そして、私はあなたに私の勝利のプロセスを伝えています。過去にプランに従ったことがあれば、これもそれと変わらないはずです」

それから、私はもう1つの質問をする。「私がレモンケーキのレシピを教えたら、家に帰ってケーキを作れると思う人は何人いますか？」

すると、全員が手を上げる。

この違いは、挑戦をどうとらえるかにある。山頂を見上げて「わぁ、高いなあ」と思うのか、それとも、「（レモンケーキのレシピのように）プロセスに従ってベースキャンプからベースキャンプへと1つ1つ集中していけば、すべてがつながって、やがて山頂に到達できる」と思うのかだ。

私は彼らがこれらの言葉に納得するまで、ちょっと間を空ける。そして、「あなたがたが自分に問うべきことは、『なぜ私は手を上げなかったのだろうか』です」と付け加えるのだ。

エンダウド・プログレス効果

人は完成や達成に近づいていると思うと、もっと頑張る。ゼロか

らのスタートではないと分かると、やる気が出て頑張れる。これは「エンダウド・プログレス効果」と呼ばれる現象で、目標達成に必要な努力が減ったように感じる一方、目標に向かってすでに進んでいると感じるというものだ。では、この現象が能力を最大限に発揮して目標を達成することとどう関係するのだろうか。

**　自分がすでに目標に向かってどれほど進んでいるのかや、有利なスタートを切っているのかを考えてみよう。そうすれば、目標達成へのやる気や規律が維持しやすくなる。**

　進捗状況を具体的に見えるようにできれば、ゼロからのスタートではないと実感できる。目標や人生全般において、自分がすでにどれほど進んでいるかを測る方法を見つけよう。まだ何も始めていなくても、有利と思える特徴や能力や長所が見つかるものだ。それらが取るに足りないものに思えても、非常に重要なのだ！

　例えば、ピアノを弾けるようになることが自分の目標だとする。一度もピアノを弾いたことがなくても、ゼロから始めるよりも有利と思えるものが見つかるはずだ。ほかの楽器を弾いていて手先が器用かもしれないし、指が長くて弾きやすいかもしれない。何の経験もないということは、新しいスキルを身に付ける妨げになる悪い癖がないということだ。頭では、ゼロからのスタートではなく、例えば25％進んだところからのスタートとみなすことで、精神的に優位に立てる。たとえ頭の中で意図的にであっても、目標に向かってある程度進んでいれば、目標を達成する意欲が高まる。

　ジョセフ・C・ヌーネスとザビエル・ドレーズの研究では、洗車場のポイントカードを使ってエンダウド・プログレス効果の検証を行った。彼らは２種類のカードを配った。１つは８個のスタンプで１回の洗車が無料になるもの、もう１つは10個のスタンプが必要だ

が、すでに２個のスタンプが押
されているものだった。どちら
のカードでも、１回の洗車が無
料になるためには同じ（８個の

ダウンロード中……

43%

スタンプを集める）ことをする必要がある。しかし、10個のスタン
プを集めるカードに２つの「無料」のスタンプを押して、人為的に
目標に近づけたほうが、良い結果が得られた。ポイントカードを渡
してから９カ月後、無料スタンプが押されていないカードを受け取
った人よりも２個の無料スタンプが押されたカードを受け取った人
のほうが２倍近くポイントを最後までためたのだ。

　1930年代に心理学者のクラーク・ハルは、迷路を走るネズミの時
間を計った。ネズミは報酬（エサ）に近づくほど速く走った。1940
年代には研究者のジャドソン・ブラウンがこの研究を発展させ、エ
サに向かって走るネズミに引き具を付けて、ネズミが止められたと
きに引っ張っていた力を測った。エサから遠くで止められたネズミ
よりも近くで止められたネズミのほうが、強く引っ張っていたこと
を発見した。

　エンダウド・プログレス効果では、何らかの形で課題に向かって
前進させると、人は目標に近づいたと考えて、さらにやる気になる
ということを示している。そして、目標に近づくとさらに努力する。
例えば、PayPalは緑色のチェックマークを使って、プロフィール
をどこまで書き込んで、あといくつ書き込む必要があるかを知らせ
ている。あと20％や10％と表示されると、100％にして達成感を味
わいたくなるので、最後まで書き込みたくなるというわけだ。

　エンダウド・プログレス効果を利用すれば、自分の意志を貫きや
すくなる。必要と考えている作業を減らして有利なスタートを切る、

あるいは、そう錯覚させるためにできることは何であれ、自分を励まして、やる気にさせてくれる。

成功をいかに期待するかを学ぶ

　勝者は初めから楽観的か、楽観的になることを学ぶかのどちらかだ。いずれにしても、彼らはネガティブで悲観的では勝者になれないと分かっている。楽観主義は自分で作り出す感情だ。ポジティブな期待も楽観主義の1つだが、期待はポジティブ思考や盲目的な楽観主義とは異なる。それは理にかなった楽観主義だ。成功を期待するだけではレースに勝つことも未踏峰に初登頂することもできないが、それなくして、最終結果が出るまで頑張ろうという気持ちは維持できない。まっとうな楽観主義があれば、頑張って必要なスキルや自信を身に付けようという気になる。成功したときの気分は知っているはずだ。それを自分のすべての行動で再現するのだ。

　1999〜2000年の大学バスケットボールのシーズンが始まったとき、ミシガン州立大学スパルタンズのヘッドコーチを務めるトム・イゾーは、練習の初日にバスケットボールのリングの下にハシゴを置いた。そして、ハサミを配って各選手にネットを切るように指示した。これは全国大会の優勝チームが行う儀式だった。その年、優勝したのはスパルタンズだった。

　勝利を期待せずに大きなことを成し遂げるのは難しい。チャーリー・ジョーンズの『スポーツ・ヒーローが語る「勝利の哲学」』（阪急コミュニケーションズ）には、競泳選手のジョン・ネイバーの話が載っている。彼は1976年のモントリオール・オリンピックで銀メダルを取ったことを振り返って、次のように述べている。「私が『金

メダルを狙う』という心境にさえなっていたら、もっと集中していたら、あのプールで素晴らしいことを期待していたら、0.3秒だけ速く泳いで、金メダルを取れたのではないでしょうか」

　ポジティブな期待を持っていても成功が保証されるわけではないが、研究ではネガティブ思考と失敗はほぼ完全に相関している。だからこそ、勝者は疑いや恐怖に負けてネガティブになるのを嫌がるのだ。勝者は楽観的でなければ高い目標を達成できないと分かっている。彼らは失敗をしたときには、今後すべきことや成功したときの気分の良さに焦点を移す。彼らは挑戦やプレッシャーのかかる状況を成功のチャンスととらえるが、ほかの人たちは失敗のリスクを考える。伝説のボクシングトレーナー兼セコンドだったアンジェロ・ダンディーは『勝つことを知った男——モハメド・アリを育てた名トレーナー』（ベースボール・マガジン社）のなかで、「人生にはポ

ジティブ思考とネガティブ思考があるが、ポジティブ思考は1セントもかからずに実行できる」と書いている。

勝者のように大きな期待を持つ

　期待をこう理解した場合、これをどう利用すれば、勝者の考え方を身に付けて目標を達成できるようになるだろうか。答えは目標に心理的に近づくことだ。1つの例はマラソンランナーだ。彼らは通常、最後の2キロほどをそれまでの40キロよりも速く走る。理屈では、最終盤は疲れて消耗しているので、最も遅くなるはずだ。それにもかかわらず、いつも最終盤で速く走るのは、ゴールまであと少しと思うからだ。

　何を目指していようと、これはだれにとっても変わりない。文字どおりにでも比喩的にでもゴールラインが見えたら、最後の踏ん張りを見せてラストスパートをかけるだろう。エンダウド・プログレス効果やこの原則は、自分がどれくらい進歩したかを記録して、どんなに小さい進歩でもその努力を認めることがいかに大切かを示している。こうすれば、自分が「ゼロ」からどれだけ進んでいるかが強調されるからだ。自分はもう前進しているのだ、と。

　ロードアイランド大学の研究者によると、目標を達成できると思っているかどうかは、実際に達成できるかどうかに大きく影響する。勝てないと思っている人は期待が低いので、やる気満々にはならない。**能力を最大限に発揮する人は、成功した瞬間にわき上がる感情をうまく利用する能力を養う。それによって、自信や自尊心や高い期待など、成功の原動力となる良い連鎖反応が生じる。**

　多くの人は成功したときのことよりも、失敗したときのことをよ

く覚えている。実際、利用できる過去の成功体験を否定する人さえいる。しかし、ほとんどの人は自分の力を最大限に発揮した経験がある。その経験は目指している分野や状況とは異なるものかもしれない。しかし、重要なのはそこではなく、何かを達成したときの経験の質なのだ。達成感を味わった分野が何であってもかまわない。例えば、小学生のときにつづり字大会で優勝したことでも、中学生のときにフットボールの試合でタッチダウンを決めたことでも、子供たちにとって素晴らしい親だったと分かったということだけでもよい。繰り返すが、重要なのは経験の内容ではなく、そのときに味わった感情の質のほうだ。そのほうが重要なのだ。

成功した瞬間を思い出す

　成功を期待できるようになるためには、成功したときの鮮やかなイメージを思い浮かべて、達成感を追体験する必要がある。最初は、成功したときのイメージや感情をよみがえらせるのに苦労するかもしれないが、試してほしい。最終的には、何か困難に直面したときには特にだが、これをルーティンにしたほうがよい。頑張って練習すれば、これが習慣になる。

　娘にこのプロセスを教えたときのことを話そう。私は彼女が初めて補助輪のない自転車に乗ったときのことを覚えている。彼女は、「パパ、補助輪がないと乗れないよ。怖いもん」と言い続けた。

　私は言った。「それは良いことだ！　怖いと、集中力が高まるから乗れるんだよ。おまえは昔は歩けなかったけど、今では走れるようになったじゃないか」

　私は家の前にコーンを並べ、順を追って進めることを意識しなが

ら30分ほど練習した。最初は娘と自転車を支えておき、途中で数秒間手を離した。手を離している時間を少しずつ延ばしていき、いきなり完全に手を離した。彼女は、「パパ！　パパ！　私、１人で自転車に乗ってるよ！」と叫んだ。これは忘れられない瞬間で、どの親にとっても大切な思い出だろう。

　その後、娘が小学５年生の卒業式で国歌を独唱するオーディションを受けるかどうか迷っていたとき、私はこの経験を使って目標に心理的に近づけるようにした。私は彼女に、初めて自転車に乗ったときのことを思い出すようにと言った。「成功したときはどんな気分だった？　あのときは恐怖に負けなかったから、うまくやれたんだよね」

　「そうだった！」と、彼女は興奮しながら答えた。

　１カ月後、私と妻は、娘が卒業式で何百人もの生徒や両親や教職員を前にして国歌を独唱するのを見た。娘は最終オーディションまで残って、勝ったのだった。

　娘は最近、サッカーを始めたのだが、この２シーズンはゴールを決めていなかった。ある日、彼女は帰りの車のなかで、「私はもうゴールを決められないかもしれない。ダメなんだ」と、悔しそうにぼやいた。

　私は再び、彼女が自転車に乗れるようになったことや、競争を勝ち抜いて何百人もの人たちの前で国歌を独唱したことなど、過去の成功について話した。「君は前も同じことを言ってたけど、練習をして、やり方を見つけ、うまくやり遂げたじゃないか」と。それから、私たちはサッカー場に向かった。

　私は彼女に、できないのは能力のなさとは関係ないことや、自転車に乗れるようになったときのように、結果のことは忘れて正しい

順序で実行できるようになる必要があることを説明した。私たちは
グラウンドでの適切なポジショニングやチームメートとの連携、フ
リーでシュートできるときにボールを要求することなどに取り組ん
だ。2試合後、彼女は初ゴールを決め、チームはその日優勝した。

　これらの例が示すように、小さな勝利の積み重ねがその後の人生
で大きな勝利を生む。それは自信とスキルを身に付けるプロセスだ。
だれでもこういうストーリーを持っている。難しいことや恐怖を克
服したときのことを記憶している。そうした経験を感情とともに鮮
やかに思い出すことで、達成したい次の目標のゴールラインに向か
って進むことができる。

想像力をコントロールする

　ここまで説明してきたように、期待は頭の中で作られる。将来、
成功するという期待を持つためには、実際に成功することが最善の
方法だ。しかし、特定の仕事をやり遂げる前でも、想像によって成
功への期待を持つことはできる。次の訓練をしてみよう。

　最初に、自分を心安らかな状態にする。だれにもじゃまされない
時間に、静かな場所を見つける。まず、5〜10分間、深呼吸をする。

鼻から息を吸って、口から息を吐く。安らかな状態になったら、次の段階に移る。

1. **何かを非常にうまくやり遂げたときのことを振り返る**　達成感を味わったときを探す。これは最近のことでも、子供のときのことでもかまわない。運動会の思い出でもよいし、仕事か家庭か趣味か学校で達成したことでもよい。

2. **目を閉じて、その思い出に浸る**　そのときはどんな気分だっただろうか。そのことを初めて経験したかのように、興奮や感動を味わう。そのときの光景から音や味に至るまで、経験したすべてをできるかぎり詳しく思い出す。特に、自分の感情に意識を集中させる。その経験をもう一度味わう。

3. **深呼吸をする**　5秒ほど息を止めたあと、ゆっくりと同じ勢いで最後まで息を吐く。すると、安らかになって集中力が高まる。成功したときのことをもう一度思い出す。感情を強めて、その経験を頭の中に広げる。このプロセスを繰り返す。深呼吸をし、集中し、感情を味わい、成功したときの達成感を強める。

これを少なくとも10〜15分は続けよう。やがて、30分まで伸ばせるようになる。イメージを意識して、過去のポジティブな経験を頭の中で「映画」のように再生し、その経験にまつわる感情に集中する。イメージにはできるだけ多くの感覚を思い浮かべよう。音や匂いや感じたことをすべて利用しよう。

そうすれば、自分が最大の力を発揮したときの感情にもっと近づくことができる。やがて、過去の失敗にこだわるのをやめて、必要なときに成功体験を思い出し、そこから力や自信を引き出す方法を

学ぶだろう。過去の自分の勝利を取るに足りないことだと考えているのに気づくかもしれない（「あれは大したことじゃなかった」と思う）。しかし、当時は、その達成は非常に大きなものだったのだ！そのときの気持ちを思い出して、自分の力を引き出すために利用しよう。

記憶することを選ぶ

反省は役に立つが、自分の問題や過去の間違いや不幸で悩んでも、ネガティブな感情が強くなって嫌な経験の記憶が鮮明になるだけだ。うまくいかなかったことを何度も思い出して、そのたびに自分を責めるようになる。つらかった時期を思い返すと、自信がなくなって絶望感に襲われる。いじめられたことや本当に嫌な経験をしたことは一生記憶に残るものだ。それは、私たちが生き残るために重要な進化の1つだった。そのため、人はネガティブな経験をよく思い返すのだ。どうせうまくいかない、といったネガティブな期待はこうやって生じるのだが、並外れた成果を上げる人には当てはまらない。

勝者になる者は同じ場面を何度も思い浮かべると、それを本当に経験する可能性が高くなると分かっている。彼らは、成功体験は覚えるが、失敗したことは都合良く「忘れる」。「結果をすべて正確に記録して、弱点を克服するのはどうですか」と尋ねる人もいる。しかし、勝者は力を発揮して勝つことにしか興味がない。やるべきことは、自信を付けて力を最大限に発揮できるように物事を記憶することだ。彼らも何が悪かったのかを分析して、ミスを修正して弱点を克服する。第2部で説明するように、彼らはフィードバックされたことを理解して調整し、「完璧な練習」をする方法を知っている。

　最も重要なことは、彼らは心に占める失敗の割合をできるだけ減らして、勝利の割合を増やすということだ。ここでの教訓は、良い経験や素晴らしい成果を記憶し楽しんで、勝利を繰り返す確率を高めるのが良いということだ。

心に固く誓ったことがあるだろうか

　何かで一流になると心に誓っただけで、すぐに素晴らしい結果が出ることはない。ロースクールを卒業して数カ月後に、ほとんど経験もないのに法廷で弁護に立つだろうか。本当にそうして負けたら、驚くだろうか。あるいは、医学部の授業を2回しか受けていないのに、手術をしようとするだろうか。あり得ないことだが、実際に手術をして患者が治らなかったら驚くだろうか。もちろん、こんなことはバカげているように見える。ところが、テニスラケットやゴルフクラブを買ったり、株取引用の口座を開いたりすると、すぐに大きな成果が得られると思う人もいる。そして、すぐに結果が出ないと、言い訳をしてあきらめてしまう。彼らは専門知識やスキルやそれらを身に付ける時間や忍耐が必要だとはまったく思わないのだ。

　株のトレードを始めた当初、私は本当にへたくそだった。成績は良くて平凡だった。しかし、私は粘り強さの力を理解していた。私がやがて成功したのは生まれつきの才能や幸運のおかげではなく、強い決意でやり遂げると無条件に誓ったからだ。

　無条件の決意は無条件の愛に似ている。結果がどうであれ、ひたむきに打ち込むのだ。とことんやり抜くという決意がなければ、すでに半分やめたも同然だ。「苦痛でなければ、やってもいいかな」ぐらいにしか考えていない。オリンピック選手がそんな態度だった

ら、どういう結果になるだろうか。間違いなく、金メダルは取れないだろう。

大成功を収めた人たちはみんな同じで、何としてもやり遂げるという態度だ。彼らにやめるという選択肢はない。一流の成功者はだれでもこれぐらいの決意を持っている。そうした態度で全力を尽くさなければ、困難に直面するとすぐにあきらめる可能性が高い。調子が悪くなって、やめたくなるときが必ずある。しかし、とことんやり抜く決意があれば、投げ出したくなってもやり続けることができる。目標を達成するまで頑張れるのだ。

立ち止まらずに学び続ければ、目覚ましい成果が得られる。知識やスキルは勉強や練習で身に付けられるが、途中で投げ出す人は大きな成果を上げられない。勝者は自分の粘り強さが重要な資質であり、そこが普通の人とは違うと分かっていて、それを誇りにしている。粘り強くやり抜くと決意すれば、平均的ではなく、並外れた存在になれる。結果として、だれにも否定できないほどの成長ができる。

船を燃やす

「船を燃やす（Burn the ships）」とは、古い習慣ややり方に戻ることはできないという意味だ。この言葉はエルナン・コルテスが部下たちと「新世界」に向けて出航した1519年に生まれた。現在のメキシコのベラクルスに到着すると、部下たちはすぐに疲れと恐怖を感じた。彼らは故国に帰りたがっていた。コルテスは退路を断つために、部下に船を燃やすように命じたと言われている。船を燃やすということは、従来のやり方と決別するという意味だけではなかっ

た。それによって、任務を遂行できるようになったのだ。コルテス
は理想化されることも非難されることもあるが、それはここでは重
要ではない。重要なのは後戻りできないように、退路を自ら断った
ことだ。

　私が学校を中退して株のトレードを始めると、「トレードがうま
くいかなかったときに頼れるものがないのは心配じゃないの」とよ
く聞かれた。それに対して、私はこう答えた。「まったく心配して
ないよ。だからこそ、必ず成功させるためにほかの選択肢を捨てた
んだ」

　この世で私たちは肉体的、精神的、感情的、宗教的な闘いをして
いる。人生に大きな変化をもたらすためには、それらの闘いの根源
となるものを見つけなければならない。私たちは快適で慣れ親しん
だ地に戻りたがっている自分の船を見つけて、その船を燃やす必要
があるのだ。

小さな成功が大きな成功につながる

　安直に成功したがる人が増えている。私はこれを「ベルーカ・ソ
ルト症候群」と呼んでいる。映画『夢のチョコレート工場』に登場
するベルーカを覚えているだろうか。彼女は2番目に金色のチケッ
トを引き当てた子で、かわいい女の子として描かれていたが、お金
持ちでわがままな子の典型だった。彼女はおそらく「今、ちょうだ
い」や「すぐに欲しい」とよく言う子として記憶に残っているだろ
う。

　「すぐに欲しい」という態度で何かを始めても、本当に素晴らし
いものを作ることも、一流になることもできない。オリンピックの

135

体操選手でも、初めから平均台で後方宙返りができるわけではない。彼らはわずか数センチの高さの平均台から始めて、高さ125センチ、幅10センチの平均台で見事な空中技を行うスキルと自信を身に付けていくのだ。

　途方もない旅も小さな一歩から始まる。デビッド・ゴギンズは体重135キロの状態から体を鍛えてネイビー・シールズの一員になり、39時間で320キロを走るまでになった。どうやってそれほど自分を律することができるようになったのかと聞かれて、彼はこう答えている。「実は、寝室が汚くて、ベッドメーキングもしていないことに気づくところから始まったのです。ちょっとした家事をこなすことから始めたのです」

　だから、成功体験を積み重ねることや、小さな課題を利用して大きな課題をこなすことが大切なのだ。人は自分の選んだ道で望む成果が得られそうかを絶えず考えている。**山頂に達するまでの過程を考えずに山を見ても、気の遠くなるようなことに思えて、試そうとさえしないかもしれない。しかし、最初のベースキャンプまで少しずつ登っている自分を想像できれば、2番目、3番目のベースキャンプへと登っている自分も想像できる。**それをつなぎ合わせると、頂上に達した自分を想像できるようになる。期待が高まるにつれて、自信もついてくる。

　しかし、大きな目標を無理やり一気に達成しようとしたり、大きな課題を小さな段階や課題に分割しないでいたりすれば、目標に達した自分も想像できないし自信も付かない。これが少しずつ前進することの持つ力であり、それによってはずみがつき、自信が生まれるのだ。最も重要なのは期待であり、実行や成功に何が必要かをしっかりと認識することだ。

　小さな決心が大きな決心につながり、小さな成功が大きな成功につながる。この概念を理解することは自分の期待度に重要な役割を果たし、やり続けるカギとなる。**ほとんどの人は能力がないからうまくいかないのではなく、自分の能力に自信が持てなくなって投げ出すからうまくいかないのだ**。勝者には展望があり、到達したい地点が見えている。彼らは難しい課題を扱いやすい大きさに分割する。そして、各段階を最終目標へのより大きな一歩にしていく。短期の目標を達成していけば、長期的な展望を追求し続けることができる。彼らは少しずつ前進することや、その努力を利用することの重要性を理解している。これも目標に近づく方法だ。

決意の程度

　目覚ましい成果は偶然に得られるものではなく、必ずやり遂げるという決意（コミットメント）を先にしているから得られるのだ。そこで、この章の最初のテーマに戻ろう。できるという確信がやり抜くためのカギであることはすでに分かっているはずだ。さて、ここでもう一度、決意の程度について考えてみよう。スポーツをする、ビジネスを始める、本を書くといった新たな決意をする前に、自分にどの程度の決意があるかをを確認しよう。私は決意を4つの段階に分けている。

第1段階——参加　この程度の決意を決意と呼べるとすれば、この段階では楽しくやっている。楽しい時間を過ごすことが主な目標だからだ。しかし、その活動や試みに大変な努力が必要か、楽しくなくなったらやめる可能性が高い。なぜなら、スキルを磨く努力をあ

まりせずに楽しもうと思っているからだ。幼い子供たちがこの段階以外から始めることはめったにない。彼らは楽しみたいと思っている。真剣な作業が必要で楽しめなくなったら、彼らはあまり長く続けたがらない。

第2段階——学習　だれでも学習段階から出発する。スポーツや活動に参加したばかりの段階だ。あるいは、これまで楽しんできたことについて正しい基礎を真剣に学ぼうとしているか、まったく新しいことを始めようとしているのかもしれない。一から始めると、自動的に学習段階に入る。この最初の段階では、基本を身に付けることが重要だ。基本が身についていないか、少なくとも正しいやり方を知らないと、基礎ができていないせいで次の段階に進めない。

第3段階——競技　この段階では、もっと熱心に打ち込んでいる。一目置かれるほどうまくなりたがっている。大会に参加したか、舞台で演技をしたこともあるかもしれない。そして、これが異なる段階の取り組みだと自分でも理解している。決まったメニューでトレーニングをして、しっかりした指針を作っている。おそらく、向上するためにコーチと一緒によく練習に励んでいる。

第4段階——勝利　この段階での目標は単なる競争ではなく、勝つことだ。クラスで一番になりたいか、少なくとも実力を最大限に発揮したいと思っている。一番になるために、すべてを賭ける気がある。これは最大の決意だ。単なる楽しみや競争のためではなく、勝つために参加しているのだ！　すでに良いコーチと定期的にトレーニングをしているが、それを次の段階に引き上げている。練習の予定を組んでいれば、疲れてストレスがたまっているか、イライラしたり気が散っていたりしても、「時間どおり」に練習をする。気が向いたときにだけ練習するのではない。雑念を払い、自分の決意を

忘れずに必死にやり続ける。

　これら4つのうち、どの段階から始めてもかまわない、勝つつもりですぐに第4段階に進んでもよい。しかし、ほとんどの人は第1段階か第2段階で何かに興味を持つか夢中になる。本気で勝つつもりで第4段階まで進む人はほとんどいない。だから、世の中は初心者だらけで、大会出場者は少なく、勝者はさらに少ないのだ。

　あなたの決意はどの程度だろうか。

大事な問い

　さて、自分の決意の程度は把握しただろうから、とても重要なことを自分に問うてみよう。「自分の決意の程度は目標に見合っているだろうか」と。オリンピックで金メダルを取るという目標を立てているのに、学習か競技に出るためのトレーニングをしようという程度の決意であれば、大きな失望を味わうことになるだろう。多くのことに言えるが、一致していることが大切だ。自分の信念、目標、思考、行動のすべてを一致させて、互いを合わせる必要がある。**自分の決意が目標達成への期待よりも低ければ、目標を下げるか決意を高める必要がある。**

　私が初めてウォール街で仕事を始めたとき、親友のスティーブとパートナーを組んだ。私は彼を座らせて言った。「僕はこの仕事で世界一になるつもりだけど、予想以上に時間がかかるかもしれない。一緒に仕事を始める前に、2人が同じ考えかどうかと、期限を決めずにやるつもりがあるかを確認しておきたいんだ。僕は成功するまでやり続けるつもりだ。辞めるという選択肢は僕にはない！」

私は彼を見て、「一緒にやるかい」と聞いた。

これが第4段階の決意だ。そして、その後はご存じのとおりだ。

たとえ不便でも

とことんやり抜く決意をしているときには、際立った存在になるために必要なことは何でもする。例えば、どういうコーチを選ぶかだ。第2段階や第3段階にある人は学習や競技のために練習をしているので、便利さも考えて家の近くでコーチを探すかもしれない。しかし、第4段階の人は勝つために練習をしているので、一番便利な場所ではなく、最高のコーチを求める。最高のトレーニングと指導を受けるためなら、どんなに遠くても通う。たとえ不便でも関係ないのだ。

ボディビルをしていた20代のころ、私は厳密なスケジュールを組んでいた。ボディビルで一番大変なのはウエートトレーニングだと思われがちだが、本当に大変なのは食事管理だ。当時は1日に7回、食事をしていた。朝は卵白12個分、オートミール1杯、水、サプリメントから始めた。その後の6回は100～200グラムのゆでた鶏肉か牛肉か魚と蒸した野菜、それにご飯を食べた。さらに、寝る前に卵白とピーナッツバターをスプーン1杯食べた。ストレッチとウオーミングアップを行ったあと、ジムに毎日通った。この日課を何年も続けた。

私が食事やトレーニングにそこまで本気で取り組めたのは、一連のプロセスを決めて、確固とした規律でスケジュールを守ったからだ。私はカシオの時計で2時間ごとにアラームを鳴らす設定をしていた。それが鳴ったら、栄養士が作った食事計画に従って食事を取

った。都合の良いときやおなかがすいたときに食べるのではなく、決まった時間に食べたのだ。

　勝つための準備や練習をする第4段階では、ここまで全力で取り組む必要がある。**とことんやり抜く気があれば、困難に直面してもくじけない。決意が揺らぐのではなく、決意を新たにして「再挑戦」する。最初に決意をしたときの理由を思い起こすのだ。**

　高校の同窓会で一番かっこよく見せたいから20キロ減量したいというのが理由ならば大した励みにはならず、体型を長く維持することはできないだろう。しかし、健康になりたい、糖尿病のリスクを減らしたい、寿命を延ばしたい、娘が結婚して孫の顔を見るまで長生きしたいなどが減量の理由であれば、有意義な目標なので、長続きするだろう。大切なのは決意の程度だ。決意をした目的がしっかりしていれば、やり抜くことができる。

投げ出したくなったときの対処法

　私はよく、「何年も試行錯誤を繰り返して、ほとんど進歩しなかったのに、やり遂げられた理由は何ですか。何が支えになったのですか」と聞かれる。それは「費やしたお金や時間」のとらえ方の違いだった。6年かけても目標に達しなければ失敗したと考えて、成功はもう無理だと思う人もいる。信念が揺らいで、やめてしまうのだ。私は逆のとらえ方をして、どの年も目標に近づいた1年と考えた。1日が終わるたびに、成功は目前なのにここでやめるわけにはいかない、という思いがますます強くなった。時間がたてばたつほど、「成功は近いはずだ」と思った。

　私は費やしたお金や時間で自分を奮い立たせて、後ろではなく常

に前を見るようにした。エンダウド・プログレス効果を利用して、いつも目標に一歩一歩近づいていると想像した。決意は揺らぐどころか、ますます強くなった。

　大きな目標を達成したければ、そうした考え方をする必要がある。大きな目標はたいてい、最初に考えていたよりも達成に時間がかかるからだ。平凡な人は出だしでつまずくと、それを理由にあきらめる。勝者はそれを、やり直して力強くやり遂げるチャンスととらえる。**逆境をチャンスと見て、それを成功に至るプロセスの一部として受け入れなければ、必ず挫折を言い訳にしてあきらめてしまう。**結果にこだわりすぎると、失望ばかりする。しかし、プロセスに焦点を合わせて、目標に近づいているところを想像していれば、チャンスに備えることができるし、実際にチャンスが訪れたときにそれを最大限に生かすことができる。

失望にどう対処するか

　１位になるつもりだったのに８位になったなど、成績が振るわなかったとき、おそらくひどく落ち込んで、自分を責めるだろう。しかし、繰り返しになるが、「……すべきだったのに」「……できたはずだ」「……さえしていたら」「……が全然ダメだ」と後悔しながら多くの時間を費やすのは、勝者のやることではない！

　研究によれば、過去の失敗を引きずると気落ちして、次回に向けてやる気を出すことができなくなる。私は気分が最低になって騒ぎ立てる時間を数分以内（当然、１日以下）にしている。悔しさを吐き出して、悪い結果を嘆くには十分な時間だ。それで終わりだ。そして、頭と気持ちを切り替えて、勝者になるプロセスに再び集中す

る。大切なのは、技術やプロセスや旅に対する情熱といった真の原動力を持ち続けることだ。それが永遠の炎なのだ。失敗したときには、思い切り落ち込んで失望を味わえばよい──ただし、一瞬だけだ。その後は仕事に戻ろう。

あきらめたくなったら、そこはだれもがいずれ直面する分岐点だということを自覚しよう。そこでやめれば、簡単に投げ出すほうを選んだ小心者と同じになる。野球の殿堂入りをしたトニー・グウィンが言ったように、「自分をごまかして、そこそこの成績で切り抜けるのは簡単だが、それはだれにでもできる」。

感情をコントロールしなければ、感情に支配されてしまう。絶望したときには、「ここで主導権を握っているのはだれなんだ。自分なのか、それとも負け犬のような行動を取らせてやめさせようとしているこのくだらない感情なのか」と自分に問いかけてみよう。最後に、「勝者ならこんなときにどうするだろう」と問うてみよう。

それが答えになる。

それを信じるべきだ

私は長年にわたり、トップで活躍する人々を研究し、何人かを直接指導して、問題は能力不足ではないという結論に達した。ヘンリー・フォードが言ったように、「自分でこれが限界だと思っている以上のことができない人間はいない」。人は今の自分よりもはるかに大きな力を発揮できるのだ。

問題は、ほとんどの人は自分の能力が信じられなくなると、自分の本当の力を発見する前にあきらめてしまうことだ。自分を過小評価しているので、予想以上に時間がかかると（これも過小評価だ）、

投げ出すか、うまくいかないように仕向けて、自分が「正しい」ことを証明する。そういう人は、「実は必要なものが欠けていたんだ」「こんなはずじゃなかった」「本当はやりたくなかったんだ」などと自分に言い聞かせる。しかし、それはくだらない言い訳にすぎない。情熱を取り戻そう。

　アルバート・アインシュタインの言葉とよく言われるものに、「だれにでも非凡な才能がある。しかし、魚を木に登れるかどうかで判断すれば、魚は自分を能なしと信じて、一生を生きていく」という言葉がある。この時点で私が問いたいことは、「あなたの非凡な才能は何だろうか」だ。

　「本当の自分」とは、自力で作り出すものだ。本気で何かを達成したくて、そのための努力を惜しまなければ、好敵手になれるし、勝者にさえなれる。それには決意と勇気が必要だが、それは自分のなかにある。心の奥を探って必要なものを見つけ、自分に対する期待を高めるのは自分の仕事だ。

　これは簡単ではない。自尊心や誇りが傷つきかねないと思うからだ。セルフイメージが傷つくかもしれない。すべてを賭けても、すぐに望む結果が得られなければ、自尊心が傷つく。成功に至る道のりは長くて苦しいことが多い。

　挫折に負けてはならない。「超然の法則」で気づくのは、目標についてであれ、人についてであれ、結果にこだわりすぎると、人生を台無しにしかねないということだ。結果を出そうと死にものぐるいになると、執着してしまう。結果にこだわらず、今の状態は一時的なもので、プロセスの一部にすぎないことを思い出す必要がある。勝つまで一歩一歩進む決意をしている以上、そこにたどり着ける。必ず成功する。

　トーマス・エジソンは、「人生で失敗した人の多くは、成功にどれほど近づいているかに気づかずにあきらめた人だ」と言った。非常に多くの人が、文字どおりでも比喩的にでも、あと少しで山頂、というところであきらめてしまう。あきらめなければ、やり遂げられるということが分からないのだ。苦難に直面したら、決意を新たにしよう！　夢を思い起こせば、目標に達することができる。そのプロセスこそが真の仕事であり、真の報酬なのだ。失敗も勝利も、あらゆる側面を同じ熱意で受け入れよう。そうすれば、険しい山を低い丘に変えられる。

　究極の誓いを立てた以上、失敗するはずがない。ロバート・グリーンは『マスタリー——仕事と人生を成功に導く不思議な力』（新潮社）でこう書いている。「やがて、自分にぴったりの分野かニッチかチャンスに出合うだろう。それが分かるのは、まるで子供のように不思議さに感嘆し興奮する感覚が生じて、これこそ自分にふさわしいと感じるからだ。それが見つかれば、すべてがうまくいく」

　しかし、グリーンの感動的な言葉を魔法の杖と勘違いしてはならない。これが勝手に成就することはなく、決意（コミットメント）と粘り強さが必要だ。勝者になるためには、目標達成を期待することが大切だ。今はそうなる途上にあるのだ。素晴らしいことを期待しよう。

第5章
決心をするとき

The Moment of Decision

「そうなるように運命づけられている唯一の人間は、自分でそうなろうと決心した人間だけだ」——ラルフ・ウォルドー・エマソン

　あなたは今、一瞬にしてすべてを変えることができる。あなたにはその権限があり、1つの力がある。それは人生の質をコントロールするために神がすべての人に与えた贈り物だ。それは選択する力だ。他人や出来事をコントロールすることはできないが、自分の考えや行為や物事が自分にとって持つ意味は選択することができる。これら3つについての決定が最終的にはあなたの運命とその後を形成することになる。

　次のことについて考えてみよう。普段どおりに家を出ていたら、高速道路で交通事故に遭って死ぬところだったが、5分遅く出たおかげで衝突を避けられた。いつもどおりに家を出ていたら事故で死んでいた人が子供を産み、その子供が大人になるとアメリカの大統領になった。その大統領は非常に重要な決定を下し、現在の生物を滅ぼしてしまう世界核戦争を回避した。普段よりも5分遅く出るという、ちょっとした決定が人類を救ったのだ。

　こんなことがあるだろうか。あり得るのだ。そういうことがこの瞬間にも起きている。これは「バタフライ効果」と呼ばれる。世界

のどこかで蝶が羽ばたくと、太平洋上で台風が発生するかもしれない。すべての決定が重要だ。ポジティブであれネガティブであれ、何かを変えると、自分だけが影響を受けるのではない。自分の決定は周囲の人に影響を及ぼすし、それ以外の人にさえ影響を及ぼす。バタフライ効果は想像以上にいろんな方向に影響が及ぶ。

　スティーブン・キングの傑作の1冊である『11/22/63』（文藝春秋）では、ジェイクという青年がレストランの食品庫で1958年につながる扉を発見する。彼は素晴らしいアイデアを思いつき、歴史を変えたら世界を良い方向に変えられると考える。彼はジョン・F・ケネディ大統領の暗殺を防ぐことができれば、人類にとって大きな利益となると信じて、1963年まで過去で生きようと決心する。何年もリー・ハーベイ・オズワルドのあとをつけて、ついに大統領の暗殺を防ぐことに成功する。現在に戻れば、世界が良くなっていると思う。ところが、まったく逆のことが起きていた。至るところで地震が発生し、住んでいた家は廃墟と化し、核戦争によって世界の大半が破壊されていた。取り乱した彼は再び1958年に戻り、歴史を元に戻す。これが示していることは、出来事は単独でしか起きないわけではないということだ。ある出来事がきっかけとなり、さまざまな変化が起きることもあるのだ。私たちの決定は、現在分かっていることや想像できることを超えて影響を及ぼしてしまう。

　では、逆のことを検討してみよう。5年、10年、あるいは20年前を振り返ると、良いことも悪いことも含めて人生を形成した重要な決定が見つかるだろう。1つの決定によって素晴らしい仕事に就いたか、恋愛が始まったか終わったか、人生が一変するチャンスが得られた人もいるだろう。また、1つの決定によって刑務所行きになったか、もっと悪い結果がもたらされた人もいるだろう。それが選

択の力だ。**人生を振り返ると、異なる決定をしていたら今ごろは別の人生を歩んでいたはずだ、と思える重大な決定があるだろうか。**

　決定は個人にとって究極の力だ。人は何を信じ、何に集中し、出来事をどう受け止め、それにどう反応するかを選ぶことができる。その選択によって自分の世界が作られる。人生では、絶えず「分かれ道」に出合う。こうした意思決定の重要な分岐点で個人史が書かれ、おそらくそれ以上のことが起きる。

　今、自分で決めたことが、将来を形成していく。すべての決定を完璧にすることはできないが、可能なかぎり最高の自分になれるように質の高い選択をすることはできる。そのためには、決定を促すものが何かを理解することから始める必要がある。

苦痛と快楽──意味付けをする

　人生は大小さまざまな決定の連続だ。例えば、今朝の朝食を何にするか決めるといった日常的な決定もあれば、転職する、家を買う、男女関係で次の段階に移る、夢を追いかけるなど、重大な決定もある。決定とは情報を集めて損得を比較するプロセスだと考える人もいる。一方、決定するのは純粋に苦しいことだと考えていて、パニックに陥って立ち尽くす人もいる。多くの人は間違った決定をすることを恐れるあまり、立ち尽くして何も決めないほうを選ぶ。だが、それは車を運転していて、カーブにさしかかってもブレーキを踏まないのと同じだ。

　私の友人──仮に「デイブ」と呼んでおく──がしばらく「メアリー」と付き合っていて、順調だった。2人は本当にお似合いのカップルに見えたが、結婚の話になると彼は固まってしまった。2人

149

の関係に不満を持っていたわけではないし、彼女以外に付き合いたい人がいるようにも見えなかった。結婚するという決心が付かなかっただけだ。

「結婚だよ！　Netflixの会員登録をするのでさえ緊張するんだ。それですら大きな決心に思えてしまうんだよ」と、彼は私に言った。

彼は正直者で、自分の感情をきちんと認識していた。それは彼に限ったことではない。これを読んで、自分にも決断力がないと思っている人もいるかもしれない。では、なぜ決定することがそれほど難しいのだろうか。

決定や行動はすべて、快楽を求めるか苦痛を避けるために行われる。この力がすべての人間にやる気を起こさせる。人間は快楽を求め、苦痛を避けたいと思っているが、これはそう単純ではない。結局のところ、目の前の快楽を求めることよりも差し迫った苦痛を避けることのほうが、はるかに強い動機になる。人は快楽を求めるよりも苦痛を避けるために、はるかに多くの努力をするということが数多くの研究で明らかになっている。そのため、判断を誤ることを恐れていると、人はしたいことを追求するよりも、何も決めないようになる。彼らは誤った決定をするのを恐れすぎているのだ。

決心するということは、少なくとも最初は何かをすると誓うことだが、多くの人にとってそう誓うことには怖さがある。「決定する（decide）」という言葉はラテン語のdeciderに由来し、ほかの可能性を「断つ」ことを意味する。これは多くの人にとって恐ろしい。ほかの選択肢を「断つ」ということは、もっと意義あるものに成長するのではなく、何かをあきらめることだ、と彼らは思うのだ。だが、それは「苦痛」と「快楽」という2つの言葉のとらえ方次第だ。

精神は多かれ少なかれ、苦痛・快感原則に影響される。実際、信

念、価値観、行動、習慣はすべてこの原則の上に成り立っている。今の自分はこれまでの人生で経験した苦痛や快楽をどう解釈し、行動してきたかを表している。

　都合の良いことに、人を動かすのは現実の苦痛や快楽ではなく、それらに対する感じ方のほうなのだ。これは非常に心強い事実だ。私たちは、物事が自分にとってどういう意味を持つかをコントロールできるからだ。**やる気を高める秘訣は、苦痛や快楽にどういう意味付けをするかにある。この能力はだれでも持っているのだが、ほとんどの人がこの素晴らしい力をうまく生かせていない。**

　私の株のトレードが良い例だ。投機の世界では、得られるかもしれないリターンに対するリスクをコントロールする必要がある。投資の決定は確実なことではなく、確率に基づいて行われるからだ。私がトレードを始めたばかりのころは、苦痛・快楽原則の重要性や、それがトレードの成功にどう関係するかをまだ十分に理解していなかった。私は取引口座の損失を非常にネガティブで苦痛なものであり、何としても避けるべき失敗だと考えていた。トレードが得意に

なるためには、負けをできるだけ減らす必要があると自分に言い聞かせていた。

その後、どんなトレーダーでも損をすることがあると知った。大成功している株式投資家でさえ、勝ちトレード数と負けトレード数は同じぐらいであり、損を避けることはできないのだ。株のトレードでは、勝ち負けの回数そのものをコントロールすることはできないが、損失額をコントロールすることはできる。成功しているトレーダーはそこを管理して、損失額を比較的低く抑えて、利益よりも損失のほうが少なくなるようにしている。

それが「分かった！」と叫んだ瞬間だった。私は新しい見方をする必要があった。

それまでの私は含み損の期間を苦痛に感じていた。損失が小さいかそこそこでも損切りするという苦痛を避け、利益が出ることを期待して持ち続けた。この誤った考え方のせいで、損が小さいうちに損切りしようとはしなかった。そのため、損がいっそう膨らんで勝ったときの利益を奪い、リスク管理計画を台無しにしていた。

新しい考え方では、規律を守って損が小さいうちに損切りをして資金を守ることに快楽を感じ、大きな損を出せば大変な苦痛を味わうと連想するようにした。この新しい考え方で、小さな損はより大きく破滅的な損を避けるチャンスととらえられるようになった。これで、リターンに対するリスクを管理できるようになり、トレードで利益を出せるようになった。これが私のトレード歴での大きな転機となった。これはすべて、苦痛と快楽に対する認識を変えたから実現できたのだ。

２人が同じ経験をしても、１人はそれを楽しいと感じ、もう１人は苦痛と感じることもある。その違いを生むのは自分のとらえ方次

「初デート」

第なのだ。私たちの行動はすべて、苦痛と快楽をどう認識しているかによって決まる。例えば、失恋を幸せの終わりととらえる人もいれば、相性がぴったりの人を見つけるチャンスととらえる人もいる。こうした感情は偶然に生じるのではない。その感情にどんな意味を持たせたいかを決めることによって生じるのだ。

　出来事をどう解釈するか、どういう意味付けをするかによって、どんな状況でも自分の役に立つことも、妨げになることもある。ある気分になるために満たすべき基準を決めるのは自分だ。なぜなら、その基準の意味を決めるのも自分自身だからだ。マダガスカルには、「ファマディハナ」という遺骨を改葬する有名な儀式がある。5年から7年に1回、家族は先祖代々の墓でお祝いをし、布に包まれた遺体を掘り起こして、それにワインや香水を振りかける。音楽隊が演奏する賑やかな儀式で、家族は遺体とともに踊る。これはある人にとっては、家族の出来事を故人に伝えて祝福を求めるチャンスであり、ある人にとっては、思い出を語る時間だ。これは大いに喜ばしい祭事であり、悲しむことは許されない。

極端な話だと思うかもしれないが、重要なポイントを示している。苦痛と快楽の認識が変わると、私たちはまったく異なる判断を下し、経験することや生じる感情でさえ変わる。もっと重要なのは、そういうことが起きるだけでなく、物事の意味を自分で決めることができるという点だ。認識は人生に対処するための強力な知的ツールだ。物事が変わるのと同様に、自分の認識やどう反応するかも変えることができる。選択できることは力になる。苦痛で何を連想し、快楽を何と関連付けるかは、自分で決める必要がある。自分の経験に対するとらえ方を調整すれば、自分にとっての幸せが明確になる。

力に逆らうのではなく、利用しよう

26歳のとき、父が突然亡くなった。「マーク、お父さんが心臓発作で倒れた」という朝の4時にかかってきた電話は忘れられない。父はまだ57歳だった。父がいなくなるとは夢にも思わなかった。それは私の人生で最もトラウマになる出来事だった。父を亡くして打ちひしがれ、地球が私の上に転がってきたかのように感じた。

私の目には、父はスーパーマンに映っていた。どうしてこんなことになったのだろう。

危機的状況になると、父が私の支えになってくれた。10代のころ、私を悩ませていた不安障害を克服するのを手伝ってくれた。父は私に、マッチョになろうとするのではなく、「不安と付き合うように！」と言った。不安と闘おうとすればするほど、エネルギーを内部に押さえ込むため、プレッシャーが強くなるのだ、と父は教えてくれ、私の目を見開かせてくれた。

私はそのときに言われた言葉をけっして忘れない。「不安は上陸

しかけている嵐のようなものだから、そのままにしなさい！　叫び
たくなったら、ヘトヘトになるまで走ればよい。手から血が出るま
でサンドバッグを殴りたくなったら、そうしなさい。しかし、その
エネルギーのせいでプレッシャーが強くならないように、ほかに向
けなさい」

　突然、私は自分のエネルギーをほかに向けることができることに
気づいた。不安な気持ちを表に出して「嵐」を受け入れると、自分
の力を発揮できるようになった。

　皮肉なことに、父のアドバイスは父の死に対処する役にも立った。
父が亡くなったとき、私は医者にも神にも、体を大切にしなかった
父にさえも腹が立った。父を奪い、私の成功する姿を見ることを許
さなかったものにも腹が立った。

　ある日、この人はもう戻ってこないのだと悟った。私は選ばなけ
ればならなかった。怒りや苦悩で自分を打ちのめして、ふさぎ込む
こともできる。あるいは、エネルギーは焦点を合わせたところに流
れるのだから、そのエネルギーをレーザービームのように生産的な
方向に向けようとすることもできる。父が私を誇りに思っていたこ
とは知っていたので、父の名誉のために、自分のなりたい人物にな
ることもできる。そのエネルギーを利用することで、父は実際にエ
ネルギーの一部となったのだ。

　そこが大きな転換点となり、私は成功への道を進み始めた。私は
自分を向上させることと、肉体面でも精神面でもできるだけ健康に
なることに集中した。私は優れた株式トレーダーになると決心した。
私の成功はこの時期のおかげだ。私は毎日、自分のすることは父を
追悼するためだと自分に言い聞かせた。父の死の痛みをバネにして、
そのエネルギーを喜びや満足感に変えていった。落ち込んでいるせ

いであきらめるのではなく、その感情をよりポジティブな方向に向けた。

　父の死をきっかけに、私は自分の可能性を最大限に発揮して生きようとした。私がこれまでに達成してきたことはすべて、自分の認識を変えたことで得られたものだ。父の死は貴重な「教師」の役割を果たした。

　誤解のないように言っておくが、私は父の死の苦痛を喜びに変えたわけではない。その苦痛の意味を変えたのだ。私は自分の感情を解釈し直して、それを打撃となるものではなく、自分の力を引き出すものと考えたのだ。

　これは私に限った話ではない。アメリカのスピードスケート選手であるダン・ジャンセンは、1988年の冬季オリンピックで優勝候補として出場した。しかし、500メートルのレースが行われる朝、母親から電話があり、妹が死にそうなので、お別れの言葉をかけてほしいと言われた。その４時間後にも電話があり、妹が亡くなったと告げられた。彼は妹に金メダルを取ると約束していた。その年は金メダルを取れなかったが、死期が迫った妹との約束を支えに頑張った。彼はけっしてあきらめず、最終的に世界新記録を樹立した。

　自分に次のように問いかけてみよう。「自分は過去のどんなエネルギーにしがみついているだろうか。まだ起きていないことを心配して、どんな感情を抱き続けているだろうか。自分は何と闘っているのだろうか。どこで、どうすれば、そのエネルギーをポジティブで生産的な方向に向けることができるだろうか」

　置かれている状況のせいにしたり、過去にとらわれたりすればするほど、自分のエネルギーはネガティブなものになって損なわれていく。世の中に向けるエネルギーに責任を持てば持つほど、より力

を発揮できるようになる。考え方を変えて、過去にこだわるのをやめた途端、過去やそれに伴う苦痛から解放される。大切なのは、不安や恐怖と闘って行き詰まるのではなく、それをエネルギーと認識し、問題解決のツールとして活用することだ。

最も重要な決断

　人は毎日、１日中、いろんな決断をしている。ほとんどは、あれではなくこれをしようといった、取るに足らない選択だ。また、人生が変わる可能性のある決断もある。例えば、喫煙などの悪い習慣をやめたり、運動や健康に良い食事をするなどの新しい習慣を身に付けたりすることだ。しかし、多くの人にとってもっと多いのは、いつかすると決断するかもしれないが、今のところは一度もしたことがない決断だ。それらはできるか、すべきだとは思っているが、する時間がないものだ。決断をしない理由は、「あることをしようと決心する」という重要な段階に一度も達していないからだ。

　人生で下すあらゆる決断のなかで、最も重要なのは何かをしようと決心することだ。決心をするのは、今まで考えていたことをついに始めようとするときだ。しようと決心するまでは、本気で変わろうと自分も思ってはいない。まだうんざりしていないのか、どん底まで落ちていないのかもしれない。そこまでの状態に陥れば、決断せざるを得なくなる。人によっては、「うんざりしすぎて、もう嫌だ！」というところまで行かなければ決心できない。あるいは、何かが欲しくてたまらなくなり、それがない生活に１分も耐えられないという状態についに達したのかもしれない。今までこの目標を達成しようと何度も挑戦してきたとしても、「今度こそ最後だ。もう

あれこれ考えない。今日こそ、やると決心した！」と自分に言い聞かせる必要がある。

　ずっと昔、まだ10代のときに、私はタバコを吸い始めた。多感な時期には同調圧力が強く、私の周りはみんなタバコを吸っていた。かっこよく見せようとするときには、そういうことをするものだ。やがて、格闘技に真剣に取り組むようになると、タバコがいかに体に悪いかを知って、やめなければならないと思った。しかし、2～3週間も禁煙すると禁断症状で頭がおかしくなりそうになり、また吸い始めた。そういうことを繰り返して、ついに私は本気でやめようと決心した。

　私は、「本気で決心をすると、一瞬で変われる」とトニー・ロビンズが言っているのを聞いた。ある朝、目が覚めて、「今度こそやめる。もううんざりだ」と思った。すると、一瞬にしてタバコに興味がなくなった。私は喫煙者から非喫煙者になり、その後は一度もタバコを吸っていない。秘訣？　それは、「本気で決心する」ことだ。禁煙すると決めただけではなく、自分はもう喫煙者ではないと決めつけたのだ。

　なりたい自分を追い求めるのをやめて、一瞬でそんな人になったときに、人は本当に変われる。これが「なりたい自分」だと思うのではなく、これこそ「今の本当の自分」だと本気で思うまでは、自分の未来像はただの夢にすぎない。夢を実現するためには、「変わりたい」という気持ちから、「もうすでに変わっている」という気持ちになる必要があるのだ。

　決心をするまで数日、数カ月、数年かかることもある。残念ながら、本気で決心をしない人もいる。変わるまでには時間がかかると人が言うとき、彼らが実際に指しているのは決心をする瞬間までの

時間のことだ。しかし、一度、決心をすれば、変化はすぐに現れる。

　決心をした瞬間に、正しい旅か間違った旅に踏み出す。私の禁煙が続かなかったのは、それが決心とはほど遠いものだったからだ。本気で決心をしていたら、禁煙していただろう。私は決心をしようかなと思い始めていただけだったのだ。決定的な一歩を踏み出したとき、タバコを吸うなど考えられない人間に変わってしまっていた。もっと重要なことは、私の決心が禁煙にとどまらなかったという点だ。私はそれまでの自分と張り合い、ジョギングから水泳、ウエートリフティング、格闘技まで、喫煙と真逆のことをやり始めた。私は本気で決心をした瞬間に、なりたい自分に向けて動き始めたのだ。

やろうと努力するのではなく、本気でやるかやらないか

　「私はいつも自分のできないことをやっている。それでやり方が学べるのだ」──パブロ・ピカソ

　最高の成果は偶然に達成できるものではないし、ちょっと試したら達成できたというようなものでもない。目標達成に必要なことをやると本気で決心するから、達成できるのだ。方法が分からなくても、だれかが教えてくれる。だが、まずは行動を起こして、発見の連鎖に入ろうと決心する必要がある。やるのか、やらないのかのどちらかだ。やろうと努力するだけでは、やらないのと同じだ。

　努力していると言うときは自分に言い訳をして、困難から逃げているだけだ。それは失敗に至る道だ。しかし、行動を起こしているときには言い訳をせずに結果だけを求めている。

　これは本当に大きな違いだ！

　あなたは運動をして体調を良好に保とうとしているだろうか。もっと健康的な食事をしようとしているだろうか。もっと電話をかけて売り込もうとしているだろうか。しようと努力するのはやめにしよう！　本当に運動をしよう。本当に体調を整えよう。本当に健康的な食事をしよう。本当にもっと電話をかけて売り込もう。

　まず、「努力する」という言葉を頭から消し去ろう。「努力する」は何も達成できない価値のない言葉だ。エマソンは「達成したいことをし始めれば、力がわき上がる」と言っている。夢のような人生を作り上げたければ、結果に対してすべての責任を取ると決心しなければならない。それは対応力のなさを非難するという意味ではない。言い訳をしないという意味だ。計画どおりに行かなかったら、「そうなったのは何をし、何をしなかったからなのか」と自分に問いかけよう。結果が気に入らなければ、やり方を変えよう。何か違うことをする必要があるが、必ず何かをすることだ。

　大きなことを成し遂げるつもりならば、言い訳はすぐにやめよう。そして、「しようと努力する」こともやめなければならない。本当に実行することが必要なのだ！

　今、本気でやると決心しよう。

行動は勢いを生む

　アフリカに次のことわざがある。「セレンゲティでは、ライオンは毎日、ガゼルの群れのなかで最も足の遅いガゼルよりも速く走って、ガゼルを捕まえなければ、飢え死にする。セレンゲティでは、ガゼルは毎日ライオンの群れで最も速いライオンよりも速く走って食べられないようにしなければ、死んでしまう。セレンゲティでは、

ライオンでもガゼルでも速く走ったほうが勝者になる」

　遅らせることは病であり、目標を達成しようとするときにこれほど悪いことはない。セレンゲティのガゼルでも、遅れることは最悪の事態を招く。「やるつもり」と「実際にやる」との間には大きなギャップがある。やるべきことが分かったと思っても、なかなかやる気にならないと、先延ばしにして行動を遅らせる。

　「すべてが完璧に整ったらやろう」と自分を納得させる人があまりにも多い。彼らはすべてがそろうか、条件が整うまで待つ。考えて分析をし、「いつか」やろうと自分に言い聞かせる。確かに私は、できるかぎり多くを学んで準備をするようにと言ったが、それは先延ばしにするということではない。しかし、「いつか始めよう。そのうちに。でも、今じゃない」と思っているのならば、それはまさに先延ばしだ。

　こういう人たちは、「そろそろ運動を始めよう」とか、「休暇が明けてからダイエットを始めよう」と言う。**始めるのを先延ばしにするほど、さらに先延ばしをしがちになる。挑戦する日が近づくほど、恐怖心が強くなって、頭の中で疑う声が大きくなるからだ。**

　疑いは靴の中に入った小石に似ている。放っておくと、皮膚が破れて傷ができる。傷の手当てをしないと、細菌に感染してそれが広がる。それを長い間放置すると、感染症で死んでしまうのだ。疑いは先延ばしによって悪化していく。完璧に整うまで、あるいは答えがすべて分かったと思えるまで待っていると、いつまでたっても始められない。

　夢やビジョンや目標は、創造的に考えて行動するから達成できる。創造性は行動によって生まれる。間違えるのが心配ならば、期待度を調整する必要がある。いつ始めようと、間違えることはある。目

標達成に向かうときには、何もしないで完璧でいるよりも、不完全にでも何かをしたほうが良い。一歩も踏み出さないよりも、小さくても一歩を踏み出したほうが良い。何も間違えないとか何も学ばないとかよりは、間違えて何かを学ぶほうが良い。次のことを頭に入れておこう。早く始めるほど、目標に向かって進むための重要な教訓を学ぶことができるので、早く進歩できる。知識や夢や情熱があるだけでは不十分だ。持っている知識を使って何をするかが重要なのだ。行動を起こすには、今こそが一番ベストな時期なのだ！

考え方をひっくり返す

　私たちの頭は行動しないことを正当化するために、説得力ある理屈を考えだすのが得意だ。しかし、私たちをやる気にさせるのにも力を発揮する。私たちは視点を変える必要がある。

　秘訣は、恐怖心のとらえ方をひっくり返して、自分を苦しめるものではなく、自分を奮い立たせてくれるものと考えることだ。「行動を起こさなければ、何が犠牲になるだろうか。人生の最も重要な分野で何を失い、何を逃し、何を経験できなくなるだろうか」と自分に問いかけてみよう。先延ばしで生じる長く続く苦痛に焦点を合わせて、それをこの瞬間に感じられたら、恐怖心を活用できるようになる。そのためには自分に問いかけて、先延ばしで生じる長期にわたる影響を明らかにすることだ。

　決断の岐路に立ったら、「行動を起こさなかったら、健康、お金、人間関係、キャリア、自尊心、喜び、幸福、自由でどういう代償を払うことになるだろう」と自分に問いかけてみよう。例えば、人間関係で行動を起こさなかったら、愛や失恋という点でどういう代償

を払うだろうか。そのチョコレートケーキを食べたら、理想の体を手に入れるという点でどういう代償を払うことになるだろうか。

　のんびりすることで得られる短期的な快楽を、行動を起こさないことで被る長期的な苦痛に置き換えよう。そうすれば、その苦痛を避けようとしてやる気になる。短期的な快楽よりも長く続く苦痛のほうがやる気を起こす力になる。カギは、自分の役に立つように利用することだ。例えば、車でジムに行ってトレーニングを1時間するのは苦痛だと、間違ったとらえ方をしているかもしれない。問うべきは、「行動を起こさなければ長期的にどういう苦痛を味わうのか、先延ばしにし続けるとどういう代償を払うことになるのか」だ。

　ブレンドン・バーチャードは『自分を貫く』（フォレスト出版）のなかで、「勇敢さとは、怖くても重要なことをするために行動を起こすことだ。小心とは、心の中ではもっと気高く勇敢に行動したいと思っているのに、恐怖心に従った行動をすることだ」と書いている。自分の望むあらゆる良い結果や可能性について考えよう。しかし、それらを得るためには時には失敗もするという事実も受け入れよう。ほとんどの場合、自信が付く前に勇気を持って行動しなければ、大きな成果は得られない。恐怖心があることを認めれば、恐怖心を和らげることができるが、行動を起こせば、恐怖心を解消できる。

　結論はこうだ。夢を持ち、前向きに考え、計画を立て、目標を設定しても、行動しなければ何も実現せず、恐怖心は相変わらず消えない。成功し偉大になりたければ、恐怖心や無気力よりも行動する意欲のほうが強くなる必要がある。運命は行動する人に味方をする。

決断力を調べる

　自分の決断力に点数を付けるとしたら、その「成績表」はどんなものになるだろうか。それを知るために、生活のさまざまな分野における決断力を自己採点してみよう。そうすれば、自信を持って決断できる分野と、決断するのが比較的苦手で、努力が必要な分野を特定できる。あくまで考えすぎないように。最初の直感が最も正確な答えである可能性が高いからだ。

　自分の決断力を評価していけば、イメージが浮かび上がってくる。例えば、キャリアに関しては決断力が非常に優れ、お金や貯蓄と将来設計に関してはかなり優れているが、新しいチャンスに挑むことに関しては月並みで、恋愛や家庭生活に関しては劣っているとしよう。この評価では、経済活動と財務はかなり良い状態だと分かる。しかし、ほかの分野を調べると、恋愛や家庭生活で悩んでいることが分かる。自分に正直になれたら、もっと決断力を発揮できる分野を特定できる。目標は、幅広い経験をして、すべての分野で少なくとも「普通」の決断力を持てるようになることだ。

　重要な決断をまったくしなければ、決断力の「筋肉」が付かない。そうすると、運動をしないせいで筋肉が衰えてしまった人と同じようになってしまう。この場合は決断力の筋肉が萎縮する。そうなると、誤った決定をもっとしがちになり、状況はさらに悪化する。自分の決断力に自信が持てなくなり、失敗しないように安全策をとるせいで、考え方が縮こまってしまう。

　こういう場合、もっと積極的になる必要がある。まずは最も苦手な分野で小さな決定をするところから始めよう。意思決定に自信が付くにつれて、落ち着けるようになる。計画どおりに行かなくても

	非常に 優れている	優れている	普通	劣っている	非常に 劣っている
キャリア					
お金・投資・貯蓄					
将来設計					
新しい機会に対する挑戦					
恋愛					
家庭生活					
自分の成長と学習					
健康と運動					
レジャーと休養					
友人や社交					
仕事関連					
決断力のある行動					
自発性					
リスクをとること					
夢の追求					

教訓を学び、次のチャンスでは情報収集をして洞察力を高め、もっと大きな決断でもはっきりと決断を下せるようになる。

心のダイエット

　自分の考えや認識——苦痛や快楽にどういう意味付けをするか——にどれほどの力があるか、あなたはすでに知っている。しかし、心の中で生じていることを実際にどれくらいコントロールできるだろうか。挑戦してみたければ、エメット・フォックスの「７日間の心のダイエット」を試してみよう（１日か２日から始めてもよい）。

7日間、ネガティブな考えを一切しないようにする。怖がらないように。あなたが懸念していることは実際には起こらない。練習はこうだ。

　ネガティブな考えが浮かんだら、すぐにポジティブな考えに置き換えるのだ。ネガティブな考えを一切やめて、常にポジティブな考えをするのではない。できるだけ多くポジティブな考えを持つようにして、ネガティブな考えが浮かんだら、それを解決策で対応するのだ。カギは、ネガティブな感情に気づいたら、それ以上その感情にとらわれないことだ。気づいたら、置き換えて、もう気にしないことだ。

　人は1日中、自分自身と対話をしている。心の中で1日に何万回もの思考を行っている。7日間の心のダイエットに挑戦すれば、その内なるおしゃべりのいかに多くが自分の力を奪っているかすぐに分かるだろう。ネガティブな考えをポジティブな考えに置き換えるためには、自分自身とポジティブな対話をする必要がある。これは非常に強力な気配りのテクニックだ。これを「置き換え療法」と考えてみよう。ネガティブな考えにとらわれたらそれに気づいて、ポジティブな考えに意識的に置き換えて、ネガティブな考えを減らそう。

　「これは面白そうだ」とか、「良いアイデアだ。いつか試してみよう」と思うだけではダメだ。今すぐに変わるのだ！　心のダイエットを今日から始めよう。

自分との対話の質

　自分自身との対話で最も効果が上がる方法は、問いかけることだ。

カギは、正しく問うことだ。自分が何を問おうと、心は答えを返してくるからだ。だから、**自分の人生の質は自分に対する問いの質によって決まる。自分の力を引き出す問い方をすれば、力を発揮できる答えが返ってくる。**力を奪うような問い方をすれば、無力感を味わう答えが返ってくる。「なぜ自分はこんな間違いをしたのだろうか。私のどこが悪いのだろうか」と問えば、自分の間違った行為を強調する答えが返ってきて、やる気をなくしてしまう。一方、「今起きたことから何を学べるだろう」という力を引き出すような問い方をすれば、解決策が得られて、やる気が出てくる。どう問いかけて、自分自身とどう対話をするかが非常に重要なのだ。

　人間の脳は結論を求めるようにできている。これはツァイガルニク効果と呼ばれるもので証明されている。ジェームズ・ハインバッハとジェイコブ・ジャコビーは1972年の論文で、広告のコマーシャルソングがツァイガルニク効果を利用しているのではないかと示唆した。なぜなら、視聴者は曲の自然な終わりまで聞きたいという衝動に駆られるからだ。研究者たちは、視聴者は曲がないときよりも聞き覚えのある曲が流れているときのほうが、広告の内容を最後まで聞く可能性が高いという仮説を立てた。

　魅力ある問いでも同じことが言える。問いには答えが必要であり、人は問いに対する結論を知りたいと思っている。自分に問いかけると、心は答えを求めずにはいられなくなり、それがイメージを生み出す。具体的には、心に自分の力を引き出す問い方をすると、力を発揮できる答えが返ってくることが多く、潜在意識にそれを刷り込ませる絶好の機会となる。

　自分の発する言葉は周りの人に強い影響を与えるが、自分自身にはもっと大きな影響を与える。毎日、絶えず自分と対話をしている

からだ。自分の思考をチェックしてみよう。**ほとんどの人は自分が繰り返し使っている、カギとなるちょっとした言葉に気づくはずだ。その言葉は自分の力を引き出してくれるだろうか、それとも不安や失敗を潜在意識に植え付けているだろうか**。例えば、何かで失敗したとき、「自分は絶対にチャンスをつかめない」と言っていなかっただろうか。こんな言葉を心の中で言い続けていたら、それが自分の個性の一部になってしまい、「自分は運が悪くて、チャンスをものにできない人間だ」と思うようになる。そうなると、人生で成功する確率の低いシナリオにいつの間にか引き寄せられて、なぜ自分はこうも「運が悪い」のだろうと思うようになってしまう。

　2018年にノースカロライナ州で開催された射撃大会で、私の銃は最初の数分間、ひどく調子が悪く、そのステージでは0点しか取れなかった。これは通常なら、非常に悪い成績で終わる点数だ。私は「もう絶対にチャンスはないな」という考えにとらわれていた。こうした状況では、自分は運が悪かったと思いやすい。しかし、私は自分のネガティブな考えに気づくとすぐに、その考えを置き換えようと決め、「0点から始めて、素晴らしい成績を残せたら最高じゃないか？」と「そのために何をすればいいのか？」という2つの強力な問いを自分に投げかけた。その日の成績は4位だったが、多くの優勝を勝ち取ったときよりも気分は良かった。

　次は自分の力を引き出すための問いかけだ。

● 「何でもできるとしたら、自分は何をするだろうか」
● 「恐怖心がなかったら、何に挑戦するだろうか」
● 「どうすれば人生をもっと楽しくできるだろうか」
● 「今年は何を張り切ってやろうか」

● 「どういう１日だったら、完璧と言えるだろうか」
● 「人生のどの部分を変える用意ができているだろうか」
● 「今、何に感謝しているだろうか」
● 「どうすれば世界に影響を及ぼせるだろうか」
● 「自分にとって最も重要なことは何だろうか」
● 「自分のどこが大好きなのだろうか」

生活習慣を身に付ける

　人生でどういう決断や行動をしたいかを考えるときには、短期的な変化と永続的な変化を区別して考える必要がある。人は常に自分を向上させようとしている。高校の同窓会が近づくと、急激なダイエットをして20キロ痩せる。だが、すぐに元の食生活に戻り、体重も元に戻ってしまう。どうしてだろうか。それは、変化が短期的なものにすぎないからだ。

　たいていの人は少なくとも頭では、自分にとって何が良いかを知っている。人生を変えるために、どういう人生観を持つべきかを理解している。そして、その言葉を耳にすると、「そんなことは知っている」と思う。知識は力ではなく、潜在的な力にすぎない。それを使って何をするかが重要なのだ。理解することは第一歩にすぎない。実際に使わなければ、知性があっても意味がない。

　ずっと変わり続けて人生を向上させたければ、習慣を見直す必要がある。日常生活で疑いもせずに無意識に行っている習慣がだれにでもある。例えば、歯磨きだ。飽きたから１カ月歯磨きを休もうと考える人はいない。また、気分が良いときだけシャワーを浴びるという人もいないだろう。有名画家を目指す人であれ、マラソンで優

勝を目指す人であれ、それは同じはずだ。規則正しく練習をするが、嫌々ではない。自分の生活スタイルの一部だから、自分に必要なことをするのだ。あなたも「生活習慣」を身に付けて、それをずっと続ける必要がある。

　運動をする、健康に良い食事をする、スポーツをする、本を書く、演技教室に通う、音楽を演奏するなど、新しい習慣を身に付けるには、歯磨きと変わらないほどまで日常生活の一部にする必要がある。これらが絶対に譲れない習慣になれば、やり続けようと決めるのも簡単になる。生活のなかでこなす課題の1つにすぎなくなると、規律を維持しようとする苦労もなくなるからだ。

アドバイスよりも知恵を求めよう

　何か大きな決断をしようとするとき、私たちはアドバイスや励ましの言葉を求めがちだ。そんなときには友人や親や兄弟などの家族をまずは頼りにする。そうするのは確かにとても便利だ。しかし、それは最悪になることもある。**身近な人が最も悪いアドバイスをする可能性があるからだ。なぜだろうか。それは、彼らがあなたのことを心配して、失敗や失望から守ってあげようとするからだ。**だから、彼らは「安全第一だ」とか「頼れるものを持っておいたほうがいい」などと言う。また、「どうしてリスクを冒す必要があるんだ」と聞いてきたりする。それらは善意から出たものだが、そんなアドバイスに従っていたら、本当に並外れたことは何も達成できない。

　適切な手助けをしてもらうためには、3つのことが重要である。

　第1に、アドバイスではなく知恵を求めよう。アドバイスは何をすべきかを教えてくれるが、知恵はすべきことの見つけ方を教えて

くれる。アドバイスに頼っていると、いつまでたってもアドバイスが必要になる。しかし、知恵が身に付けば、自分の運命を制する方法を学ぶことができる。

　第2に、自分を弱らせるようなことは避けよう。これにはとても簡単な判断法がある。建設的でなく励みにもならないようなこと、それは自分を弱らせることだ。耳の痛い話でもかまわないが、建設的で解決策を導くようなものでなければならない。私は、大成功を収めた人で、励ましてくれないような人に出会ったことはない。しかし、成功していないのに、ネガティブな面ばかり見て、それを世の中に広めようとする人にはたくさん出会った。そういう人は避けよう。

　第3に、自分よりも賢く、スキルが高く、特に自分の成功したい分野で成功の実績がある人を探そう。注意しておきたいが、家族や友人などの身近な人たちはこれらの基準を満たしていないかもしれない。また、助けを求めるときには、2対1ルールを使おう。つまり、自分が話すよりも相手の話を2倍多く聞こう。話すときには、自分の頭の良さを示そうとするのではなく、質問をするように心がけよう。

自分の「取締役会」を作ろう

　大企業には取締役会がある。その役割は戦略を立てる手助けをしたり、助言を行ったりすることだ。役員はさまざまな分野の専門家から厳選されている。彼らは協力して、会社の目標達成を助ける。

　同様に、だれにでも自分の「取締役会」がある。役員は母や父、神父や牧師などの精神的指導者、親友、配偶者や近親者など、自分

で選んだ信頼できる人であればだれでもかまわない。しかし、身近な人に限定すべきではない。彼らは自分の信念や目標達成の方法に影響を与えるので、慎重に選ぼう。また、役員は今まで付き合いがない人でもまったく問題ない。それでも、彼らから影響を受けることはできる。

　私の「取締役会」のほとんどは現代の偉大な思想家や、私が影響を受けた本の著者だ。実は、私は今でも10年前や20年前、30年前に買った本を読んだり、オーディオブックを聴いたりしている。そうすれば、「取締役」と頻繁に交流し続けることができる。彼らとの出会いは本やオーディオブックの「成功ライブラリー」を構築し始めたころだった（私は携帯用のデジタル版、成功ライブラリーも持っていて、どこに行くときもいつも持ち歩いている）。これらの「役員」は、私に多くの「アドバイス」をしていることを知らない。それは私のちょっとした秘密だ。それでも、彼らの影響力が弱まるわけではない。

　あなたも私と同じように、自分の取締役会を選べるし、彼らの許可を得る必要もない。だから、普通の人で妥協しないように。基準を引き上げて、もっと影響力がある人を探そう。自分を教育し刺激してくれる取締役会を作ろう。知識が増えて刺激を受けるほど、決断や行動をする際に元気づけられて、力を発揮できるようになる。

何を決心するのか

　今この瞬間に、だれにでも人生を変えるチャンスがある。あるいは、ワナに陥って、悪い意味で人生を暗転させてしまう可能性もある。分かっている。私にも経験があるからだ。だれでも命を危険に

さらすか、将来を悪化させるようなまずい決断をする可能性がある。あるいは、付き合う相手を変えたり、厳選したりして、人生をポジティブな方向に導こうと決心することもできる。喫煙者が最後のタバコを消して元喫煙者になることも、アルコール依存症の人がお酒を断って二度と1滴も飲まないこともできるように、成長の妨げとなる信念やどうにもならない行動も変えることができる。**人は一瞬で変わることができるのだ。自分の世界の主人公になるか、状況の犠牲者になるかは自分でしか決めることができない。今日から切り替えて、夢に向かって進むこともできる。しかし、まずやることは決心しなければならないということだ。**

　選ぶのはあなただ。あなたは何を決心するのだろうか。現状を維持し続けるつもりなのか。それとも、過去と同じような未来で我慢するつもりなのだろうか。どの程度の健康や富や幸福を手に入れるかを運任せにするつもりなのだろうか。

　自分の能力を信じて行動しようと決心しないかぎり、自分の真の可能性を知ることはできない。自分の勝利や失敗や過去から学ぼう。そして、夢に向かって突き進むと誓おう。そうすれば、自分でも驚くほどの成果が得られるだろう。

　あなたは人生で情熱を傾けて、成功してもおかしくない。これは誓うのに値する大きな目標だ。あなたは興味や知的好奇心をかき立てられる人生を送ることができる。この本を読んでいるということは、大きなことを考えていて、それを表に出そうとしているということだ。もしも自分の人生が気に入らないのならば、それは他人から大きな影響を受けた結果だからだ。そんなことを許さないようにしよう。今こそ過去を捨てて、実現したい未来を創造するときだ。あなたは幸せで豊かな人生を創造する勝者だ。忘れないでほしい。

現実は発見されるのを待っているのではなく、創造されるのを待っているのだ。しかし、あなたが夢見ている人生を創造するためには、恐怖や不安や緊張といった観点で考えるのをやめる必要がある。代わりにわくわくすることを考えて、自分のやりたいことにスポットライトを当てよう。全米講演者協会の創設者であるカベット・ロバートは、「不安を取り除こうとしないように。不安が飛んでいくようにすればいいのだ」とよく話していた。

　さあ、スイッチを入れよう。今がチャンスだ。最高の自分になって、絶対に後戻りしないと、今すぐに決意しよう。

第6章
情熱と目標達成に優先順位を付ける

Prioritizing Your Passion and Goal Getting

　何かを極めたければ、当然ながらそれに向かって情熱を傾けるべきだ。嫌いなことを我慢してやり続けたら得意になったという人はほとんどいないはずだ。情熱があれば、無理強いされなくても自然と仕事や練習に励む。2018年に韓国で開催された平昌冬季オリンピックで金メダルを獲得し、世界に衝撃を与えた17歳のスノーボーダーのレッド・ジェラードはこの競技に並々ならぬ情熱を持っていると考えて間違いない。機敏さやスピード好き、そして命知らずのジャンプをする能力のおかげで、彼はスキルを極めてオリンピックで金メダリストになるという夢を実現できた。

　しかし、情熱だけではもの足りない。この章では情熱と目標についても説明するが、それにとどまらない。何を成功させるかは、「絶対に手に入れたいもの」と「絶対にしなければならないこと」の優先順位で決まる。これは、単なる「欲しいもの」ではない。どうしても欲しいものなら、すでに手に入れているか、少なくとも手に入れようとして何らかの行動をしているはずだ。知りたいのは、自分にとって最も重要なものは何かということだ。

　人はよく「あれができればいいんだけど、時間がないんだ」と言う。しかし、この言葉は、「それはそこまで重要ではない」ということを意味している。だれにとっても1日は24時間だから、もっと

優先したいことがあるのだ。

　オリンピックの金メダリストやビジネスの世界で大成功を収めた人など、偉大な業績を残した人たちを調べると、彼らが成功したのは追求していることを最も重視していたからだということが分かっている。最も情熱を傾け、一心不乱に取り組んでいたことは、彼らにとってほかの何よりも重要なことだった。確かに、やる気になって前進し続けるには強い情熱が必要だ。しかし、どれほど好きだとしても、情熱だけで頑張れるわけではない。情熱にも優先順位を付けなければならない。

目標達成と目標設定

　手に入れたいと思っていれば、それが得られるわけではない。また、設定する目標が重要なのでもない。何を優先し、何を重視するかが最も重要なのだ。目標達成の核心は何を最も優先するかだ。最優先している目標を実現するためには、必要な犠牲を進んで払うからだ。

　たいていの人は目標──手に入れたいものか達成したいこと──を持っている。それは素晴らしい！　しかし、目標を設定するだけではダメだ。目標設定とは、健康に良い食事をする、減量する、もっとジムに通う、老後の資金をためるといったことだ。これらは実現したいことの大まかな「願望」だ。しかし、目標達成にはもっと具体的に取り組む必要がある。綿密な計画を立てて、本気でやり続ける必要があるのだ。

　目標設定に関する100以上の調査の90％で、目標を設定すると良い効果があることが示されている。しかし、効果をより高めるため

には、具体的な目標でなければならない。調査によると、「最善を
尽くすように」と言われただけでは、人は最善を尽くさない。しか
し、シーズン終了までに２メートルを跳べるようにするとか、ベン
チプレスで最大110キロを挙げるといった具体的で達成可能な目標
と期限を設定されたら、パフォーマンスが向上する。人は、目標が
具体的であればあるほど、それを達成する可能性がより高くなる。

目標の３段階

　目標を決めるとき、ほとんどの人は「結果についての目標」を設
定する。つまり、達成したい結果を目標にするのだ。例えば、体を
鍛えるという目標を立てる。そうすると、ジムに行ってトレーニン
グをする。あるいは、年末までにマラソンで完走するという目標を
立てたとする。それは素晴らしいことだ！　しかし、最初の意気込
みから実際に走って大会で完走するまでには、トレーニングや調整
が必要だ。大きな目標を達成するには、そこに至るためのプロセス
やパフォーマンスの目標が必要になる。それらの段階が明確であれ
ばあるほど、最終目標を達成しやすくなる。どんな目標でも達成に
至る段階は３つに分けることができる。

１．プロセス
２．パフォーマンス
３．結果

　プロセスの各目標には、パフォーマンスの向上を反映させること
が必要だ。この目標には青写真か最終地点までの道のりのように取

り組む。**最終目標を達成するためには、ここが最も重要になる。プロセスが正しければ、結果はおのずとついてくるからだ**。例えば、「今日のトレーニングでは胸部のトレーニングを1セット10回で4セット行うんだ」と自分に言い聞かせる。これがプロセスだ。

パフォーマンスの目標とは、挙げる最大重量を10％増やして、繰り返す回数を2回増やすといったことだ。一方、結果の目標とは、12月31日までに除脂肪体重を4％増やして、体脂肪率を10％まで落とすといったことだ。

このように具体的な目標を立てると、パフォーマンスが向上して成功する確率も高くなる。「もっと健康に良い食事をして、もっと運動をして、体重を減らす」といった漠然とした目標を立てるのではなく、具体的な行動計画を立てよう。毎日の摂取カロリーを決めて、赤身の肉は週に1回だけにし、緑黄色野菜の摂取量と水の摂取量を決めた量だけ増やすといった具合にだ。目標は、特定の日までに体重を14キロ減らすといったことだ。これで、具体的な目標とそこに至るまでの具体的な計画ができた。しかし、もう1つ重要なことをしなければ、目標は達成できない。それはその目標を最優先することだ。

何を最優先するのか

私たちはだれでも複数の目標を持っている。例えば、自分が行っている事業を成長させる、健康を維持する、家庭を持って充実した時間を過ごす、45歳までに引退する、出版したいと思っていた本を書くという目標を持っているとしよう。これらには重なる部分もある。引退すれば家族と過ごせる時間が増えるし、事業が成功すれば

早く引退できるからだ。しかし、一度にすべてを実行して、すべて
で大成功を収めることはできない。最初に大きな目標を１つ決めな
ければならない。それはどれだろうか。

　自分にとって最も重要なことを最優先すべきだが、ここでは妥協
が必要だ。複数のものを最優先にすることはできない。最優先する
目標は１つだけで、ほかはすべてそれを中心に回る。最優先するも
のを守るために、犠牲にしなければならないものもある。生活のほ
かの面にはあまり注意を払えなくなる。今、あなたの人生にはほか
のすべてよりも優先していることがあるはずだ。だが、それは本当
に一番目指したいことではないかもしれない。「いざとなったら、
ほかのすべてを後回しにしてもよいと思えることは何なのか」と自
分に問うてみよう。それがあなたにとって最優先すべきことだ。

　大きな目標を達成するためには、何かを後回しにしなければなら
ない。私は若いころ、「35歳までに経済的自由を手に入れる」とい
う目標を立てた。当時はお金もなく、まともに教育も受けておらず、
無職だったことを考えると、これは実に高い目標だった。だから、
目標達成の妨げになるものには時間を割けなかった。私は経済的自
立を達成するまで結婚をせず、子供も作らなかった。目標達成を最
優先すれば、私生活に支障が出ると分かっていたからだ。しかし、
その目標を達成すると、ほかの目標を達成するのはとても簡単だっ
た。そして今は素晴らしい家庭生活を送って有意義な趣味を持ち、
本を書いて教育者や講師として世界中の人々を支援している。

**　最も優先する目標はほかのことを犠牲にするに値する夢であるべ
きで、それを達成するために妨げになることがあってはならない。**
私の場合、最優先する目標を達成できれば、ほかの目標も達成でき
た。目標はこのように優先順位を付けるべきなのだ。優先順位がは

っきりしていれば、人生にとって最も望ましい結果が何か考えやすくなる。目標を立てて優先順位を付けると、1つの目標はほかの目標に支えられる。すると、第1目標を達成すると、それがほかの目標に波及する。1つの目標を達成すると、次の目標がはっきりすることになる。

最もやりたいことよりも最も重要なことを常に優先する

　優先順位の決定はプロセスだ。これは現在の自分や将来なりたい自分、本当に達成したいことを深く考えるところから始まる。しかし、ほとんどの人は自分が本当に何を望んでいるか分かっていない。確かに、条件がとても良い仕事、経済的な安定、健康、幸せ、尊敬されること、良い家庭生活など、自分が手に入れたいことは分かっている。あるいは、大きな家と素敵な車を手に入れ、旅行もしたいと思っているのかもしれない。しかし、空想にふけっている間は、自分にとって何が最も重要かについて、はっきりと考えていない証拠だ。

　何かを本当に欲しいと思うことが、それを手に入れるカギならば、手にしたいものすべてについて考えるだけで、それらすべてが簡単に手に入ることになってしまう。しかし、**願うことや望むことや欲しがることと、実際に何を追求してどう生きるかとは違う。それらの間には優先順位の決定がある。**意識していようといまいと、あなたはすでにこれを行っている。いつも選択をしているのだ。たいていは無意識のうちに、あることをする代わりに別のことをし、「B」をする代わりに「A」に集中する。毎日、毎時間、毎分、分岐点に出くわして、何を優先させるかを選ばなくてはならない。こうした

選択の積み重ねによって、人生の行き着く先や何を達成するかが決まる。自分が本当に望む人生を実現するためには、慎重に優先順位を決める必要がある。人生では必ず気の散ることが船を包む霧のように現れるものだが、そんなとき、優先順位が目的地に導く灯台の役目を果たしてくれる。要するに、自分の願望と優先順位は一致していなければならない。

本当に優先するのは何かをはっきりさせよう

　私は昔、スタッフにある訓練をしていたことがある。それは自分の望むものや望むこと——実現したい願望や目標——をすべて書き出してもらい、それらを最も望む順番に並べてもらった。彼らのリストはお互いに似ていることが多かった。経済的な成功、新しい家、高級車、旅行など、お金で得られる物を求めていた。時には、特定の分野で地位を確立して認められて尊敬されるなど、より内面的な目標が書かれていることもあった。

　次に、私はそれらのリストを集めて仕舞った。そして、かなりの期間（少なくとも5～6カ月）がたったあと、全員に対して、自分の人生にとって絶対に重要なことを重要度順に書き出してもらった。家族、健康、神、安全、自由などがよく見られる答えだった……。そこで、私たちは「マッチングゲーム」をした。

　私はそこで、彼らが最初に書いた願望リストを取り出して、優先度リストと比較してもらった。すると、最上位で一致するものはほとんどなかった（まったくない場合もあった）。1番の願望はお金だったが、優先度での1番は家族だった。2番目の願望は大きな家、高級車、数百万ドルの投資口座だったが、優先度では安定した仕事、

休暇、家族と過ごす週末だった。

　これらの矛盾は目を見張るものだった。願望と優先度がまったく一致していなかったからだ。両者の違いは、さまざまな障害や注意散漫、さらには罪悪感といった困難があることを示している。仕事で経済的な成功を収めるか、自分の望んだ分野で勝者になることを目指したいと思っている一方で、家族とあまり一緒に過ごせないことがいつも気にかかり、罪悪感まで覚えているのである。

　ウェイン・ダイアー博士は、「他人からの評価を気にせずに生きられるようになる必要がある」と言っている。本当に自分の望む人生を送るためには、自分のやりたいことを最優先にして、それに情熱を傾けなければならない。目標を立てるだけでなく「達成していく」ことで、自分の本当の夢が見つかり、それを追求できるようになる。

　健康や家族を犠牲にしてでも、お金や物や業績を追求すべきだと言いたいのではない。しかし、1つだけ確実に言えることがある。**自分が最も重視し、最も時間をかけていることが人生で際立ってくるのだ。手に入るということは、それを最優先にしてきたからなのだ。**

　自分が何を優先するかによって、人生への取り組み方や何をしようとするかが決まる。例えば、ある人は人生で最も重要なのは冒険だと思い、別の人は安全だと思っているとしよう。この2人は同じような決断をするだろうか。どちらがスカイダイビングやバンジージャンプをする可能性が高いだろうか。また、ある人は愛や親密さが最も重要だと言い、別の人は自由や他人との距離感が最も重要だと言ったとする。どちらが信頼し合う関係になる可能性が高いだろうか。この2人が夫婦だったらどうだろうか。

次の練習をしてみよう。

1．自分にとって重要なものをリストアップする。
2．自分が本当に指針にしたい価値観を決める。
3．ほとんどの時間を何に使っているかを自分に問いかける。

自分にとって最も大切なものをリストアップし、そのリストと自分が今どういう人生を送っているかを比べると、一致するだろうか。 ほとんどの人は生活のほかの要素や責任に足を引っ張られている。ここはうまく管理する必要がある。自分の本当の望みと優先していることが一致していなければ、夢の追求に必ず差し障るからだ。意識的にであれ無意識的にであれ、人は優先順位を決めている。意識的に選べば、人生をコントロールできる。無意識に行動していれば、優先順位は「偶然に」決まる。忘れないでほしい。最もしたいことよりも、最も重要なことのほうが常に優先されるべきなのだ。
　あなたにとって最も大切なものは何だろうか。

「なぜ」の持つ力

　何を最優先するかを決めて目標を明確にしたら、目標達成のために非常に重要な問いを自分にする必要がある。それは、「なぜ自分はこれをしているのか」だ。意味のある「なぜ」がなければ、やる気がなくなる。「何を」「いつ」「どうやって」には、力強い「なぜ」が必要なのだ。「なぜ」によって、「犠牲を払う価値」があるかどうかが明確になる。目標を達成するために犠牲を払う理由やその見返りが何なのかが分かる。これは達成すべきミッション（使命）を表

している。あなたは目標を達成したい理由をまとめたミッションステートメント（行動の指針）を作ることもできる。チャールズ・ガーフィールドは、「少数の例外を除いて、最高の成果を出す人は強い使命感によってやる気を維持している。これはきちんと測定できる目標とは明確に異なる」と書いている。例えば、フルマラソンをある期日までに走りたいと思い、それを優先事項にしたとする。しかし、ミッションとは能力を高めるために生理的・心理的な限界を引き上げることだ。

　私は「何を」「なぜ」「いつ」「どうやって」の設定に加えて、毎朝、1日を始める前に、「目標に近づくために、今日は何ができるだろうか」から始めて、自分の力を引き出す問いをいくつかする。そして、1日の終わりに「今日は何を学んだか。それをどう生かせば、明日、目標にもっと近づけるか」と問いかける。そして、困難に直面したら必ず時間をかけて、「何が目標到達の妨げになっているのか。限界を突破するために、今すぐ何ができるだろうか」と問う。このような問いをする場合は、答えを日記に書くのが理想的だ。

　毎朝起きると一番の目的を思い起こして、何を、なぜ、いつ、どうやって最高の自分になるのかをはっきり考えている人と、起きてなんとなく1日を過ごす人とではほとんど共通点がない。それが大きなことを達成する人とその他大勢の人との違いだ。

　己を知って、目的や目標に焦点を合わせ、何を、なぜ、いつ、どうやって達成するかを考えると、夢に近づくことができる。ゴールラインだけでなく、目標に至るまでの節目や障害にも目を向けられるようになる。そして、正しい問いを自分にすれば、答えが明確になり、それが指針になる。

　あなたのミッションは何だろうか。そして、なぜあなたは今それ

をやっているのだろうか。

だれと付き合うか

過去半年間に話した人、交流があった人、自分の時間の大半をともに過ごした人をすべて書き出してみよう。彼ら全員をリストアップしよう。多すぎて思い出せなければ、携帯電話やメールの履歴を利用しよう。全員の名前を書き出してみよう。

次に、ページの反対側に達成したい目標を書き出そう。そして、それらの目標と、目標達成に良い影響を与えてくれるか、目標達成に何か関係する人とを線でつなげよう。ほとんどの人は、線を引く数はそれほど多くならない。夢に向かって進むのにはほとんど役に立たない人や場所や物と無駄な時間を過ごしているだけなのだ。

勝者になりたいか素晴らしいことを成し遂げたければ、自分の将来設計に役立つ人や場所や物に没頭する必要がある。気晴らしに使う時間は最小限にしよう。自分を奮い立たせてくれる人がいなければ、本を読もう。

アンバランスな勝者

「好きなことを仕事にすれば、一生働かなくてすむ」──マーク・アンソニー

勝者になる最も良い方法は全力を尽くすことだ。自分の夢を最優先して、原則としてそれだけに集中する。これが、多くのトップアスリートが特にオリンピックのような重要な大会に向けてトレーニ

ングをしているときの考え方だ。こうした強烈な情熱や決意の例を示すために、数十年前に医師のロバート・ゴールドマンは数人のトップアスリートに対して、「ゴールドマンのジレンマ」と呼ばれる仮定の質問をした。「オリンピックで金メダルを取るなど、スポーツで間違いなく驚異的な成功を約束する薬があるが、それを飲むと5年後に死ぬとします。あなたはこの薬を飲みますか」という質問に、半数のアスリートが「はい」と答えた。

　彼らがこうした薬を必ず飲むというわけではない。むしろ、これはトップアスリートに見られる極度の集中力や決意を示している。これは「アンバランス」の典型的な例だ。

　スポーツからビジネスに至るまで、あらゆる分野での勝者は何か特別なことを成し遂げようとしている。彼らは金メダルかほかの分野で金メダルと同等のものを得ようと努力している。これは人付き合いに多くの時間を使ったりたくさんの趣味を持ったりといった、バランスの取れた生活の支えになる活動ではない。これには1つのことへの集中と犠牲が必要になる。

　私は特に優れた成果を上げた人々を研究してきたが、偉大なことを追求しているときに、「調和が取れている」と言える人はほとんどいなかった。テニスの4大大会で女子シングルスで18勝した伝説的プレーヤーのクリス・エバートは、「これは人の成長に最も良いこととは思わないので、言いたくないのですが、優勝に必要なのは1つのことだけに一心に集中することです」と語った。優れた成果を上げている人のほとんどは激しい情熱と人一倍の吸収力を持ち、自分の夢や目標に向かって極度に集中している。夢に向かって着実に前進し続けるためには、ほかのことはすべて後回しにする必要がある。彼らは仕事に極端に多くの時間を費やしていて、仕事中毒と

見られている。私もその1人だったので分かっている。私は家族や友人から「働きすぎだ」「自分のために時間を使っていない」と言われていた。私は笑って聞き流していた。彼らは理解していなかったのだが、私はほとんどすべての時間を自分のために使っていたのだ！　私は情熱を持って生きていたのだ。

タイムブロッキング

　最優先事項や目標を追求するからといって、家庭や子供を持ったり、仕事をしたり、健康的な生活をしたりできないというわけではない。しかし、身近な人があなたのしていることに納得してくれれば、それに越したことはない。優れた成果を上げる人とうまくやっていくには、配偶者はある程度、自分で何でもできる必要がある。子供たちとはサッカーの練習がときどきできないかもしれないし、配偶者はあなたが家で毎晩食事をしなくても理解してやる必要があるかもしれない。上司はあなたが素早く仕事を完成させるために勤務時間を柔軟にする必要があるかもしれない。こうした柔軟性があれば、授業を受けたり、マラソン大会のために長距離を走ったりするなど、ほかの予定を立てることができる。

　しかし、最大の障害は、あなたを毎日24時間当てにできるわけではないことに突然慣れなければならなくなった家族であることが多い。当てにできるのは毎日10時間かもしれない。それでも十分な時間だ。しかし、あなたがいない時間帯もある。その時間はあなたにとって神聖なもので、自分の目標を一心に追求するために確保されている。その時間に、家族も自分たちの重要な目標に取り組んでいれば理想的だ。

187

　私の解決策は「タイムブロッキング」と言われているものだ。私は文字どおり、起きている時間を月曜日から金曜日、土曜日、日曜日の3つの時間枠（ブロック）に分けて、それぞれで決められた活動を行う。例えば、私は月曜日から金曜日までの特定の時間枠では自分のビジネスに関連する仕事だけをする。ほかの時間枠はくつろいだりプライベートな時間を過ごしたりするために取っておく。金曜日の夕方と土曜日のほとんどは家族と過ごす時間にしている。また、特定の日や時間を趣味に当てることもある。私は医者や歯医者が予約カレンダーを作るように、これらすべての計画を立てている。それぞれの時間枠はその活動だけをするために割り当てられている。だから、これを「タイムブロッキング（時間を遮断する）」と言うのだ。やるべきことのために時間を遮断して、何のじゃまも入らず、気が散らない状態にするのだ。

　私がこの時間管理法を見つけたのは、生活が多岐にわたり、さまざまな方面に引きずられるようになったときだった。この時間管理法は欠かせないツールだと分かった。あなたにとっても同じだろう。私たちはみんな、仕事や家族などに対する責任がある。夢に情熱を注げないと決めつけるのではなく、優先順位を付けて、真剣に追求しよう。

　自分の周囲の人たちにも、これらの時間枠がいかに大切かを知ってもらう必要がある。彼らはあなたの時間をすぐに尊重するようになるだろう。だが、それはあなた自身が自分の時間を大事にしている場合に限る。**あなたとかかわりの深い人たちはみんな、あなたの時間枠が神聖なものだということを知っておく必要がある。その間、あなたはその時間枠で計画していることだけに集中すべきだ。**そのためには、携帯電話の電源を切り、どんな状況でもじゃまが入らな

いようにルールを決めておく必要がある。信じてほしいのだが、1時間や2時間、あるいは丸1日でさえ、いないと絶対に困るというほど重要な人はほとんどいない。あなたがいなくても、世界は回り続けるし、みんなは普通に生活を送っている。

　私の知り合いには、子供が5人いて、素晴らしい家庭生活を送り、趣味をいくつか持ち、しかもビジネスで大成功している人がいる。また、大家族を養いながら、超一流のアスリートやツアーミュージシャンとして活躍している人たちもいる。配偶者や子供がいて、仕事が忙しくても、大きなことを達成することはできる。**だれにとっても、1日は24時間しかない。大切なのは時間をどう配分するかだ。時間は見つけるものではなく、作るものだ**。すべきことは、家族と過ごす時間と情熱を傾ける時間を最も効率的に使うことだ。タイムブロッキングはそれを成し遂げる役に立つ。

決めた時間枠を壊さない

　ここで失敗する人が多い。時間をブロックで管理しようとしているのに、そのブロックを壊すのだ。例を挙げよう。私は2人でやると最も効果的なプログラムを作り、友人と一緒に運動をすることにした。毎週、決まった日の決まった時間に彼の家で運動をすることに決めたのだ。ある日、トレーニングを始めて間もなく、その友人のおいが家にやってきた。パンクしたので助けてほしいと言われ、友人はトレーニングを中断して、おいを助けなければならなかった。次に、奥さんが入ってきて、赤ちゃんの世話を手伝ってほしいと言ってきた。

　そんな風に、私たちの運動はいつも何かでじゃまが入った。この

おかげで、私はとても重要なことに気がついた。友人と私はこの約束をすることやそれを守ることに関して、考えが大きく異なっていたのだ。私にとって、その時間は運動をするためにほかのすべてから遮断されていた。携帯電話はオフにしていて、周囲の人は私に連絡をすべきでない時間だと知っていた。だれかが死ぬか国家の非常事態でもないかぎり、私はこの時間を放棄しなかった。しかし、友人は一緒に運動をすると約束したのに、それを多くのことで中断させた。私は間もなく新しい相手を探す必要があると気づいた。

　タイムブロッキングは、数時間か丸1日、自分がいなくても、世界が崩壊するわけではないと理解していなければ実行できない。自分がいない時間にはほかのだれかが対処する。あなたが明日死んだとしても、人々はパンクを修理したり、車に人を乗せたり、非常事態に対処したりする方法を見つけるしかない。

　もっと重要なことだが、この時間枠を優先して確保したおかげで、その後に家族やほかの人たちと過ごす時間が増えたのだ。したことに達成感を味わうと、次の時間枠でも全力で取り組める。計画したことをきちんとやり遂げられないのではないかという不安もなくなる。同様に、家族のための時間でも、仕事や電話にじゃまされないように気を付けている。

　勝者の習慣を身に付けたら、何をしているときでもそれに全力で取り組もう。職場を出てジムに行くときには、仕事やそれにまつわる考えは職場に置いていこう。問題に取り組みたければ、そのために取っている時間枠内で行おう。

ホワイトボードの技術

　目標を立てると、人々はやる気を高めるか、忘れないためにポストイットをよく使う。私はポストイットをそこら中に貼っている人たちを見たことがある。彼らはポストイットを読むことを思い出すためのポストイットや、ポストイットを買うことを思い出すためのポストイットまで貼っていた。ポストイットは、「牛乳を買う」とか「近所の人の代わりに郵便物を受け取る」など、「その場」で思い出す必要があることだけに使おう。

　本当に重要な目標には、もっと大きくて目立つものが必要だ。大きな夢を実現したければ、それにふさわしいツールが必要である。そこで、ホワイトボードの出番だ。私のオフィスには小さなホワイトボードだけでなく、2.4×1.8メートルの巨大なホワイトボードも置いている。このホワイトボードのおかげで、私は自分の目標を目の前に大きく表示できる。アイデアや計画を書き込めるスペースがたっぷりあるので、必要なだけ大きく書ける。

　私のホワイトボードの使い方を説明するために、友人のハロルドの話をしよう。彼はどうやって目標を考えて計画を実行するかを学ぶ必要があった。彼は音楽関係の仕事をしていて、自分の目標や計画についてアドバイスが欲しいときや行き詰まったと感じたときに、ときどき電話をかけてきた。あるとき、かなり沈んだ声で「まったく進んでないんだよ」と言った。彼はその年に大きな目標を立てていたが、行き詰まって前に進めず、途方に暮れていた。

　「ホワイトボードを持ってる？」と私は聞いた。

　「ホワイトボードってなんだい」。彼のこの返事ですべてが分かった。

　私は彼に、近くの文房具店で一番大きなホワイトボードを買って
くるようにとアドバイスした。そして、帰ってくると、「それを掲
示板のように使って、ブレインストーミングをするように」と言っ
た。

　彼に説明したように、ホワイトボードは自分の計画や夢など、あ
らゆるアイデアをブレインストーミングで引き出すために使う。ど
んなアイデアでも大胆すぎることはないし、ありふれすぎているこ
ともない。夢やアイデアが浮かんだら、どんなものでも書き出すか
略図にする。最も壮大なアイデアを引き出すために、できるだけ大
きなホワイトボードを使うのだ。ホワイトボードはすぐに走り書き
やメモや絵でいっぱいになるだろう。ホワイトボードには夢や実行
できそうなことを思いつくかぎり書き出す必要がある。ホワイトボ
ードを隅っこに置いて、隠してはいけない。部屋のど真ん中に置い
て、毎日、1日中、それが目に入るようにしておく必要がある。

　ハロルドは特大のホワイトボードに書き始めた。しばらくして、
私は彼がしたことを確認するために写真を送ってもらった。ホワイ

トボードはぎっしりと書き込まれていて、少なくとも50～60種類もの項目があった！　問題は、彼が自分を追い込んでしまったことだった。

　私は彼に、「ブレインストーミングがここまでできたのは素晴らしい。今度はこれらを絞り込んで、優先順位を付けよう」と言った。

　途端に、ほっとした声が伝わってきた。彼の想像力あふれる頭からは、野心的な夢やビジョンや計画がたくさん出てきた。だが、それらのアイデアが空想にとどまり、圧倒されて前に進めないという事態を避けるためには、優先順位を付ける必要があった。

　彼はブレインストーミングを行い、アイデアを実行可能なリストにまとめてから数カ月後、再び私に電話をかけてきた。「例のホワイトボードが頭から離れないんだ。ホワイトボードを見るたびに、自分が何をすべきか、どこまで進んでいるべきかを突きつけられるんだ」

　「まさに、それだよ！　だからこそ、目の前に置いておかなきゃダメなんだ。それはうまくいっている、ということなんだ」と私は答えた。

　彼は文句を言っているのではなかった。だが、毎日、目標に向き合うことで、彼は自分の基準を引き上げることになった。すべきことを先延ばしにしているぞ、と問い詰められているように感じたのだ。

　子供のときに母親から「部屋を片付けなさい」とか「起きないと、学校に遅刻するよ」と言われたのと同じように、今はホワイトボードがあなたに口うるさく語りかけてくる。自分の目標ができるだけ多く目に入るようにすることが大切だ。ホワイトボードを自分の「監視役」にするのだ。そうすれば、何を、なぜ、いつ、どうやってと

向き合うようになれる。さらに、ホワイトボードを見れば、低いハードルを設定して、力を試されることも、進歩に役立つこともない目標をたくさん達成したことまで分かってしまう。

　目標に新鮮味がなくなり、ほとんど進歩していないときにそれを強く意識できるように、自分の夢や目標は毎日見る必要がある。そうすれば、目標に向かって進み続けることができる。

常に少し高めの目標を設定する

　優れたアスリートや大きな成果を上げる人は、自分で想像するレベルをはるかに超える指導をしてくれるコーチの重要性を知っている。自分で目標を設定すると、目標を低く設定する可能性がある。短期的な目標は達成可能であるべきだが、簡単すぎてもダメだ。目標リストの1つに完了の印を付けると、一時的に満足感を味わえるかもしれない。しかし、それがすでに達成していたことや、大した成果ではない簡単すぎる目標ならば、その満足感はすぐに消えてしまう。

　常に少し高めの目標を設定しよう。これはすでに達成できたことを超える短期目標のことだ。より大きな目標に向かって少しずつ進むためには、足がかりとなる目標があったほうがよい。これらの中間目標は現在の自分を超えるものでなければならない。そうでなければ、本当の成長や発展は望めない。

　次の話について考えてみよう。ある兄弟が目標設定に関する啓発セミナーに参加した。1人がもう1人に言った。「来年の収入の目標を立てよう。目標をそれぞれ書いて、自分の封筒に入れて封をし、1年後に結果を見るんだ」

そこで、１人は５万ドルと書き、もう１人は100万ドルと書いた。２人は封筒に封をして、書いた数字は相手にはけっして教えなかった。１年後、５万ドルと書いたほうは封筒を開けてとても興奮した。「この方法は本当にうまくいく。僕は５万4000ドル稼いだ。これは今までで最高の収入だ」と言った。もう１人は封筒を開けて言った。「残念ながら、僕は目標の半分しか達成できなかった。たぶん、失敗だね。50万ドルしか稼げなかったよ」

目標設定をすると、目標自体を低く抑えがちになる。例えば、私が1990年代にウォール街で働いていたとき、多くの新人は自分の目標を高いと思っていた。だが、たいていはある程度の収入を得るのが目標だった。多くの人はその水準に達すると情熱を失い、落ち着き始めた。私たちはこれを「キャップ」と呼んでいた。これは「良い生活」を送れて、満足がいくと思える金額のことだ。目標を立てるときの危険性がここにある。来年はこれだけ稼ごうとか、ある分野でこれだけの成果を上げようといった目標を立てても、それを大きく超えることはめったにない。

非現実的になろう

夢がたくさんあるときには、情熱のせいで非現実的と思われそうな目標を追求し、だれにも理解されず、ほとんどの人がしないようなことをすることがある。しかし、それこそが偉大なことを達成するチャンスをもたらすのだ。**勝者は現実的ではない。彼らは大きな目標を立てる、恐れ知らずの夢想家だ。彼らが心配するのは高すぎる目標設定ではなく、低すぎる目標設定なのだ。**優れた成果を上げる人はだれでも高い基準を持っている。そして、彼らのほとんどは、

絶えず自分を新たな水準に引き上げることの重要性を知っている。

　大きな夢を持つということは、必ずしもお金や財産を増やすことやタイトルを獲得することを意味するわけではない。あなたの夢は世界から飢えをなくすことかもしれないし、世界平和のために活動することかもしれない。あるいは、模範的な人生を送って人々を啓発することかもしれない。言いたいのは、大きな夢を持て、ということだ。今は大きな夢だと思っていても、実際にそれを達成したら、小さな夢だと気づくかもしれない。もしそうでなければ、世界はいまだに石器時代のままだろう。

　大成功できない最大の理由は、自分にはできるなどとけっして思っていないからだ。そのため、一度も挑戦しないか、困難にぶつかるとすぐに投げ出してしまう。夢がなければ、やる気も出ないし進歩もない。非現実的な想像力を持つことが偉大なことを達成する第一歩だ。世界に貢献したければ、大きな夢を持とう！

　自分の子供が夢を持つように励まそう。私は幼いころから、人生で大きなことを成し遂げたいと、途方もない空想をしていた。それで意欲的になり、実際に達成できるビジョンを作れたのだ。大きな夢を持ってそれを追求すれば、最初は少しずつでも新しいことや違うことをし始めて、やがて人生が良い方向に進んでいく。

　最初のうちは、夢が途方もなく大きく感じるものだ。どうやってこの夢を実現しようかと考える。今後、やるべきことの多さについて考える。しかし、少しずつ進んでいくと、あちこちで成果が現れる。やがて、それらが積み重なっていくと勢いがつき、目標に近づいていける。非現実的な目標を設定するだけでほかの99％の人よりも優位に立つことができる。なぜなら、野心的なことを考えたり大きなことに挑戦しようとする人は、ほとんどいないからだ。道のり

は長いと分かっているが、そこに達するために必要なことをする意
欲があれば、勝者になれるのだ。

段階を踏んで、大きな目標に達する

　背伸びをして大きな夢を持ったほうがよい。だが、短期の目標は
達成可能なものでなくてはならない。初マラソンの準備をたったの
３週間でしようとか、１カ月で体重を20キロくらい減らそうとして
も達成できない。問題は目標ではない。期間が短すぎることが問題
なのだ。これでは失敗するか、始める前からやる気を失ってしまう。
進歩がなければ、意欲が湧くどころか、不安になるだけだ。本当の
問題は間違った計画にあったのに、失敗したと思ってあきらめてし
まう。

　大きな目標を設定するときには小さな段階に分けて、最終的に達
成したいことに勢いがつくようにすべきだ。最終結果ではなく、ど
れぐらい進歩しているかに焦点を当てるべきだ。その過程で、規律
正しく、集中し、決まった時間枠で極めて効率的に動ける人間に変
わっていく。短期、中期の目標を達成すれば、正しい道を進んでい
ると実感できる。

現実的な目標作りの10段階

１．大好きなことを最優先する。

２．大きな「理由」を持つ。人生を賭けるに値することを最優先す
　　べきだ。

３．最終目標を小さな段階に分けて、各段階に集中して進んでいこ

う。

4．各目標を調整する。目標に重複がないか、お互いに補完し合っているか確かめる。

5．一度に多くの目標を追求しない。

6．目標達成にどれだけの時間が必要かを理解する。時間を分割して、それぞれの時間枠でじゃまが入ることも中断されることもないようにする。

7．目標は具体的ではっきりと目に見えるもので、意欲的だが達成可能なことであるべきで、期限を決めておくことも必要だ。

8．ホワイトボードを使ってブレインストーミングをし、できるだけ大きな目標を書いたボードをよく見えるところに置いておこう。

9．目標の修正をためらわないように。ケガをしたせいでパフォーマンスに影響がある場合は、目標を引き下げる必要があるかもしれない。また、楽に目標を達成している場合は、目標をもっと高いものに変える必要があるかもしれない。

10．目標をプロセス（取り組み方）、パフォーマンス（進展状況）、アウトカム（達成した結果）の3つに分けて考えよう。

ハングリーであり続ける

1970代と1980年代に、ミラー社は「ミラービールの時間だ（It's Miller Time）」という言葉で人気を得たコマーシャルを展開した。このCMは単純だった。きつい仕事で疲れて帰宅した労働者が登場するもので、ビールを飲むのにふさわしかった。メッセージはこうだ。「頑張って働いたのだから、ごほうびがあって当然だ。今はく

つろいで、冷えたミラービールを飲む時間だ」。これは見事な広告キャンペーンだった。

　マクドナルドも、「今日は休んで当然だ。起きて、マクドナルドに行こう」という似たキャンペーンを行った。ミラービールのキャンペーンと同様に、これは、規律を破って怠けるのを正当化したいという、人間に共通する心理を利用している。私はこれを「ミラータイム効果」と呼んでいる。例えば、健康のために、健康に良い食事をし、ジムに通う回数を増やしているとする。しかし、健康に良い食生活が身に付くと、運動に対する熱意が下がることもある。昼食にサラダを食べたから、運動は必要ないと、怠けることを正当化するかもしれない。

　シカゴ大学で行われた実験では、正当化をするこの人間心理が明らかになった。研究者たちは、ダイエットをしている人たちを募り、彼らに目標体重に近づいていると伝えた。その後、ごほうびとしてリンゴかチョコバーのどちらかを選んでもらった。実験では、彼らの85%がリンゴではなくチョコバーを選んだ。結局、彼らは、自分の努力で得たものだからと、チョコバーを食べることを正当化した。これは、「今日は休んで当然だ」や「ビールを飲む時間だ」と同じ考え方だ。

　気を付けよう。価値あることを成功させるには、生活をコントロールし、自滅的な衝動や娯楽を避ける必要がある。どんな目標を達成する場合でも、苦痛が付き物だ。それを乗り越えるには自制心が必要だ。これは何かに精通するために欠かせないし、これがなければ、どんな偉大なことも成し遂げられない。しかし、自制しようと思っても、誘惑は多い。新しい習慣が身につくまで、誘惑に負けずに自分を律することが大切である。目標から目を離さなければ、努

力が水の泡になる「ごほうび」を正当化するのではなく、自分を律する気持ちを維持できる。大きなことを達成する場合、その過程そのものがごほうびなのだ。

夢の力を利用しよう

　この時点で、あなたは本当に達成したい目標を考えているだろう。それだけでなく、張り切ってそれらをホワイトボードに書き始めるか、少なくともホワイトボードを買おうと考えているだろう。しかし、夢や計画は重要な第一歩だが、それだけのことだ。焦点を合わせるべき最終目標がはっきりして、出発点に立っただけだ。

　本当の変化は目標に向かって進んでいるときに生じる。残念なことに、多くの人はここでつまずく。挑戦すると、それが難しいことに気づくか、夢を追いかけると日常生活にしわ寄せがくると分かって、熱意が冷めてしまう。大きな目標を達成するためには、何が必要かを理解する必要がある。ホワイトボードを使った訓練は創造性を引き出し、大きな夢を思い描き、可能性を想像し、将来像を整理する役に立つ。しかし、目標を達成するためには、その計画を毎日のスケジュールに組み込んで、着実に進むことが必要だ。

　陸上競技で史上初めて、1マイル（約1.6キロ）4分の壁を破ったロジャー・バニスターは、偉業を達成する前のことを思い出して、「全力で走らないと、爆弾や銃弾を浴びると想像していた」と回想録に書いている。なんて強い動機付けなんだろう！

　私は何かをやるときには全身全霊で取り組む性格だ。例えば、若いときに、ドラムをたたけるようになろうと考えた。当時は母と同居していて、生活費があまりかからなかったので、練習にたっぷり

時間を割くことができた。そこで、毎日、1日中、練習をして、とても上手になった。この話をすると、「それは実家に住んでいたからだ」と言われる。

その後、家を買って、いろいろな目標を達成すると、「それは結婚してないからさ」とか、「子供がいないからだ」と言われた。結婚して娘が生まれると、「それは子供が1人しかいないからだろう」と言われた。大金を稼いだあとは、「お金持ちだからだ」と言われた。だが、それは違う！　彼らは理解していなかった。目標を設定して、それを達成するという一連のプロセスによって、私はお金持ちになり、成功したのであって、その逆ではないのだ。

自己啓発書の著者であるスティーブ・ギャムリンは、「基準を上げようとしない人に合わせて、自分の基準を下げるつもりはない」と言った。何かに全力で取り組むとき、日常生活が大きな障害になるとは限らない。私の場合、家庭生活が妨げになったことはない。私の経験では、多くのことで秀でるために真剣さや集中力や意欲を維持しつつ、妻や家族や仕事や趣味とのバランスが取れた生活を送ることは可能だった。

たいていの人は訪れるはずのない完璧で安全な状態を待つため、静かに絶望的な生活を送っている。しかし今こそ、心の奥底にある願望を実現し始めるときなのだ。

自分にとって何が一番大切なのか、じっくり考えてみよう。焦点を絞って、人生で最も重要な3つのことに焦点を絞り、時間の80〜90％をそれらのために使おう。それ以外のことは残りの10〜20％の時間に収めよう。本当に嫌なことは5％の時間に収めよう。夢中になっていることがあるのに、時間が取れないのならば、時間を作ろう。気が散らず、じゃまも入らないように、それらの予定を時間枠

で管理しよう。自分にとって最も重要なことを優先しよう。そうすれば、夢は実現可能なものになるだろう。

では、すぐ、今、取りかかろう！

第2部
完璧な練習法を身に付ける

Mastering Perfect Practice

第7章
練習の組み立て方
—

How to Structure Your Practice Sessions

　言うまでもなく、何を成し遂げるにも時間と練習が必要だ。しかし、どんな練習でもよいというわけではない。オリンピックの平均台の競技でも楽器の演奏でも警察官の職務遂行でも、正しい方法で練習することが、大成功とまずまずの成功、金と銅、さらには生と死を分けるカギとなる。どういう練習をするかで成果が決まる。練習は競争をするための単なる準備ではない。練習そのものが競争なのだ。何かで最高の結果を出したければ、まず練習で最高の結果を出さなくてはならない。

　私たちは最も効果が高くて効率が良い練習法を知らないせいで、よく時間を無駄にし、ほとんど進歩が見られなくなる。これからの章では、万全の準備をして最高のパフォーマンスを発揮するのに最もふさわしい練習法を紹介する。これらの段階を踏めば、ほぼどんなことに対しても自信と能力を高めることができる。これらは単なる理論ではなく実践的なものであり、私自身がプレッシャーのかかる株式トレードや100万ドル単位の取引から講演やスポーツに至るまでのあらゆる分野で、何十年にもわたって磨きをかけてきたものだ。

　あなたはプロレベルの一流スポーツ選手にはなれないかもしれない。カーネギーホールでピアノを弾くことも歌うこともないかもし

れない。億単位の投資をする投資家の前で「人生をかけた売り込み」をする必要はないかもしれない。しかし、自分のやりたいスポーツや活動には、スキルが必要なものがあるはずだ。仕事では、顧客や社内の経営陣にプレゼンテーションをする必要があるかもしれない。あなたがどんな人で何をしていようと、この第2部は自分の腕に磨きをかけて、最高の自分になり、人生の勝者になるために役立つだろう。

正しい練習をする

　何も意識せずにひたすら同じことを繰り返すだけでも、特定の動作を習得できる。しかし、注意しないと、悪い習慣を身に付けてしまうことがある。これは「悪いマッスルメモリー（悪い筋肉の記憶）」や「トレーニングによる傷跡」と呼ばれることがある。この点については、デーヴ・グロスマンの『「戦争」の心理学——人間における戦闘のメカニズム』（二見書房）が非常にうまい説明をしている。ある警察官が攻撃してくる人の武器を取り上げる練習をした。機会があるたびに、妻や友人や同僚に弾の入っていないピストルを持たせて、それを奪い取る練習をした。銃を奪っては相手に渡すという練習を何度も繰り返した。ある日、彼は同僚の警官とコンビニでの事件に出動した。1人はある通路を進み、もう1人は別の通路を進んだ。最初の通路の突き当たりで、容疑者が角を曲がって装填された銃を警官に向けた。警官は一瞬でその銃を奪い取った。その素早さと敏捷さで犯人は衝撃を受けた。しかし、その警官が何百回も練習してきたときと同じように犯人に銃を返したとき、もっと犯人は驚き、混乱したに違いない。幸いにも、犯人がその銃を使おうとし

たときに、同僚が犯人を撃った。

　なぜ練習の成果が出なかったのか。それは銃を奪うだけでなく、無意識のうちに銃を相手に返す練習までしていたからだ。どちらの行動も本能的と言えるほどに身に付いてしまった。教訓は、間違った練習をしていると、逆効果になることに磨きをかける恐れがあるということだ。緊張した状況では、その場に応じた行動がとれず、練習と同じことを繰り返してしまうのだ。

　昔から「練習はウソをつかない」と言われてきたが、それは間違っている。練習を繰り返せば完璧になるのではなく、癖が身に付くだけだ。完璧になるには完璧な練習が必要だ。これはスポーツから芸術、芸能、ビジネス、スピーチに至るまで、あらゆることに当てはまる。成功するためには、適切なことを正しく練習する方法を学ぶ必要がある。

考え方に気を配る

　私たちは効果がまったくないことに多くの時間を費やす。例えば、ジムに通って1年後に鏡を見ても、体型はほとんど変わっていない。時間をかけてトレーニングや練習を重ねても、あまり向上しない。どうしてだろうか。手がかりは練習法にある。

　練習にはいくつか方法がある。最も一般的な方法はうまくいくまで練習を繰り返すことだ。昔から言われている、「初めはうまくいかなくても、何度も繰り返そう」というやり方だ。最初のうちはこれでスキルを向上させることができるかもしれない。だが、反復によるマッスルメモリーだけに頼って上達しようとするのは、完璧な練習とは言えない。**もっと上達スピードを上げて、パフォーマンス**

を最高水準まで引き上げるには、心身ともに鍛えることができて、セルフイメージも高められる練習が必要になる。

そのためには、悪い結果はできるだけ重視せずに、良い結果をポジティブに評価するところから始める。優秀な選手たちでも必ずミスはする。シュートを外したり、ジャンプを決められなかったり、ボールを取り損ねたりする。彼らは教訓を学んで調整をしたら、次に進む。ミスしたことにストレスを感じたり悩んだりせずに、うまくやっていることに焦点を当てて、そこにこそエネルギーを注ぐ。これがとても大切なのだ。

もちろん、批判的思考をして意識的に決めることは必要だ。しかし、練習やパフォーマンス向上のためには意識レベルを下げ、直感的に実行できるように潜在意識を鍛える必要がある。どうしてだろうか。競技中やプレッシャーのかかる状況では、「ヘマをしないだろうか」といった疑いやネガティブな自分への問いかけなどの「おしゃべり」が意識下で行われる。準備は万全だと思っていても、ネガティブで不適切な考えが妨げになることがあるからだ。

よく考えもせずに間違った方法で練習をすると、自信をなくす。どうすれば望みどおりの結果が得られるか分からないと痛感する。プレッシャーのかかる状況でも自信が揺るがないのは、①一貫して力を発揮できる、②偶然ではなく正しい方法でそれを行えると分かっている、③なぜなら、見事にやってのける理由もやり損ねる理由もはっきり分かっている──からだ。カギとなる必要なテクニックやメカニズムを見つけていて、必要なときに勝つための考え方をする方法を知っているのだ。

精神と肉体の鍛錬を正しく組み合わせて、完璧な練習法を作り上げることができたら、完璧なパフォーマンスを実行する準備が出来

上がる。さらに、精神面でも同じように準備ができて、集中し、勝つ準備が整う。

Vセッション

　トレーニングでは必ず、最初と最後に比較的簡単なことをして気分を盛り上げ、途中に難しい課題を入れるようにする。私はこれを「Vセッション」と呼んでいる。高いところから低いところ、再び高いところへと進む「V」は、心身両面が向上していく過程を表している。この過程で、達成感を味わうというポジティブな記憶が作られ、勝者の考え方が徐々に形成される。

　例えば、アーチェリーの練習をしているとしよう。最初は気分を盛り上げるために近いところから的を狙うなど、比較的簡単なことから取り組む。すると、それがウオーミングアップになり、意欲が湧く。毎回、的を射抜くことができる。同じことはスポーツや楽器の練習にも当てはまる。ウオーミングアップで血流を良くする活動や運動をすれば、心身がほぐれて自信が高まる。それがV字の左側の最初の高いところだ。

　次に難しい課題に挑み、V字の底に行く。例えば、ピアノで音階の練習をするか、すでに習得した比較的簡単な曲を弾いていたとすれば、もっと難しい曲に挑戦する。アーチェリーの例で言えば、もう少し遠くから的を狙う。何をするにしても、新しいことか慣れないことに挑戦する。今、あなたは試されているのだ！　いくつかミスをするが、新しいことを身に付ける過程では避けられないことだ。コーチと練習をしていれば、指導やフィードバックを受けることもできる。ここがつらい箇所だ！

　しかし、練習はここで終わりではない。比較的簡単なことかすで
に習得していることに戻って、V字の右側で終わる。理由は単純だ。
こうすれば、新しいスキルを身につけると同時に、ポジティブで自
信に満ちたセルフイメージを築くことができるからだ。第3章で説
明したように、セルフイメージは非常に重要だ。セルフイメージ以
上のパフォーマンスを発揮することはできないからだ。すでに習得
していることで練習を終えたら、自信を感じることができる。

　Vセッションはヘルマン・エビングハウスが提唱した「系列位置
効果」に基づいている（**図7.1**を参照）。ある実験で単語リストを
提示された被験者は、最初の数個と最後の数個の単語を覚えている
が、中間の単語は覚えていない傾向があった。これは、アルファベ
ットでABCとXYZが最も目立つ理由の説明になっている。これと
同じように最初と最後を強調すれば、練習で心身を鍛えて、スキル
とポジティブなセルフイメージを身に付けることができる。

　私はいつも3部構成のVセッションでトレーニングを行っている。
練習時間が1時間とすると、最初の15分は簡単な練習でウオーミン
グアップをして、次の30分で難しい課題に取り組み、最後の15分で
自信を持って元気に終えられる練習をする。2時間の練習ならば、
30分、1時間、30分という構成になる。

　Vセッションでは、どんなイベントや活動でも最後（ゲームの最
後の5分、休暇の最後の日、映画の終わり）が最も人の記憶に残る
ということを理解したうえで、成功した記憶が最後に残るようにす
る。『マネジャーの最も大切な仕事——95％の人が見過ごす「小さ
な進捗」の力』（英治出版）の共著者であるテレサ・アマビール教
授の調査によると、挫折がもたらすネガティブな効果は、進歩を示
した出来事がもたらすポジティブな効果の2倍以上ある。また、挫

図7.1　Ｖセッションとは比較的簡単な課題から始めて、より難しい課
　　　　題に進み、最後にまた簡単な課題で元気に終えるものだ。これ
　　　　は、人が途中 の出来事よりも最初と最後の出来事をはっきりと
　　　　思い出す傾向があるという系列位置効果を利用している

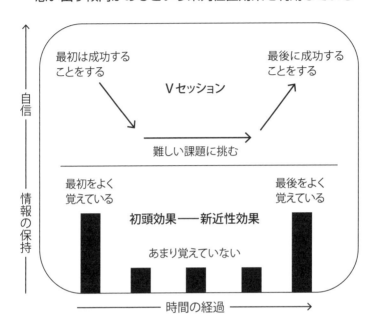

折して欲求不満が高まる力は、進歩して欲求不満が減る力の３倍以
上になる。

　ここで重要なのは、常に健康的で無傷のセルフイメージで終われ
るように、気分が良くなる課題を最初と最後に持ってくることだ。
**このＶセッション手法に従えば、負けたと感じる練習よりも勝った
と感じる練習の回数が２倍になる。そして、途中で新しいスキルに
挑戦し、それを向上させながら進歩していく。**

　これは成功するための潜在意識を作るプログラムだ。最終的に勝
ったという「イメージ」を最初と最後の練習で潜在意識に刷り込め

ば、自信を高めて、次の練習や競技会までやる気を維持できる。気分が良くなる課題で始めて、次に難しいことに挑み、気分が良くなることで終えるようにしよう。絶対に負けたと感じながら終わってはならない。

腕を上げようとして、悪い習慣を身に付けないこと

　自分を追い込み続けていると、やがて悪戦苦闘して、挫折するかもしれない段階に達する。例えば、私がピストル競技を始めたとき、Ⅴセッションの最初は狙いやすい３つの的を撃ち、毎回、的の中心に当てた。この練習を終えると、私は遠くの的に挑戦した。９メートル先の的ではなく、18メートルか23メートル先の的を狙って撃った。そのうえ、銃を抜いてから撃つまでを３秒か４秒ではなく、２秒に縮めた。この競技を始めたばかりのころは、これが本当に難しかった。弾は的の中心からよく外れた。一定時間この練習を続けると、すでに述べたようにもっと簡単な課題に移るかやり方を変えた。

　しかし、ほとんどの人はただ悪戦苦闘し続けるだけだ。自尊心のせいで、最も難しいことを何度も繰り返してしまうのだ。「絶対にできるようになる。苦手を克服して、成功するまで続けなきゃ……。うまくやれるまで、やめないぞ」と自分に言い聞かせる。19回のミスに耐えて、20回目の挑戦でようやく成功する。これで任務達成だろうか。

　違う！

　19回のミスと１回の成功を潜在意識に刷り込んだだけなのだ。これは良い習慣ではなく、悪い習慣を身に付ける練習法だ。優れた成果を上げる人たちはこんな方法で練習はしない。**費やす時間の長さ**

は潜在意識への刷り込みに影響する。繰り返せば繰り返すほど、また同じことをやってしまう確率が高くなる。何度も失敗していると、失敗するのが上手になるだけだ。

　これまでに10回ダイエットを試みて失敗していたが、だれかが新しいダイエット法を教えてくれたとする。だが、それもうまくいかないだろう。ダイエットに成功した記憶が一度もないからだ。失敗した証拠は10回もある。これがポジティブ思考だけではうまくいかない理由だ。卓越した成果を上げる人たちは、粘り強さは重要だが、正しい方法で粘り強くなければならないことを理解している。さもないと、「戦闘に勝って戦争に負ける（一時的にうまくいっても、結局は失敗する）」ことになる。**成果を上げる必要に迫られているときに成功している自分の姿をイメージしても、実際に自信になるのは「以前にうまくやった」という思いだけだ。**的を30分外し続けたあと、５分か10分で１回か２回的に当てても、頭に刷り込まれたのは多くのミスとわずかな成功だ。ミスするたびにセルフイメージ

は悪くなる。練習は進歩や成功が頭に刻み込まれるように構成すべきだ。練習で最も重要なのは10回中たったの1回目標を達成して自尊心を満たすことではなく、自信とスキルを身に付けることだからだ。

停滞を避ける

　心臓手術を受ける必要があるが、医師は2人のうちのどちらかを選ばなければならないとする。分かっていることは、1人は何百回も手術を成功させていて、亡くなった患者は1人もいないのに対し、もう1人は何度か手術で失敗しているということだけだ。あなたがどちらの医師を選ぶかは明らかだ。過去の成功と失敗はあなたにとって大きな意味を持つ。

　これで、頭の中のすべてを、成功を中心に位置付ける必要があることが分かっただろう。プレッシャーがかかる状況で力を発揮しなければならないときには、今までに成功したことがあるという自信が必要だ。まぐれではなく、やるようにと言われたら必ずできるという自信だ。もちろん、楽にできる域を超えて力を伸ばしたほうがよいが、停滞を避ける方法も学ぶ必要がある。練習を繰り返していると、どこかで行き詰まる。そのときには練習量を単に増やすのではなく、うまく工夫をして乗り越える必要がある。

　そのためには、新たに異なる方法で体や脳に負荷をかけながら、進歩やポジティブな刷り込みで常にセルフイメージを守ることだ。例えば、自分を追い込んで飛躍するために、最高水準よりも10％負荷を上げることもできる。同時に、完璧な正確さと姿勢で実行しながら負荷を30％落とすなど、普段はやらないことを交互に行う。目

標は、何度もミスをして教訓を学ぶのではなく、自分の力を引き出すプロセスを作ることだ。

比較対照

　練習で行き詰まったら、何か問題があると認めなければならない。まず、問題があるスキルの実行方法で、何が正しく、何が間違っているのかを把握しよう。そして、そのスキルをわざと間違った方法で実行してみよう。そのとおり、間違った方法でだ！　自分が今していることをよく観察して、それを覚えよう。そして、今度は正しい方法で実行して、したことを頭に入れよう。間違った方法と同じように、よく考えて覚えるように。それから、間違った方法に戻って、また正しい方法でという具合に、これを交互に繰り返すのだ。
　どうして、そんなことをするのか。
　心理学的には、正しいスキルを完全に理解したほうが良いのだが、悪い癖をなくすことも同じくらい重要だ。間違ったやり方でずっと練習していた場合、それはすぐにはなくせない。どこが悪かったのかを認識して、ゆっくりと優しく頭から取り去る必要がある。**比較対照をする目的は、だれの目にも明らかなことを指摘してネガティブなことを考え続けることではなく、微妙な違いや思いがけない類似点をあぶり出し、両者のギャップを分析することだ。**古いスキルを知り、新しく正しいスキルと対比させ、悪い癖が出てもすぐにそれを把握して修正できるようにすることが重要なのだ。このテクニックがあれば、どこが間違っているのか、それを正すために何をすべきかがはっきりと分かる。そうすれば、間違いを間違いとしてではなく、より客観的な教訓としてとらえることができるようになる。

悪い練習を減らして、良い練習を増やす

　ルーティンワークや特定の課題がうまくできないときは、先に進んで別のことを試そう。後日、新たな気持ちで取り組めばよい。たいていは2回目のほうがうまくいく。それでも問題が解決しない場合や、その日の練習全体がうまくいかない場合は、早めに切り上げよう。これは多くの人がする練習方法とは逆だ。彼らはある課題に取り組むと、次の練習ではうまくできたことよりもできなかったことに集中するものだ。意地になって同じことを何度もやって、同じミスを繰り返し頭に刷り込むだけだ。私の経験では、最も優れた成果を上げる人たちはこれとは逆のことをやっている。

　優れた成果を上げる人たちはセルフイメージを高めることの重要性を理解しているので、調子の悪い日には同じことを繰り返さないようにする。悪い練習を繰り返しても良いことは何もないと分かっているので、ネガティブな経験を潜在意識に刷り込むのを避けようとする。だから、うまくいかない練習は切り上げて別のことに取り組むか、別の日にやり直す。

　一方、練習が順調にいっているときにはやり続ける。あなたもそうすべきだ。難しい課題を順調にこなしているときに中断したり、別の課題に移ったりすべき理由はない。やり続けて、その成功体験を神経に刻み込もう。これがスキルと自信を高める「完璧な練習」だ。トップアスリートはこのようにして作られるのだ。例えば、ロングパットの練習をするには、9メートルのパットを何回か沈めた直後が最適だ。**これがうまくいけば、練習時間を延ばそう。そして、練習後は必ず良かったところに焦点を当てよう。**そうすれば、最高の自分をさらに強化して自信を深めることができる。

逆に、ゴルフ練習場でスライスが続いたら、ボールをむやみに打ち続けてもうまくいかない。別の視点から成功する方法を考えてみよう。私はスライスをなくすために、スライスを「直す」のとは逆のことをした。つまり、フックさせるという「ミス」をすることに取り組み始めたのだ。いったんドローボールを打てるようになると、スライスしなくなった。行き詰まったときは、別の角度から問題を考えてみよう。必ずネガティブな時間よりもポジティブな時間が長く記憶に残るようにして、すべての練習を良いイメージで終えるようにするのだ。

私はこの原則を執筆にも当てはめている。ひらめきを感じたときにだけ書き、無理やり考えて書くことは絶対にしない。そして、順調に進んでいるかぎり、書き続ける。そうでないときは、休むか書くのをやめる。こうすれば、自信を深めて創造力を鍛えることができる。確信が持てずにためらいがあるときには、創造力を十分に発揮することなんてできない。

練習相手を選ぶ

ランニングやトレーニングなどの活動では、投げ出さずにやる気を維持するために練習仲間を欲しがる人が多い。理想的には、朝6時に8キロ走ったり、夜7時にゴルフ練習場でカゴ1杯のボールを打ったりできる人がよい。しかし、どういう仲間を選べばよいのだろう。自分よりも下手な人を選んでも、あまり学ぶことがない。また、自分よりもはるかに上手な人を選ぶと、がっかりして自信をなくしかねない。

仲間を選ぶ秘訣は適切な組み合わせにある。練習時間の3分の1

は自分よりも下手な人と、３分の１は同じレベルの人と、３分の１は自分よりも上手な人と一緒にやる。下手な人と練習をすると自尊心が満たされて、自信に満ちたセルフイメージを作ることができる。同じレベルの人と練習をすると、自分の上達度を測ることができる。仲良く競い合うのは楽しくて、お互いに励みになる。はるかに上手な人と練習すれば、学ぶことが多い。さらに、いろいろな人と一緒に練習をするのは魅力的だ。相手に合わせたり、背伸びをしたり、新しいことに挑戦したりするのに役立つ「人付き合い」の練習にもなる。

細分化する

　ほとんどの体操や運動はいくつかの部分や手順から成る。体操競技の床運動の技、バスケットボール、アイスホッケー、サッカーなどのプレーでは、さまざまな手順や戦略や戦術が必要になる。同じように、身に付けたい技を細分化できれば、行き詰まったときや挫折したときに役に立つ。全体ではなく、部分を見るのだ。例えば、サッカーであれば、まずドリブルの練習をして、次にパスの練習、その次にゴールに向かってシュートの練習をする。その後の練習試合や本番では、それらを総合すればよい。

　１つ１つの動きや部分を自分のものにするまで練習すれば、段階的に身に付けていったあとに、それらをひとまとめにできる。**新しいスキルを理解して実行するには、小さな課題や手順を１つずつ習得するほうが簡単だ。それぞれの段階を、時間をかけて１つの大きなプロセスの一部としてつなぎ合わせていく。**

　私がテニスのコーチとサーブの練習をしていたときは、サーブを

いくつかに分けて練習をした。まず、トスから始めた。文字どおり、毎回20分間、ボールを空中に投げるだけだ。これは分かりやすい動作に見えるが、テニスプレーヤーならだれでも、このトスが間違いなく重要だと言うだろう。私はコーチから「ボールを壊れやすい卵だと思って、スピンがかからないように気を付けて投げるように」と言われたことを今でも覚えている。その後、ラケットの振り上げ、足の回転、インパクト、フォロースルーの練習をした。それぞれがサーブを構成する要素だ。しかも、サーブは、バックハンド、フォアハンド、ロブなど、テニスで習得しなければならない数多くの要素の1つにすぎなかった。細分化することによって、それぞれの要素を正確に実行できるようになり、各要素をものにしてから試合全体の動きを学ぶことができた。

「避ける人」にならないために

射撃競技を始めたばかりのころ、私は「マイク」（的を外すこと）が多すぎて困っていた。これが5％でも少なかったら2位や3位や4位ではなく、多くの大会で優勝できていただろう。トラブルシューティング（問題の特定、だじゃれで失礼）の結果、これが原因で負けていることが分かった。それがなくなれば、勝てたはずだ。そこで、私はこれを避けることを目標にした。

この目標には問題が2つあった。1つは、これは解決策ではなく問題点に焦点を当てていたことと、めったに良い結果を生まなかったことだ。「的を外すな」と自分に言い聞かせるとき、何を思い浮かべているだろうか。的を外すことだ！　私は的を外さないことではなく、「A」（得点が最も高い、的の中心部分）に当てることに集

中する必要があった。

「的を外さない」ことのもう1つの問題点は、目標が漠然としていて、真の解決策ではないということだ。的を外さないからといって、的の高得点部分に当たるとは限らない。「D」（得点が最も低い部分）ばかり当てるようになって、「マイク」を避けられるようになるかもしれない。しかし、それでは「A」に当てることが軽視されて、目的が達成できない。

成功したいと思っている人の多くは相反することを願っている。勝ちたいと思う一方で、恥をかいたりビリになったりするのはどうしても避けたいと思っている。そのため、優勝しなくてもよいからビリにならないようにしようと考える。

スポーツ心理学者のボブ・ロテラは、「3パットになるのが嫌で、3パットにしないことを目標にしている人は、一生、2パット以上では決められない」と言った。彼はクライアントに「3パットを嫌がるよりも、1パットを好きになったほうがいい」と言う。彼は打った球がすべてカップインすることをイメージしてほしいと思っているのだ。私がすべての弾をAゾーンに当てることをイメージし、バスケットボール選手がシュートをすべて決めるところをイメージするのと同じだ。すべてを完璧にできるようになるだろうか。おそらく無理だろう。しかし、上手になりたければ、それを目標にすべきだ。

Aゾーンに当てることに集中すれば、的を外すのを減らせると同時に成績も良くなることに私は気づいた。何よりも、自分が何をすべきかをイメージするようになった。何をすべきでないかをイメージして、金メダルを取った人はいない。私が優勝者のように撃ちたければ、的を外すことなど何も考えずに、すべての弾がAゾーンに

入ることだけをイメージする必要があったのだ。

　最高の成果を上げたければ、最高の練習をする必要がある。それは完璧な練習をしてトレーニングを最大限に生かす方法を学ぶということだ。

　トップレベルの選手たちもみんなと同じょうに挫折や過ちや失敗を経験するが、適切な練習で強いセルフイメージを作り上げているので、自尊心が傷つくことはない。

　この章で紹介したトレーニングをルーティンに取り入れたら、スキルや能力が向上するだけでなく、自信が生まれて良いセルフイメージが高まる。これは勝つための考え方を身に付けるプロセスの一部なのだ。

第8章
ビジュアライゼーションとリハーサル

Visualization and Rehearsal

「うまくできると分かっていて、実行するのを恐れる人はいない」
——ウェリントン公爵

　人間の体には約1100万個の感覚受容器があり、そのうち約1000万個は最も強力な「視覚」に特化されている。見えるものがわずかに変化するだけで、考え方に影響を及ぼすこともある。人間の行動を引き起こす最大の要因が視覚の刺激だというのも納得できる。同様に、私たちは頭で出来事のイメージを作ったり再現したりすることができる。それがたとえ別の時間や場所で起きた出来事でも、まだ起きていない出来事でさえもだ。これは「ビジュアライゼーション（視覚化）」と呼ばれる。想像力を働かせると、過去のことを細部まで再現したり、望む感情に合わせてそれを変形させたりできる。また、自分の未来を想像したり、問題を解決したり、プレッシャーを和らげたり、パフォーマンスを最大にしたりもできる。何をするにしても、ビジュアライゼーションが上達の強力なツールになるのも当然だ。

　最高の結果を残す人はだれでも、ビジュアライゼーションやメンタルリハーサル（本番をイメージで予行演習すること）という精神面のトレーニングがいかに大切かを理解している。オリンピック選

手を対象にした有名な調査で、大会前にメンタルリハーサルをする
かどうかを尋ねると、ほぼ全員（99％）がすると答えた。これはあ
こがれの優れた選手やアーティストなどを夢見ることでも、自分が
どれだけうまくやりたいかを夢想することでもない。これは集中力
と訓練が必要な学習スキルであり、これが役立つことは立証されて
いる。

　フィジカル（肉体）トレーニングとメンタル（精神）トレーニン
グを組み合わせたある研究では、世界トップクラスのソ連の選手た
ちを4つのグループに分けて、毎週何時間ものトレーニングを行っ
た。その内容は次のとおりだった。

　A．100％フィジカルトレーニング
　B．75％フィジカルトレーニング、25％メンタルトレーニング
　C．50％フィジカルトレーニング、50％メンタルトレーニング
　D．25％フィジカルトレーニング、75％メンタルトレーニング

　これら4つのグループを比較すると、DがCよりも効果があり、
BとAがそれに続いた。これは、メンタルトレーニングが少なくと
もフィジカルトレーニングと同じくらい重要であることを示してい
る。また、メンタルトレーニングのほうがもっと重要だという研究
結果もある。

　ハーバード大学の調査によると、事前にビジュアライゼーション
を行った学生はほぼ100％正確に課題をこなしたのに対し、これを
行わなかった学生は55％しか正確にできなかった。これの良いとこ
ろは、完璧な動作を何回でも頭に刻み込める点だ。一度も試したこ
とがない動作でも刻み込める。自分の創造力以外にこれを制限する

ものはない。

　確かなことが１つある。何もメンタルトレーニングを行っていない人は、行っている人よりも競争で不利な立場にあるということだ。**メンタルリハーサルが特に効果的なのは、文字どおり筋肉を使って「考え」、潜在意識をだまして出来事を現実に起きているかのように「見る」ことができるからだ。**

　本番中に頼りになる「段取り」を頭に焼き付けておきたければ、ビジュアライゼーションから始めて、メンタルリハーサルをツールの１つにすることだ。頭でイメージをコントロールできるようになれば、筋肉をもっとコントロールできるようになり、自信が付く。

　頭に浮かべるイメージには３種類がある。

●**内的イメージ**　名称が示すように、自分の内側から外側に向かうイメージを指す。これには実際に目で見ているものを利用して、本番をイメージで予行演習することも含まれる。例えば、カーレーサーであれば、運転中にヘルメットのバイザーからフロントガラス越しに見ているかのように、周囲のすべてを見ることだ。

●**外的イメージ**　こう呼ばれるのは、自分の外部から認識しているからだ。つまり、すべてのものを外から観察者のように認識しているのだ。映画を撮影しているかのように自分を見ているか、観客席から見ているかのようなイメージだ。サッカー場のスタンドのように遠くから見ている感覚かもしれないし、近くからカメラに追いかけられているような感覚かもしれない。

●**運動感覚的イメージ**　この３番目のイメージは、感覚を伴うものだ。例えば、リビングルームでストックを持ち、スキーの滑降の練習をする。あるいは、射撃競技の各段階をイメージしながら、

動きを模倣するといったことだ。

　ビジュアライゼーションはこれら3種類のイメージを組み合わせたときに、最も効果を発揮する。これがカギだ。潜在意識は現実と暗示を区別しないからだ。潜在意識は、意識が「伝える」ものを何でも事実として受け取る。だから、ビジュアライゼーションは潜在意識を調整する強力なツールとなる（そのため、何を想像するかに気を付ける必要がある）。例えば、レースで勝つ、ゴールを決める、プレゼンテーションを成功させるなど、リラックスした状態で、自分が成功している姿を想像してみよう。勝ったときの感情を実際に味わうことができれば、もっと良い。イメージに感情が加われば、その体験は潜在意識でよりリアルに感じられる。強い感情を伴う内容は、イメージを潜在意識に植え付けて神経系に定着させる役に立つ。

　マラソンを12回走ったと想像して、走っているときの足音や日差しの暖かさや観客の声援などを毎回、細部までイメージできれば、イメージどおりに走り抜いたという自信が得られる。あるいは、テニスでサーブの威力を高めたいとする。まずやることは、もっと強いサーブを打っている自分をイメージすることだ。あるいは、非常に威力があるサーブを打つプレーヤーを観察して、テクニックを吸収する。リズムや音を感じて、結果を見る。そして、自分がサーブを打って同じ結果を出している姿を思い浮かべる。

　ある研究によれば、人は生き生きとしたイメージを思い浮かべると、脳がそれを実際の刺激と同じように解釈するという。夢を見て、とてもリアルに感じるときと同じだ。夢に出てきたものは完全に想像上のもので、実際に化け物に追いかけられたわけではない。だが、

目が覚めると、息は荒く、汗をかき、恐怖を感じている。それは現実ではなかったが、脳は強烈なイメージと現実との違いを区別できなかったのだ。

　同様に、アルペンスキーの選手は自分が滑っている姿を想像できる。脳はイメージを解釈して、自分がコースを滑っているかのように足の筋肉を動かす。スポーツ選手やコーチはこのことを理解している。だから、心的イメージとビジュアライゼーションはスポーツ界で最も研究されている分野なのだ。ゴルファーやバスケットボール選手は、ショットを決めるためにはまずボールの動きを「見る」必要があることを知っている。**ジャック・ニクラウスは、「私は練習中でさえ、頭に明確なイメージを作らずにショットを打ったことはない」と言っている。**彼は『ニクラウスのゴルフ』（講談社）のなかで、この原則をどのように実践しているかを具体的に説明している。「まず、ボールを止めたい地点をイメージする。次に、そこまで飛んでいくボールをイメージする。ボールが飛ぶ軌跡や転がるライン、ボールの形、そして着地時の動きまでだ。そして、その映像が徐々に消えると、次の場面ではそこまでのイメージどおりにスイングをしている自分の姿を思い浮かべる」

　メンタルトレーニングとフィジカルトレーニングは一緒に行うのが一番効果的だ。しかし、何らかの理由でフィジカルトレーニングができない場合は、何もしないよりはメンタルトレーニングだけでもしたほうがはるかに良い。あるライフル射撃の選手は競技会に向かう途中で天気が崩れて、会場に着くのが遅れた。競技場での練習ができないと分かると、彼は飛行機に乗っている間、頭の中で試合の練習をした。ライフルに弾を込めて、200発の弾を競技とまったく同じように撃っている自分を1発ごとにはっきりとイメージした。

そして、競技開始時間に間に合った。準備ができていたので、彼は
自己ベストのスコアを出すことができた。

イメージをしてから実行する

ビジュアライゼーションについては、特にスポーツの世界では刺
激になる話がたくさんある。例えば、バスケットボール選手を2つ
のグループに分けて、フリースローの練習をする実験はよく引用さ
れる。この実験では、フリースローの実力が同じくらいの選手が選
ばれた。一方のグループは、週に数回、1時間のフリースローの練
習をした。もう一方のグループは、週に数回集まって、フリースロ
ーのメンタルリハーサルを1時間したが、実際にシュートを打つこ
とはなかった。実験の最後に行ったフリースローの競争では、メン
タルリハーサルをしたグループのほうが、実際に練習をしたグルー
プよりも成績が良かった。

ハーバード大学の研究者チームは、ピアノを弾いたことのないボ
ランティアを募り、2つのグループに分けた。最初のグループは運
指の練習を1日2時間、5日間かけて行った。もう一方のグループ
も「練習をした」が、ピアノを弾いていると想像するだけで、実際
に指を動かすことはなかった。練習の前後に脳をスキャンすると、
どちらのグループも指の動きをコントロールする脳の領域に新しい
神経回路が作られていた。一方のグループは思考による「練習をし
た」だけで、指を1本も動かさなかったのに、だ。メンタルリハー
サルをしたグループには、実際に練習をしたグループに似た脳の変
化が見られたのである。

オハイオ大学の別の研究チームは、29人のボランティアの手首を

１カ月間ギプスで固定した。そして、半分のグループには１日11分、週5日、固定された手首はまったく動かさずに、その部分の筋肉を鍛えていると想像するメンタルリハーサルを行った。別の半分のグループは何もしなかった。１カ月後にギプスを外すと、メンタルリハーサルをしたグループの手首の筋力は何もしなかったグループよりも２倍強かった。

　これらの研究は、メンタルリハーサルが脳を変えるだけでなく、体をも変えられることを示している。望ましい結果を想像で見て感じることができれば、そのイメージで期待が高まる。**バスケットボール選手がフリースローを高い確率で決められると思うのは、イメージによる「練習」が非常に効果的で、選手は以前にその場にいたことがあると感じるからだ。**これは潜在意識の働きが大きい競技中やプレッシャーのかかる場面ではとても重要だ。オリンピックのアルペンスキーでは、選手はスタートと同時に潜在意識で動く態勢に入る。瞬時に判断して、直感で滑り続けるのだ。

　リンゼイ・ボンのように長年優勝し続けているスキーヤーは頭でイメージするだけでなく、イメージに合わせて動き、手を使ってスキーの軌道を模倣する。ゴルフはスキーの滑降に比べると明らかに穏やかなスポーツだが、心理ゲームの要素が非常に強く、自分の考

えに簡単に影響される。ゴルファーは、クラブのグリップの適切な圧力を「感じ」、完璧なパットでボールがカップに入るのを「見る」など、さまざまなビジュアライゼーションのテクニックを駆使している。

　良い結果を意図的に潜在意識に刷り込んでおけば、意識的な思考だけに頼るよりもはるかに優れたパフォーマンスを発揮できる。だから、自分の望む結果を頭の中で明確にイメージすることが、潜在意識とやり取りするための最良の方法だ。メンタルリハーサルを繰り返すと、焦点が意識的な思考から潜在意識へと移る。オリンピックで金メダルを4回取ったマック・ウィルキンスは、「何かを達成しようとしているのに、それをイメージできなければ、うまくいってもただの偶然だ」と述べている。**練習のときには、「やり方」を工夫して、意識が潜在意識を鍛えるようにしなければならない。そして、試合や本番では、自分のトレーニングを信じて自由に動き、不思議な力が働くようにするのだ。**

　さあ、この貴重なスキルの使い方を身に付けるときだ。

ビジュアライゼーションとメンタルリハーサルの指針

1．十分に練習をする

　メンタルリハーサルでは、ルーティンやパフォーマンスや一連の動作を実際と同じように練習する必要がある。本番前のルーティンや本番後に自分を褒めることも必ず含めよう。内的イメージを使っても外的イメージを使ってもよいし、両方を交互に使ってもよい。自分が観客として自分自身を見ているかのような「外側」のイメー

ジから、自分がパフォーマンスを行っているときに自分の目を通して見ているかのような「内側」のイメージに切り替えることもできる。**頭の中でイメージを作ってメンタルリハーサルを行うときは、自分の望む展開になっているところを想像する。目標を達成したときの興奮を感じよう。**ネガティブなイメージになったら、いったん中断して初めからやり直そう。自分の望む展開に焦点を当て、常に成功した自分をイメージしよう。自分の能力を最大限に発揮しているときの考え方になろう。そして、次にはそれを超えた自分をイメージしよう。そのときの感情を味わい、音を聞き、匂いを嗅ごう。五感を総動員して、まるでそれが本当に起きているかのように、体験に深く入り込もう。

2．本番と同じように練習する

メンタルリハーサルでは、本番と同じリズムやテンポでイメージする必要がある。イメージから形成される神経パターンに、本番で必要なプロセスやペースを反映させたいからだ。スキルやルーティンを新しく学ぶ場合は、学習や吸収がしやすいように、ゆっくりとイメージしてもよい。しかし、それはスキルを覚えるまでで、その後は本番どおりのスピードに近づけていく。メンタルリハーサルでゆっくりとした練習をしすぎると、本番では間違えやすくなる。イメージで練習をするときには、タイマーを使うか、実際の動きをビデオで見て、本番と同じペースを維持するようにしよう。

3．動きも必ず入れる

　メンタルリハーサルでは、イメージに合わせて動きを入れることが大切だ。スウェーデンのスポーツ心理学者であるラース・エリック・アネストールは、アルペンスキー選手53人を対象にメンタルリハーサルの効果を調査した。すると、静止した姿勢ではなく、動作をイメージしたときに最も良い結果が得られた。ビジュアライゼーションを単なる「静止したイメージ」ではなく、「頭で行う運動」と考えよう。初めてビジュアライゼーションを行う人は、姿勢や動作の特定のイメージを「一時停止」させてしまいがちだ。**メンタルリハーサルでは、最初から最後まで自分の動作をイメージして、どう動くべきかを体に覚えさせることが最も効果的だ。**ある研究では、静止した姿勢をイメージしていた人の結果が最も悪かった。動きのあるイメージを思い浮かべた人の結果は良かった。動きは最適なパフォーマンスを行うための適切な「神経回路」を作り出すことが研究で分かっている。

4．緊急対応策

　競技中には何が起きてもおかしくないが、その場合でもメンタルリハーサルを利用できる。メンタルリハーサルは成功したところで終わるべきだが、必ずしも最初からすべてうまくいくとは限らない。常にすべてを完璧にこなしているイメージしか思い浮かべていないと、失敗を招きかねない。また、避け難い誤りや予期しない障害への対処法をイメージしていなければ、どう対応してよいか分からなくなる。本番で最近ミスをしたのならば、その競技を頭の中で繰り

返して、最後までうまくこなしている自分の姿をイメージしておく必要がある。

　本番で起きそうなあらゆることを細かい点まで明らかにイメージできれば、万全の態勢で挑むことができる。メンタルリハーサルでは、何が起きてもうまく対処して成功することが重要だ。**ミスをしないで課題をこなしている自分をイメージし、感じよう。次に、最悪の展開を思い浮かべ、それに効果的に対処しているところをイメージしよう。**ただし、このメンタルリハーサルは現実的で、対処できるものにする必要がある。目標設定もイメージトレーニングも精神面の準備に欠かせない。

　私の親友で柔術の指導者のハリー・コリンズは相手と対戦しているときの最悪の展開をこう述べた。「相手は私の背後から胴体に両足を巻き付けて、裸締めをしようとしているんだ。それは何としても避けたい」。あなたが総合格闘技MMAの格闘家だったら、その展開になったところをイメージし、そこをうまく切り抜けて勝った自分をイメージするというトレーニングをするだろう。あるいは、あなたがフィギュアスケートの選手だったとする。その場合、転倒してもすぐに立ち上がって滑り続け、うまく演技を終える方法をイメージするだろう。これは転倒のメンタルリハーサルではなく、転倒にうまく対応する練習だということを理解しておこう。

5.　1日の初めと終わりにイメージトレーニングをする

　多くのアスリートは、眠る直前にメンタルトレーニングを行うと非常に効果的だと考えている。オリンピックの金メダリストである競泳選手のマイケル・フェルプスが10代のときから彼のコーチを務

めているボブ・ボウマンは、メンタルトレーニングにビジュアライ
ゼーションを取り入れた。ボウマンはフェルプスに、毎日、寝る前
と朝起きたときに、自分のレースの「メンタルビデオテープ」を見
るようにと指示していた。フェルプスは勝ったレースのあらゆる側
面——スタートからレースに勝って自分を褒めるところまで——を
イメージしていた。

　私自身は朝起きてすぐと、競技や講演の直前、そして寝る前にも
メンタルリハーサルを行いたい。スポーツや競技によっては、競技
が始まると時間を取れないので、メンタルトレーニングは競技前に
行うしかない。しかし、試合直前にできる競技ならば、その時間を
利用しよう。**静かに座っていられて気が散らない環境ならば、いつ
でもメンタルリハーサルを行うことができる。1日の中で、そうし
た時間を利用して、トレーニングをしよう。**

６．練習の準備をする

　ビジュアライゼーションとメンタルリハーサルは本番だけでなく、
練習の準備でも使ったほうがよい。できれば、メンタルリハーサル
の直後に実際に体を動かした練習をしよう。心身両面のトレーニン
グを並行して行えば、上達も早くなる。うまくいかない課題や動作
があれば、いったん練習を中断して、正しい動作のメンタルリハー
サルを行おう。私はこれを「修正のリハーサル」と呼んでいる。こ
れを少なくとも5回は行おう。そして、練習に戻り、ルーティンを
続ける。うまくいかないところがまた出てきたら、同じことを繰り
返すのだ。

　私は射撃競技の練習でこの方法を次のように用いている。的のＡ

ゾーンに弾が集まらなかったら、銃から弾を外して、空撃ちで撃つ手順を5回繰り返す。そして、弾を再び装填してまた練習をする。それでもうまくいかなかったら、空撃ちをさらに5回行って修正をする。このテクニックを使えば、成功と失敗の比率をバランスさせることができる。メンタルリハーサルでは自分の動きを頭の中で完全にコントロールできるので、間違いなく成功できるからだ。

7．目的を持った練習

どんな練習でもダラダラと繰り返すのではなく、目的を持って体系的に行おう。そのためには、パフォーマンスを改善するための具体的な目標を立てて、集中して練習する必要がある。メンタルリハーサルでも体を使った練習でも、ルーティンをただこなすだけでは意図的で目的を持った練習とは言えない。**練習前に、「今日は何をしたいのか」と自分に問いかけよう。**自分が達成したい目標を持ち、計画を立て、練習中はそれに従おう。目標を明確にしておきたければ、練習前に目標を書き出して、練習中に参照できるようにするか、コーチに手伝ってもらおう。

8．長く練習しないで、賢い練習をしよう

目的がはっきりしていれば、短時間でも多くのことができる。人間の集中力が長く続かないことは科学的にも分かっているので、時間を最大限有効に使おう。例えば、ルーティンで手こずっている部分が2つあるとする。タイマーを15分か20分にセットして、1つの課題だけをできるだけ多くの方法で、成功できるやり方で練習しよ

う。細かく分けて扱いやすくしたり、リズムを変えたりするなど、必要なことは何でもしよう。悪い習慣に磨きをかけたいのではなく、良い習慣を身に付けたいのだということを忘れないように。成功に基づいて先に進んでいけるように、ルーティンの細かなことでも成功体験を積むようにしよう。また、短時間の練習を頻繁に行うか、長時間の練習をときどき行うかを選ぶ必要がある場合、前者のほうが良い。

9．自分に対する挑戦

今の自分の能力を超えるために、まずそうなっている姿を想像してみよう。現時点での最高のパフォーマンスを超えることをしている自分をイメージしよう。何をどうやって達成したいのかをはっきりと思い描いて、安易なコンフォートゾーンから抜け出そう。困難な状況や最悪の展開でも成功している自分をイメージしよう。暑さが苦手な人は高温多湿の環境にいる自分を想像し、その「不快」な環境でもポジティブに反応して心地良く感じ、自分をコントロールできている姿をイメージしよう。常に快適な状況にいる自分をイメージしていると、不快で気が散る環境に対応できない。**「自分が直面したときに、最も怖くて脅威を感じることは何だろう」と自分に問いかけよう。そして、それを想像して、そんな状況でもうまく対応できている自分をイメージしよう。**その考えを本番に生かそう。やがて、あなたは自分の心を本当にコントロールできるようになり、さらに上のコンフォートゾーンを新たに創り出せるだろう。

10. 習慣にする

　メンタルリハーサルは繰り返すほど、うまくなる。ビジュアライゼーションはできるだけ毎日しよう。メンタルリハーサルは体を使った練習とまったく同じように行う必要がある。可能な場合は、頭の中で本番と同じ時間で練習を通して行おう。カナダのボブスレー選手であるリンドン・ラッシュは、2010年から2014年のオリンピックまでの苦しい4年間のトレーニングで、集中力を保つためにメンタルリハーサルが役立ったと信じている。彼はこう説明している。「私は1年中、コースを思い浮かべるように努力しました。シャワーを浴びているときや、歯を磨いているときでもです。1分もあればできるので。通してやるときもあれば、テクニックが大きく影響するコーナーだけをやるときもありました。本番でまったくゼロから始めるという気持ちにならないように、常に新たな気持ちでリハーサルするように心がけました。頭の中では驚くほど多くのことができるのです」

本番のシミュレーション

　「本番のつもりで練習をやっているので、試合でシュートを決める瞬間になっても初めてのことは何もない」──マイケル・ジョーダン

　試合やイベントに向けて万全の準備をしたければ、私の好きなトレーニング法の1つである「試合のシミュレーション」をするとよい。これは名前の示すとおり、本番の会場やそこでの状況にできるかぎり近い状態でリハーサルを行うことだ。

　2011年5月2日に米軍特殊部隊はパキスタンのアボッターバード
にあるアルカイダの施設を急襲し、最重要指名手配者でテロリスト
のウサマ・ビン・ラディンを殺害した。この作戦をわずか40分で完
了できたのは、何年にもわたる綿密な計画と訓練のおかげだった。
部隊はこの作戦のために徹底的なリハーサルを開始し、ビン・ラデ
ィンが潜む施設を実物大で再現して、そこで繰り返し訓練をした。
その施設はアフガニスタンのバグラム空軍基地に作られ、ネイビー
シールズはそこで何週間も練習を重ねた。現場であわてることがな
いように、ドアノブの位置やドアがどちらに開くかまで細部にわた
って再現し、準備した。

　同様に、あなたの目的はシミュレーションを用いて、本番に近い
状況でスキルを練習し、そのスキルを競技などの現実的な状況で使
えるようにすることだ。そうすれば、本番で何も考えずにすむ。見
慣れた光景だと感じ、直感で動ける。

　ジョンソン宇宙センターでは、宇宙飛行士の候補者が集中訓練を
経て選抜され、宇宙での活動に投入される。2万8000トンの水を蓄
え、長さ60メートル以上、深さ12メートル以上の世界最大の屋内プ
ールであるNBL（無重力環境訓練施設）を含めて、本物そっくり
の施設が使われている。プールの深いところでは宇宙の無重力状態
が再現され、宇宙飛行士は宇宙ステーションのモジュールの実物大
模型を使って、宇宙遊泳の訓練を行う。宇宙での1時間の遊泳のた
めに、水中で約10時間の訓練を行う。彼らは最初の宇宙飛行前に、
シミュレーターでの訓練を通常、合計300時間行う。

　このような綿密な準備はブロードウエーでの本番の衣装を着けた
稽古や結婚式のリハーサルと何も変わらない。**リハーサルを行う目
的は本番の状態にできるだけ近づけることだ。**リハーサルを本番そ

っくりにできればできるほど、万全の準備ができる。オリンピックメダリストのスティーブ・バックリーは次のように語っている。「私は、自分がオリンピックの決勝戦に出ていて、歴代の偉大なやり投げ選手たちと並んで投げているところをよく想像していました。すると、自分が優位に立って、集中力や気持ちを高められたのです……。そのおかげでやり投げをもっと楽しめるようになりました」

　心身両面で準備ができていれば、「試合時間」での動きも良くなる。**裏庭やリビングルームに競技場やステージを再現することはできないかもしれない。だが、いつ、どこにいようと、自分の頭の中にはどんなコースやルーティンでも作り出すことができる。**

　1976年の夏季オリンピック前に、ソ連の代表団がモントリオールのオリンピック施設を写真に収めた。国に戻ると、選手たちは写真を見て、自分たちがそこで演技をしているイメージを作っていた。このようなイメージ作りは、選手たちがオリンピックの環境に事前に慣れておくのに役立つ。

　精神面の練習では、競技で想定される条件や環境で動いている自分を最初から最後までイメージする。自分の動作の細部や会場になじみがあるほど、準備ができて、成果を十分に発揮できる。

　物理的に状況を再現ができない場合でも、メンタルリハーサルでは細部までイメージができる。ビジュアライゼーションを用いれば、最初（本番前のルーティンを含む）から最後（勝って自分を褒めるところを含む）まですべてをリハーサルできる。これは営業でも舞台の演技でもスポーツや芸術でも、何にでも当てはまる。

　適切な準備をするほど、十分に成果を発揮できるようになる。まずはビジュアライゼーション、メンタルリハーサル、試合のシミュレーションを用いて、練習を組み立てるところから始めよう。

ストレスのシミュレーション

　普段の環境で何のストレスも受けずに練習をしていると、プレッシャーを受ける本番で起きることに十分な準備ができていないことになる。突然、本当にストレスを受けると、プレッシャーに押しつぶされる。そうならないためには、本番で直面しそうなプレッシャーを想定して練習をする必要がある。そうすれば、重要なときにパフォーマンスを一段と引き上げることができる。もちろん、できるだけ多くの場面を想定して実際の練習をしておくことが最も望ましい。しかし、弱いストレスしかかからない練習でも、やっておけば次の重要なイベントでプレッシャーに押しつぶされないですむ。

　ある研究では警察官を２つのグループに分け、一方のグループに実弾ではなく石鹸でできた弾を使って、人間を相手に銃撃訓練をさせた。もう一方のグループには段ボール製の動かない標的を撃つ訓練をさせた。その後の試験では、実戦的な訓練を行ったグループのほうが、「プレッシャーがかからない」標的を撃ったグループよりも良い結果だった。

　『暴力を知らせる直感の力――悲劇を回避する15の知恵』（パンローリング）の著者で、ロサンゼルスで警備会社を経営するギャビン・ディー・ベッカーは研修生に、獰猛な犬に何度も立ち向かわせる訓練を行っている。彼によると、「最初は心拍数が175〜200まで上昇し、犬を直視することもできませんが、２回目か３回目になると120になり、その後110まで下がって、まともに対応できるようになります」。このような訓練を現場での経験と組み合わせて繰り返し行うと、暴力的な場面に遭遇したときの警察官の対応が根本的に変わる。彼らはきちんと考えて、訓練どおりに行動できるようにな

るのである。

　別の例を挙げよう。2007年３月、サザンユタ大学バスケットボール部のヘッドコーチにロジャー・リードが就任した。彼は選手たちが予想もしていないときに練習をすべて中断して、選手たちをフリースローラインに並ばせた。選手がシュートを決めれば、一息つくことができた。ミスをすると、コートを１周走らせた。彼がサザンユタ大学にやって来たとき、チームのフリースロー成功率は全米で217位だった。2009年の時点で、この大学のフリースロー成功率は80％以上で全米で１位になった。シュートを外してもコートを１周走らされるだけで、大したプレッシャーではない。だが、トレーニング中に受ける軽いストレスは、選手たちにリスクをとってプレーすることに慣れさせるという点で有益だと分かった。

　また、シカゴ大学で行われた実験によると、観衆の前でパッティングを習ったゴルファーは、そういう練習をしたことのないゴルファーに比べて、ストレスを受ける状況でも不安をあまり感じることがなく、成績も良かった。プレッシャーのかかる状況での練習はたとえそれが軽いプレッシャーであっても、ストレスに慣れる以上の効果があるということがこれらの例から分かる。また、これは自分をアピールしなければならないと感じて、ストレスがかかっている状況でよくある「時間のかけすぎ」にも慣れることができる。だから、１人で練習するよりも、友だちに見守られながら練習したほうが効果的だ。特に、アピールしたい人や、うまくできないと気まずい思いをする人の前で練習するともっと効果的だ。

　弱いストレスがかかる状況をまねるだけでも、プレッシャーに負けないようにすることができる。こういう方法で練習をした人は、じろじろ見られたり批判されたりしても冷静に対処できる。プレッ

シャーに慣れ、気が散る環境から距離を置く方法が身に付く。

　プレッシャーに備えるための練習方法をいくつか紹介しよう。

●実際に直面する状況にできるだけ近い条件で練習する。
●できれば、観客の前で練習する。
●録画しながら練習する。
●鏡の前で練習する。
●Facebookのフォロワーを相手に練習をライブ中継する。

同じことを繰り返すだけではダメ

　同じことを繰り返すだけでは不十分だということは、もう分かったはずだ。それでは練習とは言えず、癖が身に付くだけだ。しかも、たいていは悪い癖だ。完璧な成果を出したければ、完璧な練習をする必要がある。つまり、自信を付けながら、完璧なできばえになるように調整をするということだ。きついだろうか。もちろん、きつい。しかし、成し遂げるに値することは何であっても、きついものだ。

　社会心理学者のジャクリーン・ゴールディング博士とスティーブン・アンガーライダー博士は1988年のソウル・オリンピック前に、オリンピック選考会に参加した1200人の陸上選手を調査した。そのなかで選ばれた選手たちとあと一歩及ばなかった選手たちの2つのグループを比較した。すると、この2つのグループの選手たちはどの面を比べて見てもほぼ同じトレーニングをしていたが、1つだけ違いがあった。選ばれてオリンピックに出場した選手は選ばれなかった選手よりも、準備の最終段階でメンタルトレーニングに多くの

時間を割いていたのだ。

　メンタルトレーニングや心的イメージと選手の成績との関係については、100以上の調査研究がある。それらによると、一流選手は競技で精神集中をするための計画を立て、定期的にメンタルトレーニングを行うことで、競技でのさまざまなストレスにうまく対応できる準備をしていることが分かった。

　しかし、一流選手でなくても、ビジュアライゼーションの力を活用することはできる。私は毎朝起きる前に、金色に輝く草原を思い浮かべ、その真ん中に自分の机があると想像する。その日の目標を頭に思い浮かべながら草原を歩き、さわやかな空気を吸い、日差しを受けた顔の暖かさを感じる。1日の流れをイメージして、直面する問題にどう対処するかについて、メンタルリハーサルを行う。それから、起きて仕事に出かける。

第9章
本番に向けた準備

Preparing for Your Big Day

　多くのアメリカ人は人前で話したり何かをしたりすることを最も恐れる、と言われている。大々的なプレゼンテーションや重要な競技大会に向けて、心の準備をするのは簡単ではない。リスクが高いと感じる一方、うまくいってほしいという気持ちから期待も膨らむ。恐怖や不安に襲われて、固まってしまうことさえある。ブザーが鳴るか幕が上がる直前には、心臓がドキドキして破裂しそうになる。手のひらに汗をかき、息苦しくなり、うまくいかないことばかり考え始める。すべてがあまりにも速く進んでいると感じる。最初は完全に自分をコントロールできていて、考え抜いた作戦で落ち着いていられたが、いつの間にか冷静さを失ってしまう。こんな経験はないだろうか。

　トップアスリートや世界で活躍する人たちは違う。彼らは気分が乗っているときだけでなく、プレッシャーがかかっているときでさえも力を発揮できる。目の前の課題に没頭し、気が散ったり疑いを持ったりしない。しかし、一般の人は準備万端で絶好調だと思っていても、いざ本番になって最も力を発揮すべき段になると、最悪の状態に陥る。これにはいくつかの理由がある。

1．私たちは本番さながらの環境で練習することはめったにない。

そのため、本番で力を発揮すべきときにうまくいかない。なぜなら、プレッシャーがかかってリスクが高い場面なのに、コンフォートゾーンに身を置いているからだ。

2．気が散らないように本番前に行うルーティンがないため、集中力と自信をなくす。

3．恥をかくのを恐れ、結果を気にし、過去の過ちを繰り返すことを心配する。そのため、不安がわき上がってきて必要以上に興奮する。アドレナリンが分泌されて心拍数が上がるせいで、認知機能が著しく低下する。

4．体の姿勢、頭に浮かぶ考えやイメージや感情をきちんと認識してコントロールすることができない。そのため、わき上がってくる考えやおかしな行動のせいで自滅する。

5．トレーニングを全面的に信頼できていないため、無駄な努力をする。そのせいで、練習中に養われるはずの直感的スキルが身に付かない。意識的に考えすぎて、潜在意識にスキルを刷り込むじゃまをしてしまう。

自分を正しく把握してから、準備をする

プレッシャーにうまく対処して勝利を手にするには、自分を正しく認識することがとても大切になる。これは勝者の資質というだけではなく、1つの習慣なのだ。適切な準備をするためには、まず自分を正しく把握しなければならない。最も重要なのは、私が「ギャップ」と呼んでいること、つまり、練習での自分と本番での自分との差をきちんと把握できていないことだ。多くの人は、本番のときほどのプレッシャーを練習中には感じていない。そうだとすれば、

本番でプレッシャーに直面して、準備不足を痛感して不安を覚える
のも無理はない。練習が現実的ではなかったのだ。つらい練習を長
時間していても、本番で直面しそうなことを想定して準備をしてい
なければ意味がない。

　問題に気づかないのが最も不利だ。ミスをすれば、改善すべき点
が明らかになる。しかし、ミスに気づかなければ勝算もない。問題
があると分からなければ、修正できないからだ。同様に、考えや感
情を意識していれば、パフォーマンスを低下させる行動パターンだ
けでなく、優れたパフォーマンスにつながる行動パターンを見極め
られるようになる。

　しかし、私たちの多くは本番直前の自分の考えや、それがいかに
自己中心的かをあまり意識していない。**プレッシャーのかかる場面
では、私たちはネガティブ思考に陥りやすい。だから、本番前に自
分が何を考えているかを意識する必要がある。**これをしっかり行う
ことが欠かせない。一流の人は自分が何をしているかを客観的に観
察できる。彼らはそれを一般の人よりもはるかに秩序立てて行って
いる。それが習慣となり、ルーティンになっているのである。

ギャップを測る

　自分の頭の中を観察していれば、練習前に考えていることや感じ
ていることと、本番でプレッシャーを感じているときの自分とでは
かなりの違いがあることに気づくかもしれない。これが把握できて
いれば、両者のギャップを埋めることができる。練習中にリラック
スして雑念を払う方法を学び、次の第10章で説明するように、本番
のときと同じ集中力を発揮できるように、本番前の儀式を行うよう

図9.1　本番のときと練習中でパフォーマンスにどれだけのギャップが
　　　　あるかを意識できるようになろう。ギャップが大きいほど、本
　　　　番さながらのプレッシャーやストレスを練習で再現して、肉体
　　　　的にも精神的にも感情的にももっと準備をする必要がある

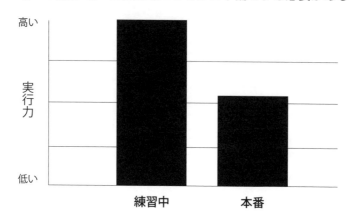

になる。

　目標は練習での作戦や課題の実行方法を学ぶことだけではない。
すべてがかかっているときにも、同じことができなければならない。
強いプレッシャーがかかる大一番で、うまくやる必要がある。練習
と本番のギャップを埋めることが、いざというときに最大の力を発
揮するための唯一の準備法だ（**図9.1**参照）。これは物理的な動き
やその一部を覚えるだけよりもはるかに重要である。**目標は本番で
も練習中と何も変わらない状態にすることだ。**

　この章では、あなたが総合格闘技MMAの選手で、「ケージ」に
入る直前であれ、顧客とのミーティングでプレゼンテーションを成
功させる必要があるときであれ、本番前に自分を最適な状態に持っ
ていく方法を紹介する。それは、アメリカンフットボールの試合前
に気合を入れたり、クラシックピアノの演奏前に落ち着いて冷静に
なることとは少し違う。具体的な戦略を立て、パフォーマンスが落

ちる原因と対策をよく理解すれば、本番に向けて自分の力を引き出して規律を高められるようになる。

パフォーマンスが落ちる原因

　ほとんどの人は本来の力をまったく発揮できなかったり、プレッシャーで声が詰まったりした経験が一度や二度はあるはずだ。鼓動が激しくなる。口が渇く。不安が高まる。手が冷たくなる。力が抜ける。集中できず、きちんと考えられない。これらはすべて、プレッシャーやストレスが心身に及ぼす「症状」だ。大一番で高まるストレスに対処するためには、まず興奮とそれがパフォーマンスに及ぼす影響を理解する必要がある。興奮は車のエンジンの出力のようなものだ。道路の状態と比べてスピードが速すぎる、つまり、エンジンの出力が大きすぎると、運転が乱れ、場合によっては衝突事故を起こすことさえある。

　私たちには自分が生き残って幸福になるための保護メカニズムを持っているため、本能的に悪い面を見るようにできている。脅威を感じれば恐怖を覚え、縄張りが侵されていると感じれば敵意を抱くというように、私たちの「動物的思考」は純粋に本能で動く。私たちのほとんどは実際に命の危険にさらされることはないが、神経系は絶えず脅威を感じる。だれかが批判めいた言葉を発しただけでも、そう感じることがある。

　動物は肉食動物か同じ種の敵に遭遇すると、すぐに攻撃するか逃げる。人間にも同じ反応があり、「急性ストレス反応」と呼ばれる。交感神経が厳戒態勢に入り、副腎が刺激されて、アドレナリンなど多くのホルモンが分泌される。そのせいで心拍数と血圧が上昇し、

呼吸が荒くなる。肝臓からグリコーゲンが出されると、体はすぐに燃料を得て、速く走ったりエネルギーを生み出したりすることができる。肉食動物に今にも攻撃されるかのように、神経系全体が行動の準備をするのだ。

　幸いにも、人間はほかの生物とは異なり、合理的に考えることができる。知性があり、考えを導いて感情をコントロールする能力があるおかげで、動物の本能である純粋な闘争・逃走反応を避けることができる。そのためには、まず恐怖や不安やストレスなどに自分がどう反応するかを理解する必要がある。

　リスクや挑戦を前にすると、人は興奮する。競技などの本番前に興奮することは確かに重要だ。興奮していない状態では、結果はパッとしないだろうが、興奮しすぎても期待外れの結果に終わる。重要なのは、実力を発揮できるほど興奮していても、恐怖や感情や不安に振り回されるくらい不必要に興奮してはならないということだ（**図9.2**参照）。

心拍数とパフォーマンス

　ストレスや不安のせいで興奮しすぎると、心拍数が上昇して、良い結果を期待できなくなる。心拍数が1分当たり115回に達すると、精密な動作を要するスキルが落ち始める（興奮状態）。心拍数が1分当たり175回ぐらいから近方視力が落ち始める（機能低下状態）。心拍数が1分当たり220回になって（危機的状態）、自分の命が緊急通報電話911という今までかけたことのない番号に電話をかけられるかどうかにかかっているとしたら、あなたは本当に電話ができるだろうか。

図9.2　興奮していなくても興奮しすぎていても、パッとしない結果
に終わる。目標は本番で最適な状態に持って行けるように、
必要に応じて興奮を調整できるようにすることだ

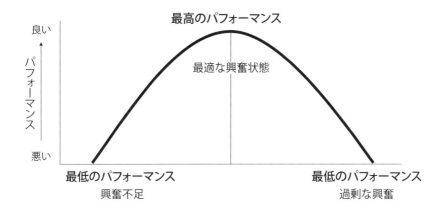

あるケースでは、乳児に心肺蘇生術を施していた警官が、母親に
911に電話をして救急車を呼ぶようにと指示をした。アドレナリン
が出ていた母親はわが子の命を救うためなのに、緊急電話をかける
ことができなかった。ある研究によると、何度も電話をかけ直した
り、途中で411にかけていることに気づいたという人もいる。また、
電話のアプリを立ち上げることすらできなかったという報告もある。
毎日していることなのに、交感神経の興奮で心拍数が上昇し、恐怖
でプレッシャーを感じているときには、人は緊急電話をかけること
すらできなくなってしまうのだ（**図9.3**参照）。

心拍数が1分当たり115～145回以上になると、精密な動作が必要
な能力が急激に落ちる。ホルモンが分泌されるか、恐怖のせいで交
感神経が興奮して心拍数が上昇し、アドレナリンが急増すると、次
のような症状が引き起こされる。

図9.3 心拍数が正常値を超えて「危機的」状態になるにつれて、パフォーマンスが落ちる

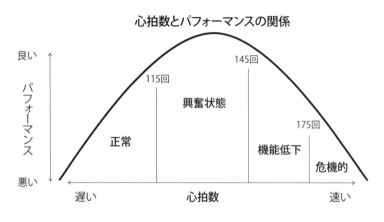

●知覚のゆがみ

●視野狭窄や視力低下

●音が聞こえづらくなる一時的な聴覚障害

●動きが遅くなり、周囲の動きもスローモーションのように感じる

●記憶の喪失やゆがみ

　ある研究では、10人の警察官のうち8人が銃撃戦でトンネルビジョンを経験している。これは視野狭窄とも呼ばれ、その名が示すように、極度のストレスを受けると、管をのぞいて見ているかのように視野が狭くなる。ストレスのせいで心拍数が1分間に145回ぐらいまで上昇すると、警察官の能力が著しく低下した。これはすべての人に当てはまるわけではないが、たいていは心拍数が1分当たり145〜175回の範囲で能力が落ちる。しかし、もっと心拍数が増えても、力を発揮できる人もいる。

　私はいつも脈拍計を使って射撃競技の訓練をしている。練習前に

心拍数を135回以上にして、興奮状態での練習に慣れるようにしている。このように、事前に心身両面での準備をしておくと、競技中にストレスの影響を抑えることができる。

　注　このデータは交感神経の興奮によるホルモンの分泌か恐怖が原因で、心拍数が上昇した場合のものだ。運動による心拍数の上昇では、同じ効果は得られない。

ウオーミングアップ

　いつ自分が明らかに興奮しすぎているか認識できなければならない。また、無気力や弱気も緊張の症状だ。これらの症状が出たら、体を動かしたほうがよいかもしれない。適切なウオーミングアップの種類や長さは人によって異なる。アスリートや演技者などのなかには、ウオーミングアップをほとんどする必要がない人もいる。実は、やりすぎると逆効果になるのだ。ウオーミングアップは意識を高めて、目の前の課題に集中するために行うものだ。**どんなにうまいトレーニングをして、どれほど練習を積み重ねた人でも、心身両面で正しくウオーミングアップを行っていなければ、トレーニングの成果は発揮できない。**

　心理面のウオーミングアップは本番の2～3日前に始める。本番が近づくにつれて、自分のスキルと精神状態と目標に集中する必要があるからだ。

　私の場合、全力を出す前やステージに上がる前に息抜きをすると、最も力を発揮できる。緊張がほぐれ、意識を休めて潜在意識を活性化できるのだ。しかし、競技や演技などの前に、静まりかえったところで1人になることを好む人もいれば、音楽を聴いてリラックス

する人もいる。

　興奮度は課題で要求される複雑さとも関係する。例えば、アメリカンフットボールのラインマンは正確さが必要なキッカーよりも興奮度が高くても目標を達成できる。課題の難易度と興奮度は、集中力やきめ細かな判断が必要な課題よりも体全体を使う運動スキルのほうが興奮の影響を受けにくい、という関係にある。

　例えば、重量挙げの選手は体全体を使う運動をするので、エネルギーと力を一気に生み出すアドレナリンを分泌させるために、より強い興奮が必要になる。さらに、最適なパフォーマンスと興奮の許容度はスキルのレベルと直接関係している。例えば、私が大勢の観客がいるゴルフ大会に出場すれば、経験が浅くてよくダフるので、怖くてたまらないだろう。恐怖でひどく興奮していれば、うまくいく可能性は低い。しかし、大勢の観客の前でドラムをたたいてほしいと言われたら（何百回も経験がある）、練習も演奏もこれまでに数え切れないほどしていて、腕には自信があるので、たとえ非常に興奮していても、乱れないだろう。

心配や不安への対処法

　脳や筋肉は睡眠中でも活動している。このように、興奮は自然で継続した状態にある。しかし、極端に興奮すると、自律神経が乱れて不快な感情を生じることがある。これがストレスや不安の正体だ。

　例えば、フィールドホッケーのゴールキーパーが、大事な試合の数分前にロッカールームに座っているとしよう。彼女は自分がうまくやれるか心配し始め、それが不安の引き金になる。彼女の心配は現実的ではないかもしれないが、体にとっては関係ない。彼女が心

配すると、中脳にある扁桃体というアーモンド形の細胞の集まりに
メッセージが送られ、恐怖や心配や脅威に関連する心理的反応が即
座に活性化する。高次脳機能で恐怖の原因が特定される前に、扁桃
体は交感神経を刺激してアドレナリンを血液中に放出し始める。血
圧が上昇して心拍数と呼吸数が増え、筋肉が緊張し始める。これら
はすべて神経系の自動的な反応だ。興奮が最適な度合いを超えると、
パフォーマンスに悪影響を及ぼす。

　フィールドホッケーのゴールキーパーの場合は、自信を失うとそ
の原因を探ろうとする。そして、自分の能力では次の試合に勝てな
いかもしれない、と考えてしまうのだ。これは、心配や不安がパフ
ォーマンスを低下させる最も一般的な要因であることを示す好例だ。
このプロセスが自分の考えから始まろうと、外部の刺激から始まろ
うと、扁桃体は心理的反応を促すので、ストレスの原因を探って主
観的な判断を下そうとするのだ。

思考とパフォーマンス

　平均的な人は1日に何万回も考えている。ほとんどの人は、自分
のあらゆる行動について習慣的な思考パターンを身に付けている。
特に、最近は力を発揮できていないと感じている人は、その傾向が
強い。「寒い時期には絶対にうまくいかない」とか、「自分はプレッ
シャーに弱い」などと考えていると、セルフイメージが非常に悪く
なる。そうした考えをしていると、その考えが自分のアイデンティ
ティーの一部になってしまう。

　一般的に、思考は3種類に分類できる。

1．目の前の課題とは無関係なもの
2．目の前の課題に焦点を当てたもの
3．自分自身に焦点を当てたもの

　自分自身に焦点を当てた思考は通常、最も多くの問題を引き起こす。**思考を内面に集中させると、自分の幸せや安全や自尊心のことばかり考えるようになる。すると、不安になって心配をし始める。**その結果、調子を崩す。挑戦することが自分のスキルを超えていると感じると、心配や不安が生じる。逆に、自分のスキルなら楽勝だと思えることに挑戦したときには退屈するかうぬぼれるかで、いざというときにうまく対処できない。思考のバランスが取れているときは、スポーツで言われる「フロー」の状態になる。やることがすべてうまくいき、楽に力を発揮できる。アスリートや大会出場者のなかには、「緊張して当然」と思っている人がいる。確かに、ある程度はそのとおりだ。しかし、次のような症状がある場合は、興奮や不安をうまく調整できていない。

●心臓がドキドキする
●極度の疲労を感じる
●頻繁に尿意を感じる
●強い吐き気があるか、実際に吐いたか下痢をしている
●周辺視野の喪失──視野狭窄か視覚のゆがみがある
●震えている
●あくびが何度も出る
●混乱して、集中や判断ができない
●古い習慣に頼る

思考停止

　あなたは大惨事に遭うかもしれないと思って、いろいろ疑いながら歩き回るような人だろうか。そういう人は物事が順調に進んでいても、いつ何があるか分からないとピリピリしている。

　失敗するのではないかとか、期待されているほどの成果を出せないのではないかといった不安があると、ステージでセリフを忘れるなど、言葉に詰まったり、頭が真っ白になったりすることがある。私が初めて有名なテレビ番組に出演したときには、緊張のあまり自分の名前を忘れてしまった！　不安や恐怖で認知機能が混乱し、文字どおり思考が停止したのだ。

　恐怖心はプロをも悩ませることがある。1996年のマスターズで、グレッグ・ノーマンは2位に6打差をつけて最終日を迎えたのに、結局5打差で負けてしまった。何年もたって、彼は「大会中ずっと、心配や不安に悩まされていた」と告白している。そのネガティブ思考のせいで、スポーツ史上まれに見るミスをしたのだ。彼はスポーツ心理学者のリック・ジェンセンに、「『このまま最後まで耐えられるかどうか分からない』などと思う人間は、世界でも私だけでしょう」と語っている。

　競技など、人前で何かをしようとすると気が散ることがある。結果について考えたり、ほかの競技者が気になったり、過去のミスについて考えたり、その日に出す必要があるスコアにこだわったりするのだ。最悪の場合、避けたいミスについてばかり考え始める。こうしたことを考えていると、目の前の課題で十分に力を出せない。こういった気を散らす感情があると、本番で集中できなかったり直感が働かなかったりして、計画やルーティンが崩れてしまう。

2019年のボウリングの優勝決定戦で、ライノ・ページは8回連続でストライクを取り、300点のパーフェクトゲームを達成する勢いだった。観客が興奮のあまり叫び始めると、彼はプレッシャーから9フレーム目でストライクを取り損ねた。気まずそうだったが、笑ったことで、プレッシャーから解放された表情になった。肩の力が抜けると、その後は4回続けてストライクを取った。12投のうち11投がストライクで、最終スコアは266点だった。試合直後にインタビューで、順調に行っていた間は「プロセスだけを考えていた」と答えた。次に、ストライクを取れなかったフレームについて聞かれると、「観客に良いところを見せたかった」と自分の弱点を明かした。彼はプロセスから結果に焦点を移した。プロセスを離れて、かっこいいところを見せようとした途端に連続ストライクが途絶えたのだ。

プレッシャー日誌を付ける

心配や不安は自ら作り出すものだ。不安があるのではなく、不安な考えがあるだけだ。状況をどうとらえて、どこに考えを向けるかによって、不安が生まれる。自分についてネガティブなことを考えていると、これから直面する状況がゆがめられて、力を発揮できなくなることがある。前回の大会で実力を発揮できなかったせいで、不安や心配になるのであれば、それは失敗にこだわり、「ヘマをしたらどうしよう」「ドジったらどうしよう」といった「もしも……したら」というネガティブ思考に陥ってしまうからだ。

結果がどうなるか分からない、望むような結果を出せないのではないかという不安があると、安心できない。**ネガティブ思考に陥ると、大失態を演じそうだというネガティブなイメージしか浮かばな**

い。**問題について考え込んでいると、落ち込んでしまう。**心配になった段階で、何を考え何を期待するかを調整する必要がある。

　1つの方法としては、本番前やストレスを感じている時期に考えていることを記録することだ。私はこれを「プレッシャー日誌」と呼んでいる。記録を付けると、自分が何を考えていたかが分かり、分析ができるようになる。すると、プレッシャーのかかる状況でも最善を尽くすための信頼できる戦略やルーティンが作れる。

　自分が考えていることを記録して、本番の直前や最中に何を考え、何に集中していたかを調べれば、決定的な瞬間に頭の中で何が起きているかを知ることができる。考えていることをレコーダーやスマホに録音するのでもよい。振り返ってみれば、考えていることが自分の実力を引き出しているのか、それとも妨げているのかが分かる。あなたはネガティブなシナリオを予想して心配しているだろうか、それとも素晴らしい結果を予想して、目の前の課題にしっかり集中しているだろうか。やがて、状況が不確かで自信が持てないときに、自分が何を考えているかがはっきり分かるだろう。

すべては頭の中にある

　強いプレッシャーがかかる状況で不安を解消することは難しい。アスリートたちが自ら語ったことによると、彼らのほとんどがかなりの不安を経験すると言い、極端に強い不安に襲われることもあるそうだ。それにもかかわらず、彼らの多くは素晴らしい成績を残し、常に自分の限界に近い力を出している。決め手となるのは、不安をどう受け止めて、生じるエネルギーをどう使うかだ。

　リラクゼーション、呼吸法、ウオーミングアップ、ルーティンを

行う前の刺激、ビジュアライゼーション、メンタルリハーサル、ポジティブな自分への問いかけといった心身両面のスキルを身に付けると、だれでも不安になる回数や程度を最小限にできる。**今度、ネガティブな考えや恐怖心が頭をよぎったら、「今恐れていることや、頭に浮かんでいるネガティブなイメージは本当だろうか」と問うてみよう。答えはいつも「本当ではない」だ。なぜなら、それらはまだ生じていないからだ。**

自分にとって妨げとなる古い考え方を振り払って、力を引き出すイメージに繰り返し置き換えていると、ネガティブな性格を生み出す神経回路とのつながりを弱めることができる。素晴らしいパフォーマンスはまぐれではないと自分に言い聞かせよう。「課題や準備に精を出したから、ここに立っていられるのだ。私は勝つに値する」と。ポジティブな自己イメージと「自分は称賛されるに値する」という信念があれば、自信が湧いてくる。そうなれば、プレッシャーを恐れることなく、本番を楽しむことができる。

文章にする

ある研究によると、心配事やストレスについて書くと、ネガティブな考えやプレッシャーを減らせるという。この自己表現では長く書く必要はない。大事なイベントの前に10分書くとか、毎週15分だけ日記を付けるとかでもかまわない。カリフォルニア大学ロサンゼルス校の心理学者であるマシュー・リーバーマンによると、自分の気持ちを書き出すと、ストレスを感じる情報に対して脳の処理法が変わるので、文章にするのは非常に効果的だという。

シカゴ大学で行われたある研究では、学生にストレスを与えた状

態で難しい数学のテストを受けさせた。テストの成績が良ければお金をもらえるが、悪ければ組んだ相手がお金をもらえない可能性がある、というプレッシャーがかけられた。また、被験者はビデオに撮られ、数学の先生や教授がそのビデオを見て成績を確認するとも伝えられた。

　テストにどういうリスクがあるかを伝えた直後、１つのグループの学生には、これから受けるテストについて自分の考えや気持ちを10分間書いてもらった。書いた内容は評価の対象にならないので、何を書いても良いと伝えられた。残りの学生には書く機会を与えず、問題が用意されるまでの約10分間、じっと座って待ってもらった。

　心配事について10分間書いたほうの学生は、試験前に何もせずに座っていた学生よりも15％成績が良かった。

水分補給は欠かせない

　水は空気に次いで、生きるために必要な資源だ。体のすべての細胞や組織や臓器が正常に機能するためには、水が必要だ。人は食べなくても３週間以上生きられる。マハトマ・ガンジーは21日間、何も食べずに生き延びた。しかし、水となると、そうはいかない。過酷な状況では、成人は１時間に１〜1.5リットルの汗をかくことがある。体重の７〜10％以上の水分が失われると、体は血圧や臓器への血流を維持するのに苦労する。特に猛暑のような厳しい状況では、水を飲まずに生きられるのは最大でも１週間くらいのようだ。しかし、３〜４日水が飲めなくても、命にかかわることがある。

　水は代謝を維持し生命を維持するために欠かせない。アメリカ人の水の使用量を考えると、ほとんどの人は十分な水を飲んでいない

ことが分かる。女性は1日2.7リットル、男性は3.7リットルの水分を飲料と食品の両方から摂取するように推奨されている。この平均的な推奨摂取量は特に活動的な人向けではなく、健康で温暖な気候で生活している人を対象としている。総水分摂取量は、次の要素に応じて調整する必要があるかもしれない。

● **運動**　汗をかく運動をする場合は、失われる水分を補うために水を多めに飲む必要がある。運動中や運動前後に水を飲むことが大切だ。激しい運動を1時間以上する場合は、汗で失った血液中のミネラル（電解質）をスポーツドリンクで補ってもよい。

● **環境**　暑いか湿度が高いと汗をかきやすく、水分を余計に摂取する必要がある。また、高地でも脱水症状を起こす場合がある。

● **健康全般**　熱を出したときや、嘔吐か下痢をしたときには、水分が失われる。水分を多めに摂取するか、医師の指示に従って経口補水液を飲もう。また、膀胱炎や尿路結石などの症状がある場合にも、水分を多めに摂取する必要がある。

ほとんどの人はいつも脱水状態で生活している。全米健康・栄養調査のデータによると、平均的なアメリカ人は普通の水を1日にカップ4杯と少ししか飲んでいない。アメリカン・ジャーナル・オブ・クリニカル・ニュートリション誌の調査によると、3歳を過ぎるとほとんどの子供は十分な水分をとっていない。自分が十分な水分をとっているかどうか気になる人には、メイヨー・クリニックの大まかな指針が参考になる。それによると、「喉の渇きをほとんど感じないほど十分な水分をとり、1日に1.5リットル（6.3カップ）以上の無色か薄い黄色の尿が出ていれば、水分摂取量はおそらく適切だ」。

砂漠のど真ん中へ
ようこそ

　毎日、尿を量る必要はない。喉の渇きをほとんど感じずに、無色か
薄い黄色の尿が出ていれば、おそらく十分な水分をとっている。

　**結論──十分に水分をとっていない人は間違いなく、肉体的にも
精神的にも最高のパフォーマンスを発揮できていない。**また、実力
を発揮する必要がある日に水分補給を始めて、大量の水を飲めば、
「追いつける」とは思わないように。まれにではあるが、短時間に
大量の水を飲むと危険な場合がある。血液中の塩分（ナトリウム）
濃度が下がりすぎるのだ。これは「低ナトリウム血症」と呼ばれ、「水
中毒」と呼ぶ人もいる。これは非常に深刻で、命を落とすことさえ
ある。

　水分は運動を行う24時間前からとり始めるのがよい。そのうちの
約80％は飲み物からとる必要があり、残りの水分は食べ物からとる。
メドライン・プラスは、気温・湿度・運動量が平均的な場合、最低
でも８オンス（240ミリリットル）グラスで１日に６〜８杯の水を
飲むことを推奨している。ACE（米国運動評議会）は運動を始め

る2〜3時間前に500〜590ミリリットルの水を飲み、運動中は10〜20分おきに200〜300ミリリットルの水を飲むことを推奨している。運動後は240ミリリットルの水分をとろう。

　水分を十分にとらないと、脱水症状を起こす危険性がある。ブリティッシュ・ジャーナル・オブ・スポーツ・メディシン誌に掲載された研究によると、軽い脱水症状でも体調は大幅に落ちることが分かった。喉の渇きを感じ始めたときには、体はすでに軽い脱水状態に陥っている。そのため、喉の渇きを感じたときだけでなく、定期的に水分をとる必要があるのだ。脱水症状の兆候としては、口の渇き、尿量の減少、濃い色の尿、頭痛、筋肉痛などがある。軽い脱水症状であれば、たいていは水やスポーツドリンクを飲むか角氷を口に含めば大丈夫だが、重度の脱水症状であれば専門家による治療が必要になる。脱水症状の兆候に気づいたら、すぐに治療しよう。

睡眠は食事よりも大切

「疲れると、だれでも臆病になる」——パットン将軍

　人はどれくらい眠らないでいられるのだろうか。極端な答えは264時間（約11日）だ。17歳の高校生であるランディ・ガードナーが1965年の科学博覧会のプロジェクトで、この世界記録を樹立した。ほかにも通常の実験で、何人かの被験者が注意深く監視されたなかで8〜10日間起きていた事例がある。

　ブライアン・ビラ博士は『タイアード・コップス（Tired Cops）』という著書で、睡眠不足の人に反応時間のテストを行ったところ、アルコール血中濃度が0.10％（50州すべてで飲酒運転の切符を切られ

る値）の人と同等かそれ以上に悪かったという研究結果を紹介している。**睡眠不足の状態が24時間続くと、生理的にも心理的にも法律上の飲酒状態と同じになるのだ。アドレナリンが分泌されるほどプレッシャーがかかっている状況では、その影響はさらに大きくなる。**

　脳を傷つける手っ取り早い方法は、1日の睡眠時間を7時間以下にすることだ。興味をそそられる新研究によると、脳は睡眠中に自らを浄化することが分かっている。脳には特殊な体液系があり、アルツハイマー病に関係すると考えられているベータアミロイド斑など、日中に蓄積された毒素を排出する働きがある。十分な睡眠がとれないと、この老廃物除去システムが働かず、毒素が徐々に蓄積されていく。

　睡眠不足は飲酒に次いで自動車事故の原因となっている。米国道路交通安全局によると、眠気が原因で年間10万件近くの衝突事故が発生している。パイロット、トラック運転手、原子力発電所の技師、航空管制官など、多くの人が仕事のために十分な睡眠をとることを義務付けられている。今日では、医療従事者は生死にかかわる職務を遂行するため、十分な睡眠をとるように厳格な規制で定められている。

　クレト・ディジョバンニ博士は自身の研究から、「短時間の睡眠では、体調を整えてうまく切り抜けるのは不可能だ」と警告している。睡眠不足を解消したければ、睡眠時間を増やせばよいと思うかもしれないが、ハーバード・メディカル・スクールの最近の研究では、そう簡単ではないことが分かった。この研究では、慢性的な睡眠不足がパフォーマンスに及ぼす影響に焦点を当て、睡眠時間を増やしてもパフォーマンスの改善はほぼ不可能であることを実証した。この研究によると、1日6時間の睡眠を2週間続けたあと、睡眠不

足を補うために10時間眠っても、反応時間や集中力は徹夜したとき
よりも悪かった。ある研究では、睡眠を8時間とった被験者は6時
間しかとっていない被験者よりも有意にパフォーマンスが向上し、
6時間に満たない被験者はパフォーマンスがまったく向上しなかっ
た。最も印象的な研究は、NASA（米航空宇宙局）とFAA（連邦
航空局）が行った夜間に長距離飛行を行うパイロットが短時間の仮
眠をとった場合の影響を調査したものだ。パイロットは無作為に2
つのグループに分けられた。一方のグループは、副操縦士が操縦し
ている間に40分間の仮眠をとるように指示された。もう一方のグル
ープは、仮眠をまったくとらなかった。この仮眠をとらなかったパ
イロットは、夜間飛行の終了時と連続飛行後でパフォーマンスが低
下した。

　一方、仮眠を指示されたパイロットは平均26分の仮眠をとり、日
中の飛行後でも夜間飛行後でも、また連続飛行後でも、安定したパ
フォーマンスを示した。例えば、仮眠後の注意力テストでは、反応
時間の中央値が16%改善した。一方、同様のテストを、仮眠をとら
なかったパイロットに飛行中に行ったところ、反応速度が34%低下
していた。また、仮眠をとっていないパイロットは、フライトでリ
スクが高い最後の30分間に3〜10秒の瞬間睡眠（マイクロスリープ）
を平均22回経験した。一方、仮眠をとったパイロットは、瞬間睡眠
がまったくなかった。

　最も効果的な昼寝は、体が最も睡眠を欲する午後1〜4時の間に
行う伝統的なシエスタだ。特に激しい仕事や練習をした日には、20
〜30分程度の昼寝をしよう。長時間の昼寝は避けよう。30分以上昼
寝をすると、深い眠りに入り始める。長時間、昼寝をすると記憶力
や判断力が向上して創造力が強化されるという効果はあるが、眠気

やだるさが残るからだ。

睡眠習慣を改善するためのヒント

1. **涼しくする**　体が休むときには、入眠のために体温が自動的に下がる。室温が高すぎると、体が安眠の理想的な状態になれない。さまざまな研究では、睡眠にとって理想的な室温はセ氏20度前後とされている。

2. **暗くする**　安眠のためには暗闇が最も良い。遮光カーテンを利用しよう。

3. **静かで常に変わらない環境を維持する**　ベッドルームでは睡眠を妨げる騒音を出さないようにしよう。周辺からの騒音や新しい音は睡眠を妨げる。研究の多くは音の有害な副作用について焦点を当てているが、流れ続ける「音」が睡眠に良い影響を及ぼすこともある。例えば、ホワイトノイズ（音色がないノイズ）は不意に聞こえる騒音をかき消して、安らかな休息をする役に立つ。

4. **眠る前にディスプレイを見ない**　電子機器のディスプレイから発せられる人工的なブルーライトは日中に分泌されるホルモン（コルチゾールなど）の分泌を促し、体が本来持っている睡眠への準備を妨げる。体に必要な熟睡をするためには、眠る1時間前にはすべてのディスプレイの電源を切るようにしよう。

5. **カフェインを避ける**　カフェインの半減期は3〜5時間なので、体内から半分が排出されるのにそれだけの時間がかかる。残ったカフェインは体内に長くとどまる。カフェインの影響で、総睡眠時間が短くなる。カフェインは体内時計を遅らせる。ある

研究では、就寝の6時間前にカフェインを摂取すると、総睡眠時間が1時間短くなることが分かった。眠る5〜6時間前にはカフェインを避けたほうがよい。

6. **早起きをしよう**　早起きをすれば、内分泌系が地球の日周パターンと連動するプロセスが始まる。日の出とともに起きて、日中に太陽の光を浴びるようにしよう。また、就寝時には明るい光を避けるようにしよう。そうすれば、体内時計が狂わない。

7. **すべてを断つ**　1週間に1回は、仕事、メール、ブルーライトを浴びるディスプレイ、テレビなどから完全に離れる夜を作ろう。1人になって温かいお茶を飲み、自分と自分の考えに向き合おう。

準備ができたら、身を任せよう

もう分かったはずだが、「大切な日」に心身両面の準備ができていなければ、どんな練習をしても大した効果はない。精神を最適な状態にして興奮の悪影響を抑えられたら、最大の力を発揮できるようになる。適切な準備をしてすべてが整えば、競技場やステージに立つ前から自分が勝つと分かる。次の第10章で説明するように、あなたはトレーニングに身を任せればよい。そうすれば、「内なる勝者」が輝ける。

第10章
さあ、本番だ

Performance Time

「練習、練習、ひたすら練習をしろ。だが、いったんステージに上がったら、すべてを忘れて、思いのままに吹き鳴らせ」──チャーリー・パーカー（モダンジャズの父）

待ちに待った瞬間だ！　すべての準備や努力やトレーニングの結果がこの瞬間に現れる。いよいよ本番だ！　前の３つの章では、本番に向けて完璧な練習を身に付け、精神面の準備をする方法について説明した。正しい練習をすれば、スキルを身に付け、鍛えた状態を筋肉に記憶させ、勝者のセルフイメージを作ることができる。しかし、次は本番だ。スポーツ大会に出場したり、重要なスピーチをしたり、ＳＷＡＴ（特殊部隊）の一員として人質事件に対処したりするところだ。あるいは、親友の結婚式で乾杯の音頭をとるといった簡単なことかもしれない。いずれにしろ、練習では簡単にできていたことが、肝心なときには途方もなく難しくなることがある。なぜだろうか。

一言で言えば、「プレッシャー」だ。

プレッシャーが強くなると、最大の力を発揮できる状態から、一瞬にしてどん底に落ちてしまうこともある。受験であれ、顧客への売り込みであれ、大事な就職面接であれ、プレッシャーがかかると

自信を失い、息が詰まることもある。では、なぜ能力を発揮できなくなるのだろうか。言い換えると、練習ではうまくいっているのに、なぜ能力を発揮できなくなるのだろうか。どうすればプレッシャーに負けずに実力を発揮できるのだろうか。

ピーター・コーは『ウイニング・ランニング（Winning Running）』のなかで、「心臓がドキドキしても、脳は冷静さを失ってはならない」と書いている。大きなことを達成するときにはプレッシャーが付き物だということを完全に認める必要がある。実は、素晴らしいことを成し遂げたり、強敵に打ち勝ったりしなければならないというプレッシャーがある立場にいることは、名誉なことなのだ。**プレッシャーは優勝する者には付き物で、避けて通れない。最善を尽くすために、もっと内面を掘り下げるようにと求められているのだ。**格下との対戦やプレッシャーがない状態では、最大限の力を発揮することはまずできない。結局のところ、競争や課題で要求されるレベルが高いからこそ、最大限まで力を発揮できるようになるのだ。

また、プレッシャーがかかる状況では、時間が短く感じる。競技場やステージの上など、プレッシャーのかかる状況で力を発揮しなければならないときには、考えている時間はほとんどない。勝負を決めるパットを沈めるときや、素晴らしいパフォーマンスを披露するときなど、プレッシャーが強くかかる状況では、直感で判断を下す必要がある。そのためには、プレッシャーがかかっているときや実行の過程で、潜在意識に身をゆだねられるようになる必要がある。

三段跳びの世界記録保持者であるジョナサン・エドワーズは目の前の大観衆と世界中でテレビを視聴している10億人の前で、世界記録を2回更新する直前に何を考えていたかと聞かれて、「砂場に向かってジャンプすることしか考えていませんでした」と答えた。あ

なたも同じはずだ。あなたは、競争相手にも観客にもほかのことにも注意を向けないだろう。精神的にも肉体的にも十分に準備ができていて、その準備が報われるようにするだけだ。

ニュートラルゾーンに入る

トップアスリートは試合直前になると、意識的にか無意識的にか、記憶喪失のような精神状態に陥る。周りで何が起きているのかや、自分が何を学んできたのかといったことを意識しなくなる。自分がしてきたトレーニングを信じて、反射的に動く。私が「ニュートラルゾーン」と呼ぶ状態に入るのだ。

アメリカンフットボールの場合、ニュートラルゾーンとはプレー前にボールを置いたときのボールの長さと同じ幅（28センチ）の2本のラインの内側を指す。ボールが後ろにスナップされる前にほかの選手はニュートラルゾーンに入ってはならない。周りで何が起きていようと、ニュートラルゾーンは台風の目のように静かで平穏な領域だ。これは自分の「ニュートラルゾーン」で精神的に目指すべきことにふさわしい例えだ。

本番前や本番中に考えすぎたり、分析しすぎたり、言葉にしすぎたりすると、いわゆる「分析によるマヒ」を起こす。考えすぎると、かえって実行力やパフォーマンスが落ちてしまうのだ。強いプレッシャーがかかる状況ではほとんどの場合、判断や反応は自然で、自発的で、無意識に行われなければならない。とはいえ、体の調整とメンタルトレーニングを行ってからでなければ、難しい課題の実行を潜在意識にゆだねても効果はない。トレーニングを積めば積むほど、何をすべきかを意識的に考えたり、実行する課題の細部につい

て考え込んだりする必要が減る。

　トレーニングを十分に積んだアスリートにとっては、態度とルーティンが何よりも重要だ。トップアスリートが成功するのは、心身を意識的にコントロールしているからではなく、その逆なのだ。トレーニングの段階では規律や知識の探求という形で自分をコントロールしていても、本番では潜在意識に身をゆだねている。彼らは心身を鍛え上げると、自分のパフォーマンスを決定する複雑な潜在意識のメカニズムを信頼するようになる。その信頼感があるから、細胞レベルのプロセスを阻害する意識や意志によるコントロールを放棄することができるのだ。あなたもそうに違いない。調子が良いときには、具体的なやり方など考えていないはずだ。

　実力のある人が慣れたことを行う場合、体の特定の動きはあまり意識せずに、リズムやルーティンを意識する。一方、熟練していない人は課題の具体的な手順や細かな点に意識を向けがちだ。例えば、弓道の達人は的の中心を意識するのに対して、初心者は弓や弦をどう持つかを意識する。ゴルフやテニスなどのスポーツ、射撃競技、楽器演奏など、どんな動作にでも言えることだが、手や足の位置を気にしすぎたり、感覚やリズムよりも特定の動作を意識しすぎたりすると、最終的な目標であるボールを打つ、的に当てる、すべての音を正確に出すといったことがうまくできなくなる。

　トラックやコートやステージに立つとき、どんな課題をこなすにしても、知性にあまり重きを置かないようにする必要がある。そうではなく、力を最大限に発揮するために積み重ねてきた準備を信じる必要がある。自分がしてきたトレーニングを信じて、自分の動作を「右脳」にゆだねよう。あなたは一歩引いて、心身が一体となって最高の働きをするように仕向けるのだ。潜在意識が優位になれば、

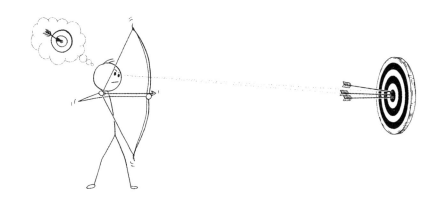

メンタルリハーサルで作り上げたイメージが自動的に働く。

意識を内側に向ける

　やり投げのオリンピックメダリストであるスティーブ・バックリーは『ザ・ウイニング・マインド（The Winning Mind）』のなかで、バルセロナで初めてオリンピックスタジアムに入ったときの感情の高まりについて次のように語っている。

　　私は恐怖心に襲われた。実際にその場に立つと、恐怖心は予想していたよりもずっと強くなった。考えをコントロールできず、集中もできなかった。観客の多さやスタジアムに流れるアナウンサーの声など、周りのことが気になって仕方がなかった。私は大会の手順も考え抜いたメンタル面の準備も思い出せず、自分が混乱していることに突然気づいた。私は集中して周囲を意識しないようにして、特に最近行った良いトレーニングを思い出した。つまり、自信を持つために過去を振り返ったのだ。す

ると5分もしないうちに、すっかり落ち着いてリラックスできた。

これがあなたにとっての目標だ。なぜなら、たとえ蜂が近くをブンブン飛んでいても、雑音がうるさくても、予想よりもはるかに多くの観客がいても、格上の相手が現れても、「意識を内側に向けられる」ようになる必要があるからだ。状況は練習時や予想して準備していたときとは突然、大きく変わるものだ。こうした集中できない環境に置かれると、あっという間に調子を落としてしまう。**競技や何かの課題に立ち向かうときには、予想外の状況に置かれる。音や匂いなど、気が散るありとあらゆるものに出合う。すべてに備えておくことはできないからだ。**

自分の意識を内側に向けて、気を散らす外部の影響を遮断するには、ルーティンを作っておく必要がある。高い成果を出せる人はみんな、自分の内側に意識を向けるためのプロセスを作っている。以降の6つのステップは、準備をし、集中し、意識を内側に向けて、最高の状態を維持する役に立つ。

ステップ1　感情が最も役に立つゾーンを見つける

最初のステップは、ここぞというときに、自分がどういう感情でいるべきかを知ることだ。それはスポーツでも人生でも、感情が大きな役割を果たすからだ。感情がパフォーマンスに影響を与えるのは当然である。例えば、自信があると感じているときのほうが、不安を感じているときよりも力を発揮できる。しかし、ポジティブな感情でもパフォーマンスが低下し、ネガティブな感情でも役に立つ

場合があることを知っているだろうか。ここでは、アイスホッケーを例に説明するが、この感情分析はあらゆるスポーツやさまざまなことにも当てはまる。

　まず、**図10.1**の左端を見ると、ゾーン3で役立ち度が低の「役に立たない（N－）」に入っている感情は明らかにネガティブ（N）で、力を発揮するのが難しいことが分かる（だからNのあとにマイナスを付けている）。疲れた、だるい、やる気がない、だらけている、自信がないといった感情は、競争力を高めたり、自分のスキルを最大限に引き出したりする役には立たない。実際、バレエからボクシングに至るまで、「だるい」ことで得する行為があるとは思えない。

　さて、次が面白い。右端のゾーン3でこちらも役立ち度が低の部分は、「役に立たない（P－）」だ。ここに列挙されている、愛想が良い、おおらかな、穏やか、満足している、大喜びしているといった感情は確かにポジティブだが、アイスホッケーで競うには役に立たない。そのため、これらの感情にはポジティブな感情を表す「P」に、パフォーマンスを低下させる感情を表す「マイナス」を付けている。これらはポジティブな感情だが、パフォーマンスにとってはネガティブになるのだ。考えてほしい。「愛想が良い」と、社交の場では人気者になれるかもしれないが、競争の場で必要なのは「相手よりも優位に立つこと」だ。また、「恐れ知らず」という項目があることにも気づくだろう。大胆な作戦を行うネイビーシールズや過激なスポーツ競技者などの高リスクの状況に置かれる人たちは、まったく恐れを知らないという感情を持つべきではない。これは必要のない愚かなリスクをとることにつながる感情だからだ。

　目標はパフォーマンスの向上に役立つ感情を利用し、役立たない感情を最小限に抑えることによって、感情が最も役に立つゾーンに

図10.1　この図はアイスホッケーの場合はどの感情が実力を発揮するのに役に立つか、あるいは妨げになるかを示している

感情が最も役に立つゾーン
アイスホッケーの場合

役立ち度	役に立たない （N−）	役に立つ （N＋）	とても役に立つ （P＋）	役に立たない （P−）	
高			やる気がある ピリピリした 精力的 自信に満ちた 意欲的 用心深い		ゾーン1
中		緊張している 神経質な 怒っている 感情的 不満な 攻撃的			ゾーン2
低	疲れた だるい 落ち込んでいる やる気がない 自信がない 悲しい だらけている			物静かな 愛想が良い おおらかな 活発な 恐れ知らず 穏やか 大喜びしている 満足している	ゾーン3

入るようにすることだ。スポーツの種類ややることによっても違うが、ホッケーのような激しいスポーツでは、興味深いことに、ネガティブな感情が実際にパフォーマンスを高めることがある。

　ゾーン2で役立ち度が中の「役に立つ（N＋）」の感情には、緊張している、怒っている、不満な、に加えて、神経質な、まで入っている。これらはネガティブな感情だが、相手よりも優位に立つという点で実力を発揮する原動力になる。これらの感情は競争して勝つために必要な闘志を引き出してくれる。プロアイスホッケーの頂

点を決めるスタンレーカップ決勝戦で対決するのならば、穏やかで大喜びしている（P−）よりも、感情的で攻撃的な（N＋）のほうがはるかに良い。

　最も良いのは、ゾーン1で役立ち度が高の「とても役に立つ（P＋）」で、ここの感情はポジティブで、実力を発揮する役にも立つ。ここには、やる気がある、ピリピリした、精力的、自信に満ちた、意欲的、用心深い、などの感情が入っている。これらの感情は、優勝者のように感じて実力を発揮するのに最も役立つものだ。

役になりきる

　感情を最適な状態に持っていくのは簡単ではない。走る前のルーティンでストレッチやウオーミングアップをするように、本番で最高のパフォーマンスを発揮するには、精神も感情も適切な状態にしておく必要がある。**頭を切り替えるためには、意識が重要になる。心身を最適な状態に整えるのは自分自身であることを覚えておこう。あなたの考え方や体の働かせ方によって、最適な感情のゾーンに入れるのだ。**

　競技の真っ最中には、心身で何が起きているか分かる人はほとんどいない。プレッシャーがかかると神経が高ぶるせいで、理性が感情に乗っ取られて、不安でそわそわして心と体がうまく連動しなくなり、無力感に襲われ始める。最適な感情や態度に意識を集中できさえすれば、不安は薄れて、周囲のことも気にならなくなり、集中して準備できるようになる。

　最も役に立つ感情を見つけるのは、俳優のように「役になりきる」ことだと考えよう。俳優は自分のキャラクターを忘れて、演じる役

図10.2　ゴルファーとMMA総合格闘家を比較すると、それぞれのスポーツのパフォーマンスに興奮度が影響していることが分かる。MMA総合格闘家にとって最適な興奮度は、繊細なストロークをしようとしているゴルファーにはあまり役に立たない

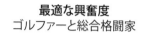

最適な興奮度
ゴルファーと総合格闘家

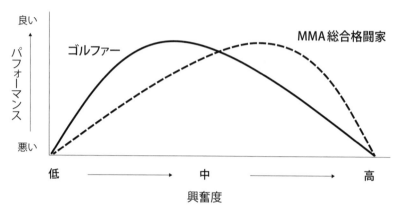

柄に合わせて新しいキャラクターを身に付ける。役になりきるためには心身両面でルーティンワークが必要になる。それは結局、意識と集中に行き着く。自分が今何を感じていて、自分のパフォーマンスにとって何を感じていたいのかは分かっているはずだ。頭と体を使って、それを作り出そう（**図10.2**参照）。

　リングに上がるMMAの総合格闘家の心身状態は、PGAツアーのゴルファーやくるみ割り人形で演技をするバレリーナとは大きく異なる。アイスホッケーなどのコンタクトスポーツで役に立つ怒り（N＋）は、ボリショイ劇場でつま先旋回をしたり、マスターズで9メートルのパットを沈めたりするには、ネガティブすぎるかもしれない。力を最大限に引き出すのに最も役立つ感情は、やるスポーツによっても、人によっても異なる。自分を優位に立たせて、本番

で最大の力を発揮するためには、正しい態度をとることが大切だ。

ステップ2　ボックス呼吸で興奮をコントロールする

　競技やステージ上でのパフォーマンスに向けて準備をしている数週間は、わくわくして自信に満ちあふれているだろう。しかし、その日が近づき、特に本番直前になると、ネガティブな考えが浮かび始める。「ここでヘマをするな」と考えたり、「準備は十分だろうか」という疑いが頭をよぎったりする。不安や心配が頭から離れない。そんなときこそ心身をコントロールする必要があるが、そのためにはまず呼吸をコントロールすることが大切だ。

　やっかいで不快でネガティブな考えや感情をコントロールして乗り越えるためのよりどころとして、呼吸法は特に役立つ。呼吸に集中すれば、2つの重要なことを達成できる。①心拍数を下げて、興奮状態を調整する、②ニュートラルな状態で意識を集中させると、ネガティブな考えや周囲の雑音にとらわれなくなる。

　ストレスを感じると、私たちは息を止めたり、自然な空気の流れを妨げたりしがちだ。これは問題だ。力を発揮しようとすると、筋肉が緊張し、汗が出て血圧が上昇するなどの生理的変化が自然に生じる。最適な呼吸ができないと、このようなストレスと体の変化のせいで、体をうまく動かして力を発揮するのが難しくなる。ボックス呼吸はこうした状況を変えてくれる。

　ボックス呼吸とは、4つ数えながら鼻から息を吸い、4つ数えている間息を止め、4つ数えながら息を吐き、また4つ数えている間息を止めるという方法だ。これを5分以上か、心拍数が下がって落ち着くまで何度も繰り返す。これは、ネイビーシールズが訓練や戦

闘中に極限のプレッシャーがかかったときに広く使われている呼吸法だ。各段階を頭の中できちんと数えることが大切である（息を吸いながら1、2、3、4、息を止めて1、2、3、4、息を吐きながら1、2、3、4、息を止めて1、2、3、4）。数えることに集中すれば、雑念を含めてあらゆることに気を取られなくなるからだ。正しい呼吸法が身についたら、本番前や本番中はもちろん、日常生活でストレスを感じたときにもこのテクニックが使える。呼吸と数を数えることに集中すれば、周囲の雑音が消えて心拍数が下がり、暖かさと意欲を感じるようになる。呼吸法について詳しく知りたい人は、スワーミー・サラダーナンダの『ザ・パワー・オブ・ブレス（The Power of Breath）』をお勧めしたい。

ステップ3　体の姿勢を決める

　心が体に影響を与えて、体を変化させることさえできることを、私たちは知っている。だが、体のほうが心を変化させることはできるのだろうか。答えは「できる」だ。ボディランゲージは世界とコミュニケーションをとるうえで重要な役割を果たす。もっと重要なことは、ボディランゲージが自分をどうとらえ、どう感じるかにも影響を及ぼすということだ。ボディランゲージが思考や感情に影響を与えることは研究からも明らかになっている。例えば、うれしいと笑顔になるが、逆に笑顔を作ればうれしくなるという研究結果がある（「表情フィードバック効果」と呼ばれる）。そうなのだ。体を使って考え方を変えることもできる。悲しいふりをすると悲しくなるのと同様に、力強いふりをすると実際に力強く感じる。

　自分の今の心の状態が行動に表れる。自分は強くてたくましいと

感じると、元気がなく疲れていて恐れを感じているときには絶対に考えもしないことに挑戦しようとする。**生理現象は自分の状態を瞬時に変えることができる非常に強力なツールだ。たくましさの生理現象がなければ、たくましくなれない。**生理現象を変えると、すぐに気持ちが確実に変化する。生理現象——呼吸、姿勢、表情、声の調子——を変えると、すぐに自分の内側に変化が生じ、考え方や感じ方が変わる。

この効果はかつて考えられていたよりもずっと効果があることが分かっている。最近の研究によると、体の姿勢や特定のポーズでホルモンの分泌量が変化することがあるそうだ。ある研究では、力強いポーズを2分間続けると、テストステロンが19％増加し、ストレスホルモンであるコルチゾールが25％減少した。力強いポーズは就職面接や緊張する人との付き合い、人前で話す機会、スポーツ大会などのリスクが高い場面で役に立つ。『〈パワーポーズ〉が最高の自分を創る』（早川書房）の著者であるエイミー・カディは、たった2分間力強いポーズをするだけで、そうした困難な状況でも自信や熱意を高められると語っている。

これを試してみよう。座って前屈みになり、うつむいて真剣な表情をしながら、とても恐ろしいことを考えてみよう。すると、すぐにネガティブな考えが浮かんでくるだろう。では、立って顔を上げ、背筋を伸ばして胸を張り、満面に笑みを浮かべながら、同じように恐ろしいことを考えてみよう。今度はネガティブな気持ちにはならない。**姿勢は冷静でいることと同じくらい重要で、姿勢と感情はお互いに影響し合っている。**

ボディランゲージや集中する対象をちょっと変えるだけでも違いが出る。サムエル・マルコーラ博士の研究では、わずかな気分の変

　化でも運動能力に影響することが分かった。よく訓練されたサイクリストが全力でペダルを踏むときに、スクリーンに幸せそうな顔と悲しそうな顔のどちらかを点滅させた。顔が表示されるのは一瞬なので、潜在意識でしか認識されない。しかし、幸せな顔を見た人は悲しい顔を見た人よりも成績が良かった。

　では、どうすれば自分が最適な姿勢をとっていると分かるのだろうか。自分に自信があり、リラックスしていて、自分をコントロールできていると感じているときに、どうしているか考えてみよう。胸を張ってあごを上げ、背筋を伸ばして、自信たっぷりの態度をとっている。笑顔で「自分はすごいやつだ」という態度をとっている。自分が最大の力を発揮しているところをイメージしながら、この姿勢を本番直前に2分以上維持しよう。

　やってみよう！　もっと自信が持てて、パフォーマンスが向上すること請け合いだ。

姿勢を意識する

　姿勢を意識していると、「プレッシャー日誌」に記録することができる。本番直前にどういう姿勢をとったかを書き留めておこう。このことに気づいている人は非常に少ない。その重要性を理解している人はさらに少ないため、ちょっとした努力や自己分析を怠る。しかし、勝者は優位に立つためにあらゆる方法を探している。

　あなたは力強く自信に満ちた態度をしているだろうか。それとも、前屈みになってうつむくか、緊張していかにも不安そうにしているだろうか。最大限に力を発揮したければ、本当の自分を知る必要がある。感情と力強い姿勢と呼吸のコントロールをうまく組み合わせることができれば、意識を高めて体と心を一体化し、パフォーマンスを向上させることができる。

ステップ4　セルフトークのコントロール

　自分に指示を出す、自分が強くなれることを言う、今の感情や感覚を解釈するなど、内なる自分との対話を続けているときは、セルフトークをしているのだ。この対話は声に出して行われることもあれば、頭の中で行われることもある。「今日はついている」「私は準備ができているから、ここにいて当然だ」「今日は自分が勝つ」といったセルフトークは役に立ち、集中力を維持しつつ興奮や不安を調整することができる。だが、セルフトークが足かせになることもある。「ドジをするな」や「ミスをするんじゃない」といったネガティブなセルフトークをいつもしていると、せっかく身に付けたスキルを直感的に使えないことがある。

　ジュニアテニスプレーヤーを調査したところ、ネガティブなセルフトークは負けに関係することが分かった。著名な認知行動心理学者であるアルバート・エリスによると、アスリートが自分に「負け犬」や「あがり症」といったレッテルを貼ると、特に有害になる。自分をこのようにネガティブにとらえているアスリートは、レッテルどおりの行動をとりやすい。

　これは、ポジティブな指導をするつもりで、ネガティブな言葉を使う場合にも当てはまることが調査で明らかになっている。ある研究では、ゴルフのパッティングをしている人に、何をイメージしてはいけないかを伝えた。それには、「カップに届かないパットを打つことを想像しないように」や、「目標スコアを下回ることを想像しないように」という指示も含まれていた。すると、成績が振るわなかった。なぜだろうか。それは、「何をしないように」という指示だったが、「カップに届かない」や「目標スコアを下回る」というネガティブなことに焦点が当てられていたからだ。

　同様に、コーチは、野球で「内野フライを打つな」や、テニスで「左のサイドラインから出ないように」のようなネガティブな指導や言葉を控えるべきだ。悪気はなくてもネガティブな指示を出せば、してはいけないと言われたことが選手の頭に刷り込まれてしまう。

　一方、オリンピック選手たちによると、ポジティブなセルフトークをすればポジティブな期待をするようになり、意識を集中させるのに役立つと言う。セルフトークは課題に関連しているべきであり、体の動きではなく達成したいことに焦点を当てるべきだ。ブライス・ヤングとリンダ・バンカーは『ザ・コートサイド・コーチ（The Courtside Coach）』のなかで、テニスでサーブを打つときは「コーナーの深いところ」と具体的な着地点を考えたり、イメージしたり

したほうがよいと書いている。同様に、野球のピッチャーは「内角高め」と考え、バスケットボールでフリースローを打つときは「弧を描くようにヒュッと」と自分に言い聞かせるとよい。

　セルフトークやイメージをする場合、基本的なルールがある。何事もポジティブにとらえることだ。常に建設的で課題に関したことを考え、成功をイメージするようにしよう。姿勢、セルフトーク、イメージトレーニング、呼吸法は密接に関係している。1つのことがもう1つのことに影響を与え、それを強化する。あなたがすべきことは、自分の考えや感情や内なる対話をコントロールすることだ。

　マーク・バブス博士は『ピーク（Peak）』のなかで次のように書いている。

　　セリーナ・ウィリアムズはテニスの試合中に集中力を高めて自信を持ち続けるために、ポジティブなセルフトークと「パワーシンキング」を使っている。数年前、彼女がセット終了時に膝の上に置いたノートを見直す姿が見られた。そこには次のようなことが書かれていた。
　　「あなたは勝つ」
　　「あなたはスピンをかける」
　　「あなたは1番だ」
　　「あなたはウィンブルドンで優勝する！」

　バブスは付け加えて言う。偉大な女性テニスプレーヤーたちがイメージトレーニングを必要とするのならば、私たちはどうだろうか、と。

思考停止と頭の切り替え

　自分の思考やセルフトークの力に気づいたからといって、二度とネガティブな考えをしないと思うのは現実的ではない。実際には、ネガティブな考えや自信喪失には常に陥る可能性がある。しかし、訓練と実践を重ねるうちに、ネガティブな考えにすぐに気づいて、ポジティブな考えに切り替えるのがうまくなる。

　私は前にピストル射撃の例を出した。ホルスターからピストルを抜いて1秒以内に標的を撃つとき、自分の足を撃つのではないかという考えが頭に浮かびがちだ（私たちはたいてい、実際に自分の足を撃った人を知っているからだ）。それを恐れると、「自分を撃つんじゃない」という考えが頭に浮かぶことがある。そんなとき、私はすぐにネガティブな考えをやめて、ポジティブな考えに切り替える。私は自分に、「スムーズに引き金を引こう」や「素早くきれいに」と言い聞かせる。ピストルをさっと抜いてしっかり握り、鋲打ち機のように標的を射抜いている姿をイメージするのだ。

ステップ5　ハイライト映像を流す

　トップアスリートのなかには、自分の最高のパフォーマンスを集めたハイライトビデオを本番前に見る人がいる。これは過去の成功体験を鮮明によみがえらせて、自信とマッスルメモリー（筋肉の記憶）のイメージを呼び起こすもう1つの方法だ。ビデオを見て最高のパフォーマンスを追体験すれば、ポジティブなイメージを潜在意識に刷り込むことができる。

　私は成績が最も良かったときの試合をまとめたビデオを作り、本

番直前にそれを見るようにしている。**すると、自分が的確にできたことに焦点を合わせて、最高の瞬間を鮮明に思い出せるので、再び同じことが本番でもできる。**試してほしい。信じられないほど自信が付く。

　ハイライトビデオは本番直前に見るのが最も効果的だ。このときに恐怖心、疑い、ネガティブな考えが意識に上ってきて自信を失いやすいからだ。ポジティブな人でも、大事な試合ではプレッシャーやもうすぐ本番だ、という意識から緊張してしまう。緊張したままにしておくと、「してはいけないこと」や「起きるのではないかと恐れていること」に意識が移る。これは一番避けたいことだ。すべては自分が焦点を合わせている方向に動くからだ。

　大リーグの野球選手のトッド・ヘルトンはコロラド・ロッキーズに所属し、打率３割１分６厘、ヒット2519本、ホームラン369本を記録した球史に残るスター選手だ。彼は17シーズンのキャリアのうち８シーズン目から、自分が打ったヒットすべてのビデオをiPadに入れて見始めた。彼は、「試合の直前に見るといいんだ……。自分の良いスイングを見ると、良い気分で試合に臨める。私は飛行機でも、バスでも、ロッカーに座っているときも見ているよ」と言った。

　ビデオを見ると頭にイメージが残り、力を最大限に発揮しているという気持ちになれる。ビデオは頭をすっきりさせて自信を高める役に立つ。**私は競技や講演の直前に、自分の最高のパフォーマンスを収めた「ハイライトビデオ」を見て自信を高めるのがお気に入りだ。**これで、自分にどんな力があり、最もうまくいっているときはどんな感じかの「映像」が頭に浮かぶ。すると、無意識のうちにその光景や音や自信に満ちた感情を本番で再現できる。

おっ、俺って
調子いいかも！

　このように、ビデオを使って頭の中にイメージを作ろう。過去の成功体験を振り返りながら、そのときに何を考え、どう感じていたかを言葉にしてみよう。最も良かったときの感覚を体に染み込ませるには、成功した直後に振り返るのが一番だ。それを体に覚え込ませることができれば、将来、それと同じかそれ以上の力を発揮するためのイメージ作りが簡単にできるようになる。

　ビデオを効果的に使うヒントをいくつか紹介しよう。

● **自分の最も良いパフォーマンスに集中する**　自分がミスしたところを見直せば課題が分かる。だが、自分を撮影したビデオの75％以上は素晴らしいパフォーマンスのものにしたほうがよい。そして、本番直前にはポジティブなビデオだけを見るようにすべきだ。自分の最高のパフォーマンスを見れば、見習うべき手本を作ることができ、ポジティブなイメージや感情が体と心に吸収される。

● **分析しすぎないこと**　ビデオについて考える（分析や批評や評価をする）のではなく、良いパフォーマンスの全体的なイメージや、そこからわき上がる感情を味わおう。ビデオのイメージは考えすぎずに頭の中で流して、最も必要な潜在意識に沈むようにしよう。

● **考え方をひっくり返す**　悪いパフォーマンスをビデオで見るときには、次の練習がお勧めだ。苦労している自分の姿を見ながら、そのパフォーマンスの最も難しい部分で考えていたことやセルフ

トークを思い出すのだ。うまくいっていないときはネガティブな
セルフトークをしていることが多い。自分のビデオを見て、どこ
に問題があったのか確かめたら、その考えをひっくり返そう。そ
して、うまくいっていない場面を見ながら、ポジティブなセルフ
トークを声に出して言ってみよう。すると、うまくいかないとき
にネガティブなセルフトークを止めて、ポジティブなセルフトー
クで自分を強くする習慣を付けることができる。良いタイミング
で自分の内なる批判を止められるようになる。本番中、特に極め
て困難なときにセルフトークやイメージが浮かぶ場合は、ポジテ
ィブで力を引き出すものでなければならない。思い出そう。すべ
ては自分が考えている方向に向かうのだ。だから、ポジティブな
セルフトークはプレッシャーに負けたり、「理性が感情に乗っ取
られ」たりするのを防ぐことができるのだ。そして、自分の力で
プレッシャーに対応できるようになるのだ。

●**本番前に見直す**　会場でイメージトレーニングをして、可能なら
ば自分のパフォーマンスが最も良かった場面のビデオを見よう。
この重要性はいくら強調してもしすぎることはない。私は良いパ
フォーマンスをするたびに、「ハイライトビデオ」を新しくする。
そして、試合の5分か10分前にビデオを見て、すべてを完璧に行
っている自分の姿を見る。自分の最高のパフォーマンスの集大成
を、できれば音を大きくして見ると、五感が活性化されて成功を
追体験できる。

●**ほかの人の優れたパフォーマンスを見る**　お気に入りのスポーツ
選手やプロの素晴らしいパフォーマンスを見れば、多くのことを
学べる。自分がその試合でプレーしているか、そのパフォーマン
スをしているところを想像してみよう。彼らが技術的・戦術的に

優れている点を取り入れて、その動きやテクニックを自分のパフォーマンスに反映させよう。例えば、正しいリズムを身に付けるには、自分よりもリズムが良くてうまい人のまねをするのが最も簡単だ。

ステップ6　本番前のルーティンを行う

プロ野球の試合を見たことがある人なら、だれでもお決まりのしぐさを知っている。バッターはバッターボックスに立つと、袖を触り、バットでプレートをたたき、バッティンググローブのマジックテープを締める。こうした本番前のルーティンは心身のどちらにとっても非常に重要な儀式だ。これは単なるウオーミングアップではなく、意識も無意識も働かせるプロセスなのだ。こうすることで、ホームベース上にボールが来たとき（あるいは、自分のパフォーマンスで「ヒットを打つ」必要があるとき）に準備ができているのだ。

世界で指折りのテニスプレーヤーであるラファエル・ナダルは試合前の一連の儀式（コートへの入り方）や、サーブを打つ前に毎回、髪や服をいじる一連の動作で有名だ。これらを迷信だとか、時間の浪費だと言う人もいる。しかし、彼は試合前やサーブ前の儀式が集中力とパフォーマンスにとって絶対に欠かせないと言っている。

一見、強迫性障害のように見えるが（私の妻もテニスのテレビ中継で「この人、どうしちゃったのかしら」と言ったことがある）、スポーツ心理学的には非常に賢いしぐさだ。彼はこれらの儀式や動作で心身を整えているのだ。すべてのサーブやリターンの準備をしているのだ。たとえ試合が6時間に及んでも、彼はこのルーティンを繰り返す。これによって集中力を維持して、気が散る環境を遮断

することができる。すでに述べたように、心は一度に１つのことに
しか集中できない。だから、彼が些細なことに集中している間は、
ほかのことに集中できない。そして、彼が意識の注意をそらせてい
る間、潜在意識は雑音に遮られないですむのだ。

　ゴルファーも靴をたたいたり、１歩下がってからボールに近づい
たり、クラブヘッドを左右に軽く動かしたりといった、「プレショ
ットルーティン」と呼ばれる行為をする。これはたまたまやってい
ることではない。これらは考えられた動作で、何度も繰り返される。
また、ショットだけでなく、試合の重要な要素になっている。プロ
はこうやってリラックスし、直感的で無意識にボールを打てる慣れ
親しんだゾーンに入る。観衆の声も鳥のさえずりも影などの気が散
るものも、周囲のことが一切気にならなくなるのはこのためだ。

　特に、同等以上の実力を持って、自分よりも優位に立っているか
もしれないライバルを前にしたとき、トップアスリートは集中力を
切らすわけにはいかない。厳しい状況に立ち向かって勝つためには、
精神的にも肉体的にも可能なかぎり集中力と本来持っている能力を
発揮する必要がある。例えば、オリンピックでは、メディア、メダ
ルの授与式、オリンピック村の騒がしさなど、とても気が散りやす
い環境にある。スポーツ心理学者はこれらをうまくコントロールす
ることが大切だと言っている。彼らの研究によれば、アスリートが
昔からこれらのことを知っていたことが実証された。それは、本番
前に行う儀式によって、不安やストレスを感じなくなるということ
だ。その結果、アスリートは力をもっと発揮できるようになる。同
じことはあなたにも当てはまる。そのためには、ゾーンに入り、雑
音を排除して、集中力を高めるためのルーティン（ちょっとしたペ
ース配分やポジティブなイメージを思い浮かべるなどでもよい）が

必要だ。本番前のルーティンを持っていなのならば、それを作ろう。

焦点を１つに絞る

　無意識レベルでは、脳はニューロンに情報を伝達させて、１秒間に2000兆回の計算をさせることができる。一般的なコンピューターでは、１秒間に20億回しか計算できない。では、意識レベルの脳が一度に集中できることはいくつあるだろうか。答えは１つか２つにすぎない。

　フィリップ・アドコックは『マスター・ユア・ブレイン（Master Your Brain)』のなかで、次のことを行うように提案している。浜辺に打ち寄せる波を思い浮かべる。そこに、砂浜に打ち寄せる波の音を加える。最後に、空中に漂う塩の匂いを想像する。実は、視覚、聴覚、嗅覚の３つに同時に集中することは到底できない！

　ある研究によると、ほとんどの人は集中力が必要な課題を１つか２つ以上は同時にできないし、やればそのうちの１つは非常に雑になるという。マサチューセッツ工科大学で神経科学を研究しているアール・ミラー教授も、人はほとんどの場合、一度に１つのことにしか集中できないと言っている。無意識での処理に比べると意識的な思考は非常に遅く、話すのと大して変わらないスピードだ。だから、同時に２つの会話を楽しんだり、電話で話しながらメールを書いたりできないのである。

　例えば、これから障害物競走に出るとしよう。そして、１、２、３、４番目の障害物について考えようとすれば、意識は圧倒されて、潜在意識の働きを妨げる。すると、練習では何百回もうまくやっていたお決まりの動作をミスしてしまう。練習中にはミスをあまり気に

せず、トレーニングにひたすら打ち込んでいたからだ。

　最初に１つのことに強く集中すれば、意識が働き出す。**まず必要なのは、１つのこと、１つの動作に集中することだ。それがうまくできれば、潜在意識が取って代わり、完璧な練習で身に付けた動作ができる。それらは習性となっているからだ。**

メンタルプログラムの実行

　競技が始まる直前に、私は本番前のルーティンを行う。ストリーミングの再生ボタンを押すように、毎回同じように映像が始まって再生される。私は成功した結果をイメージする。「順調だ」などの合い言葉を使い、深呼吸をして、一点に集中する。自分をニュートラルな状態にして、その瞬間だけに集中する。自分がやってきたトレーニングと直感に身をゆだねる。

　本番前のルーティンは姿勢、呼吸、セルフトーク、ビジュアライゼーションを組み合わせたものであるべきだ。例えば、テニスの試合でサーブを打つときには、次のような方法が考えられる。

１．ラケットを３回回して、グリップを握る。
２．ボールを４回バウンドさせる。
３．ボールが相手コートに入り、相手に向かって「跳ね上がる」イメージを持つ。
４．深呼吸をする。
５．「コーナーの深いところ」を意識する。
６．焦点を合わせるところを１つに決める。
７．合い言葉を言う。

８．サーブを打つ。

　本番前のルーティンで意識から離れて、直感とトレーニングで身に付けたことに身をゆだねる。そのためには、周囲の気が散ることや頭の中の雑音——ネガティブな考えや心配事、周囲の環境——から距離を置くことが必要である。そして、潜在意識に身をゆだねる。あなたは必死に練習してきたのだから、ここにいて当然なのだ。心身を一体にし、規律を持って集中しよう。自分がやってきたトレーニングを信じて、目指してきた優勝を手にしよう。あなたは勝者なのだ！

身をゆだねる

　本番前の準備やトレーニングの段階については多くのことが書かれているが、「身をゆだねる」瞬間についてはあまり注目されていない。これは本番直前の数分から数秒の間に行う必要がある。ここが決定的に重要な段階なのは、ほとんどの人がここで緊張して頭が真っ白になってしまうからだ。しかし、「頭が真っ白になる」せいでパニックになってはならない。「頭を空っぽにする」ことこそがすべきことだからだ。問題は、ほとんどの人がパニックになって、それと闘おうとすることだ。

　「身をゆだねる」ことの意味については誤解が多い。これは何が起きてもかまわないという意味でも、運命に身を任せよという意味でもない。それは真実とはまったく異なる。目標は、本番でも練習のときと同じように自由に動けるようにすることだ。

　高いレベルでのパフォーマンスは自然で、直感的で、反射的で、

ほとんど無意識でなければならない。優れたパフォーマンスは計算したり考えたりしていない状態で実現される。いったん試合が始まるか、ベルが鳴るか、幕が上がったら、無意識の働きに身をゆだねなければならない。何かを「引き起こす」のではなく、これが「身をゆだねる」ということだ。

完璧な練習で心身を鍛えて、勝者のセルフイメージを作り上げることができれば、能力を最大限に発揮するために、潜在意識の力を信頼して解き放つことができるようになる。この信頼感が生まれると、直感的な才能が発揮できるようになり、意識によるコントロールをやめようと思えるようになる。禅では知性を重視せず、直感を発達させて信頼することで、自分自身と行動を一体化させることを目指している。心が干渉しないようになると、川を滑らかに下る船のようになれる。

潜在意識を利用して、本番前の練習をより直感的に行うには、トレーニングのペースに合わせて頭の中でメロディーを口ずさむか、口笛を吹いてもよい。試してみよう。練習に歌を組み込み、本番ではその歌を口ずさみながらやってみよう。そうすれば、意識を慣れ親しんだところに向けられるので、潜在意識がリラックスした状態で働けるようになる。

ネガティブな考えは潜在意識に身をゆだねるときの最大の障害になる。本番直前に、ポジティブな考えでその瞬間に集中しているのならば、どんな考えでもネガティブな考えよりは良い。何も考えない場合でさえ、ネガティブな考えよりはましだ。ネガティブな考えがあると、現在に集中できない。ネガティブな考えはすべて、過去の記憶か将来に対する不安に根ざしている。**潜在意識に身をゆだねない理由は、4つに分類できる。**

1. **結果にこだわる**　結果が気になって、そこにこだわっているため、没頭できておらず、プロセスややるべきことが頭から離れない。そのため、動きが固くて機械的になり、慎重になって能力を最大限に発揮できない。

2. **過去にとらわれている**　過去の失敗を気にしていて、同じことを繰り返すのではないかという不安のせいで実力を発揮できない。この場合も、固くて機械的な動きになり、慎重で安全なほうに向かいやすい。

3. **頑張りすぎる**　頑張れば頑張るほど良い結果が得られると考え、頑張りすぎる。「他人よりも頑張れば、彼らに勝てる」という考え方だ。しかし、そんなことはない。練習では必死に頑張り、本番では難なく普通にこなすのだ。だれかが「彼女はいとも簡単にやっているように見える」と言うのを聞いたことがあるだろう。優れたパフォーマンスは、滑らかで効率的なのだ。

4. **興奮のしすぎか、気が散っている**　興奮のしすぎはストレスの原因になる。何も考えなくても行える、よく練られたルーティンがない人は、一度、気が散ると問題が生じる。

　逆境や苦痛や不幸はだれにでも平等にやってくる。それらはだれにでも同じように影響を及ぼす。本当の問題は、「今日はついてないのだろうか」ではなく、「ついていないときに、どう対処すればよいか」だ。あなたはどれだけ備えができているだろうか。私たちは気に入らないことが起きると、そのことを悪く考えたり感じたりする。逆に、気に入ったことが起きると、ポジティブな感情を抱く。この考え方の問題点は、外部の出来事に振り回されてしまうことだ。何かとても重要なことを成し遂げなければならない日が「ついてな

い日」だったら、どうすべきだろうか。自分をしっかりコントロールして、振り回されないようにする必要がある。

　ここまで話してきたことで、どんな状況にもプロのように対処できるはずだ。本書に書かれている心身のテクニックは、練習を重ねるほど上達していく。しかし、最後の瞬間には潜在意識を信じて、そこに身をゆだねなければならない。

　オリンピックなどで活躍した何百人もの選手の体験談をもとに、「身をゆだねる」とはどういうものかを次にまとめた。

● 「自分が何をすべきなのかをほとんど考えていない」
● 「気が散ることすべてから遠ざかっていると感じる」
● 「失敗に対する不安のような問題はまったくない」
● 「すべてが無意識に行われて、うまくいっている」
● 「私の頭の中では、結果は気にならない」
● 「すべてのことと完全に一体となっているのに、行っていることからは不思議なほど超然としているように感じる」
● 「正確で良い反応をする時間がたっぷりあると感じる。まるで、時間が消えたようだ」
● 「音や匂いや人の気配など、周囲のあらゆるものがパワーやエネルギーの源になる」
● 「一点だけに集中している」
● 「生き生きして喜びに満ちた、素晴らしい感覚だ」

さあ、本番だ！

　ここまで時間と労力とエネルギーを費やしてきたあなたが、今こ

そ輝くときだ。時間をかけて完璧な練習をしてきたのならば、自分を疑う理由はない。考えすぎないように！　リラックスして、潜在意識に身をゆだねよう。必要なのはゾーンに入って、本来の素晴らしい自分を表に出すだけだ。

ボーナスチャプター

Bonus Chapter

第11章
意図を持って生きる

Living with Intention

　どんな勝者もどんなサクセスストーリーも、自分が何を成し遂げたいかをはっきりと自覚していて、それを実現した人たちによって生み出される。最初はそんなつもりではなかったかもしれないが、いったん何を成し遂げたいかを決めると、目標を設定してそれを達成するまで突き進んだのだ。この力はだれにでも備わっており、だれの許可もいらないし、特別な才能も大学の学位も必要ない。

　私がお手本にしている1人であるリチャード・ブランソンは、私と同様に10代半ばまでしか学校に行かなかった。彼は失読症のせいで、勉強に苦労した。ストウスクールを去る日に、彼はロバート・ドレイソン校長から、「君は刑務所に入るか、百万長者になるかのどっちかだろう」と言われた。しかし、校長の予想はどちらも外れた。ブランソンは刑務所に入ることもなかったし、百万長者でとどまることもなかった。彼は億万長者になった。400社以上の企業を傘下に持つヴァージン・グループを創設したブランソンは、起業家精神への貢献が認められ、バッキンガム宮殿でナイトの爵位を与えらるまでになった。

　中学1年生のとき、私は授業中に電卓を使おうとしていた（当時は非常に珍しい機器だった）。数学の先生は、君は怠け者だから、絶対に成功しない、と言い放った。「どうせ、機械が人間の代わり

に考えてくれるわけじゃないからね」と彼は言った。後に、私が株式トレーダーとして成功した記事を読んだその先生は、オフィスに電話をかけてきて、私に謝った。十何年もたって、当時のことを思い出したということは、よほど私が印象に残っていたに違いない。

ブランソンのかつての校長と私のかつての数学の先生は、生徒たちに教え、彼らを鼓舞すべき教育者という立場でありながら、私たち2人の意図を誤解し、2人の可能性を過小評価した。

読者はすでに、私がどのように生き、どのように成功を収め、それをどのように維持してきたかについて、多くを知っている。そこで次は、どうやって私が人に驚かれるほど目標達成に焦点を合わせているかを伝えたい。これまで、達成について多くのことを話してきたが、今度は、人間として真の勝者になることについて、もう少し掘り下げていきたい。

私は毎日、意図の持つ力を利用する練習をしている。最初はこの日課がちょっと面倒だと感じるが、すぐに習慣になる。そして、いつでも活用できる最高の自分が明らかになってくる。あなたはただ、そこへの扉を開きさえすればよいだけだ。以降がそのための手助けになる。カギは意図だ。

意図とは何か

多くの人は意図（intention）を、「目標に向かって努力すること」と考えている。広い意味ではこれは間違っていないが、微妙な違いがある。ウェイン・ダイアーは、「魔術師たちが意図を手招きすると、彼らのところにやってきて、達成のための道筋を付ける。つまり、魔術師たちは企てたことを必ず成し遂げるということだ」と言った。

言い換えると、私たちの意図が現実を創り出すのだ。

　私が意図について語るときは、意識に誓う、つまり生涯の達成のために日々気を配るということを意味している。もう一度、これを読み返してほしい。**意図を持っているときには、1日も欠かさず、その意図を実践しているのである。単に目標を持っているというだけでなく、最高の自分を実現しようという意識を維持すると自らに誓っているのだ。**

　自分の脳を鍛えて、目的を絶えず自覚すると誓っているのだ。目的とは真の人間として生きるということだが、いつの間にかそれが実現したということはなく、ある考え方を身に付ける必要がある。ブルース・リプトンは著書『「思考」のすごい力』（PHP研究所）で、脳は長年にわたって知らず知らずのうちに身に付けた幼いころの条件付けの影響を克服できる強さを持っている、と述べている。考え方は努力と日々の訓練で変えられるのである。

　老子は、人の本性は生まれたときは完璧だが、世の中で長年過ごすうちに真の自分を忘れて、偽の姿になりやすいと述べている。目的や信頼がないのに、成功して金持ちになっても意味がない。目標について考え、それに向かって積極的に努力しないのならば、目標を持っても意味がない。自分自身で計画して、未来を創造することが大切なのだ。それが単なる夢想家と何かを成し遂げる人との違いだ。何かを成し遂げる人は夢の実現のために実際に行動を起こす。それは毎日を意図して開始するところから始まる。

自動的な反応か意図的な行動か

　毎日の練習という観点から言えば、意図的な行動は、ほとんどの

人が身に付けている自動的な反応を捨てて、よく考えて実行し意図して1日を開始するところから始まる。しかし、ほとんどの人は、私が「自動神経反応」と呼ぶ行動で1日を始める。なかにはその状態で1日中行動し続ける人もいる。これは、ほとんどの人は目が覚めると、周囲の刺激にストレス反応を起こしているということを意味する。目覚ましが鳴るとすぐに、急いで支度をして家を出ることばかりが気になる。時間がないと感じているので、これから何が起きそうかや、その日に何を達成したいかまで考える余裕はない。自動神経反応は1日のあらゆる場面に及ぶ。彼らは交通渋滞や予期しない問題やじゃまをする人などにストレス反応を起こす。

1日が自動的なストレス反応で始まっているのならば、不安や無目的や外からのコントロールに振り回され続けるように自ら仕向けているのだ。1日の動きを繰り返すだけで、ほとんどはパブロフの犬のように反応しているのだ。自分の人生に積極的に参加しないでいるのは、そうしようとし始めないからだ。意図を持って生きたければ、この悪循環を断ち切らなければならない。

意図的な1日の開始とは、意図を持って行動し生きていくために、私が毎日活用している基本的な手順の初めの部分だ。以降、順を追って説明する。

朝の準備　10〜15分

毎朝、目が覚めたら、私はまずボックス呼吸をする。鼻から4秒間息を吸い、4秒間息を止めたら、口から4秒間息を吐いて、また4秒間息を止める。この間、数えることだけに集中する。この呼吸パターンを5分間、休みなく続ける。これを手助けするアプリもあ

る。

　次に、３〜５分かけてビジュアライゼーションを行う。まず、これからの１日について考え、あらゆることをイメージする。その日に達成したいことに優先順位を付け、長期プランを進められることを少なくとも１つは加える。それがほんの１歩でもかまわない。日課で、自分の意図したことを達成するために取り組んでいると分かっていれば、１日を無駄にしていないということだ。私は自分の意図を補うその日の目標を１つ持ち、それを達成している自分をイメージする。

　次の５分間ではメンタルリハーサルを行う。日によって、もっと短時間で済むこともある。自分の優先順位が何かを考えながら、それらが違う形で現れた場合にどう対応するかも検討する。

　私の株式トレードを例に挙げよう。世界的なニュースのせいで株式相場は大幅な下落で始まると予想されていて、私は大きなポジションを取っているとする。メンタルリハーサルの数分間、私は被りそうな損失と、株価がポジションに逆行するプレッシャーにどう対処するかをイメージする。これで、トレードデスクに向かうときには、精神的に準備が整っている。

　最後に、残りの時間を使って関連する問いをいくつか自分に投げかける。さまざまな目標に向かって前進するために、今日は何ができるだろうか。今日、私はどんな障害に直面しそうか、それにどう対応すればよいだろうか。私は何に感謝しているのか、自分にとって本当に大切なことは何なのか。

　朝の準備を行えば思考と意識の連鎖反応が起こり、１日を通して集中力を保つのに役立つ。トニー・ロビンズは、「これはポジティブシンキングではない。実際に、生化学反応が生じるのだ」と述べ

ている。私たちの生存プログラムには自己保存のメカニズムがあり、常におかしいところを探している。私たちのやるべきことは意識的に適切なことに焦点を合わせ、自分にとっての現実と幸福を創り出すことだ。それは、朝、目覚めたらすぐに気を配るところから始まる。これは睡眠後には、神経系に焦点を合わせてそれを整える働きをする。

　朝の準備はベッドから飛び起きて家から飛び出すのとは正反対だ。1日に数分しかかからないが、これから紹介する方法と組み合わせれば、あなたの人生を変えることができる。

1日を通して確認

　ここで、実行するのが少し難しくなるが、意図を持って生き、規律を身に付けるという点で大きな成果が得られる。私は1日を過ごしながら、自分の意図を定期的に確かめる。自分の考えや行動、それに他人とのやり取りが自分の意図とどれくらい合っているか、反しているかを、ちょっと時間を取って確かめる。順調に進んでいれば、そのまま続けるように自分を励ませばよい。方向がずれていれば、意図を確かめ直して軌道修正をすればよい。

　このルーティンを始めたばかりならば、携帯電話のアラームを数時間おきにセットしておいて、確かめる時間を自分に思い出させるようにしてもよい。あるいは、1日の優先順位を決めて自動的にリマインダーを送信してくれるアプリをダウンロードするのもお勧めだ。これで、絶えず習慣的に意識することができるので、最高の自分になるというビジョンに向かって前進する役に立つ。

　真の勝者になるには勝者の考え方を身に付ける必要がある。これ

は人間として勝者になることを意味する。勝者は人を導く立場にある。自分の人間性を確かめると、勝者の考え方を超えて勝者の生き方をするまでになれる。本物の自分を悟れば、「つながりを感じて生きる」という最も生産的な習慣が身に付く。

　フレッド・ロジャーズは『ミスター・ロジャーズ・ネイバーフッド（Mister Rogers' Neighborhood）』というテレビ番組で、緊急事態や恐ろしい状況になったら必ず、助けてくれる人を探すようにと母親からアドバイスされた、という有名な話をしている。これは、私たちにとっても素晴らしいアドバイスだ。例えば、近所の家が火事になっていたら、救助に駆けつけてケガを治療してくれる消防士や救急隊員を呼ぼう。

　どんなに厳しい状況であっても、必ず助けてくれる人が現れて打開策があることを教えてくれる。起こっていることから目をそらす必要はない。その場や周囲を見渡そう。そうすれば、助けてくれる人たちが見つかり、人間性や善意が見つかる。その過程で、本当の自分を発見し、状況を見てそのどこが適切なのかが分かるようになる。良くても悪くても状況に感謝をして、「このような教訓や機会を与えてくれてありがとう」と言おう。

疑わしくても、好意的に解釈する

　さて、ここからはもっと難しい。他人の言動に反応して、批判し怒るのではなく、「疑わしくても、好意的に解釈する」のだ。起こっていることに対して否定的ではなく、肯定的に考えて行動する。それが目標だ。

　もう少し詳しく見ていこう。車を運転していたら、雨の中、道路

脇で立ち往生している家族の車を見かけたとする。あなたは止まって助けるだろうか。あるいは、だれかが心臓発作を起こしていたら、その人を助けるだろうか。それとも、仕事のじゃまをされたと思って腹を立てるだろうか。これらの仮定の質問に対しては当然、「もちろん、助けるよ！ 私は困っている人に腹を立てたりしない」と、答えてくれると思う。

では、なぜ運転中に他人に八つ当たりをする人に腹を立てるのだろうか。その人はどこかをケガして、痛がっているのかもしれない。その痛みは自分とは関係ないだろう。確かにその人はそのとき、失礼な振る舞いをしているかもしれないが、それはケガや痛みのせいだろう。**こんなふうに、少なくとも1日に1回は、好意的に解釈する必要がなさそうな人でも好意的に解釈して大目に見てあげよう。失礼な振る舞いをした人をどうして大目に見てあげる必要があるのだ、と思うかもしれない。これはその人のためではなく、自分のためなのだ。**これは「疑わしきは共感する」を実践する方法を学ぶことなのだ。これは神の恵みを受けて生き、真の勝者になるための最初の1歩なのだ。

貧しい人々のために家を建てたり、退役軍人を助けたり、慈善団体に寄付したりすることもできる。だが、本当の優しさや愛は単なるお金や物ではなく、心の中にあるのだ。それは、自分が良い気分にならないことをすることを意味する。敵を愛すること、許せないことを許すこと。これらを実行しようとすると、真に自分が試される。疑わしい点を好意的に解釈するということは、相手の人間性を認め、同じ人間として共通する点を認めるということだ。

これを実践する機会は、毎日いくらでもある。例えば、ランチを食べに行くと、店員が注文を間違えるだけでなく、キッチンに食物

アレルギーのことを伝え忘れるかもしれない。そのとき、店員を怒るのではなく、大目に見てあげよう。ミスを挽回する機会を与えて、気前良くチップを渡そう。「今日は大変そうだったから、多めにチップを渡したよ。これで気分が良くなるといいね」といった言葉を付け加えたほうがよいかもしれない。他人がどんな経験をしているか、どんな闘いを強いられているかは分からない。その店員は病気の子供のために一晩中起きていたシングルマザーで、一睡もしていないせいで頭が働かなかったのかもしれない。あなたが店長に文句を言えば、彼女はクビになって唯一の収入源を失うかもしれない。

　人々に挽回する機会を与えれば、その人の励みになり、もう１日頑張ろうとか、他人の良いところを見ようと思うようになるかもしれない。彼らを助けようとしてみよう。あなたは他人に誇れないことはまったくしたことがない、と言い切れるだろうか。ツキがない日は一度もなかっただろうか。おそらく、苦痛を感じた日もあるだろう。そこで、共感が生まれるのだ。自分も同じ経験をしているから、他人の苦痛が分かるのだ。

　自分と同じ意見の人や自分に親切にしてくれる人に優しくするのは簡単だ。真の挑戦をしよう。許せない人を許そう。「疑わしくても、好意的に解釈する」を試しに実践してみよう。そうすれば、だれかがより良い１日を過ごす手助けになるし、それでみんなの人生も良くなる。

多くの教訓は形を変えて現れる。師は必ずしも教室の前に立って、注意を喚起してくれるわけではない。苦労したことや悩まされたことが最高の師であることも多い。例えば、車のスピードを24キロ以上出そうとしないおばあさんが前にいるせいで渋滞に巻き込まれたとする。彼女の車を追い越すことはできないし、彼女にスピードを

上げるように強制することもできない。彼女はあなたの師であり、あなたを試しているのだ。あなたは礼儀正しくいられるだろうか。この状況を受け入れられるだろうか。怒りを乗り越えて、「彼女はこの瞬間、私に何を教えてくれているのだろう」と自分に問いかけることができるだろうか。彼女はあなたに、もっとスピードを落として我慢したほうがよい、ということを思い出させるために現れたのかもしれない。フェリス・ビューラーの名言にもあるように、「人生はかなり速く動いていく。立ち止まってときどき周りを見ないと、人生を逃しかねない」。

　もう1つ例を挙げよう。例えば、やっと渋滞を抜けてスーパーマーケットに着いたとしよう。買い物リストにあるものをすべてカートに入れて、レジに並んでいる。列は短いように見えるが、とてもおしゃべりな人が一番前で周りの人たちとしゃべっている。あなたはその仲間に加わる気にはならない。レジの人は礼儀正しくうなずいてほほ笑んでいる。おしゃべりな人は話をやめない。あなたは血圧が上がるのを感じ、カートのなかのアイスクリームが溶け始めるのを確信した……。待った、このおしゃべりな人も師なのだ。ここでの教訓は、レジ係の人が評価されていると思えるように、ちょっとしたお世辞を言ってもよいのだという教えだ。あるいは、買い忘れがないか確かめる時間を与えられたのかもしれない。あるいは、これから買う食品があって、それを一緒に食べたり会話をしたりする家族や友人がいることがいかに幸運なことかを考える機会を与えられたのかもしれない。

　師はどこにでもいる。人を大目に見る機会はどこにでもある。いつでも自分の状況を検討して、そのどこが正しいかを理解する時間を作ろう。これはすべて、自分の意図と人間性を確かめる作業の一

部だ。このようにして最高の自分になり、お金や世俗的な成功を超えた真の勝者となるのだ。

仕事上の会議

　重要な会議に向かっているのならば、それは大きな賭けなのかもしれない。最大の顧客と交渉するのかもしれない。訴訟まで絡んでいて、面倒な会議なのかもしれない。あるいは、就職面接があり、どうしても良い印象を与えたいと考えているのかもしれない。どんな状況であれ、会議のために準備をしておけば、自分が最も重視すべきことを調整して、可能なかぎり出せる最高の結果に焦点を移す役に立つ。朝の準備での基本的な手順はここでも変わらない。ボックス呼吸をし、ビジュアライゼーションをし、メンタルリハーサルをして、自分への問いかけをするのだ。

　多くの人にとっての課題は、プレッシャーがかかると守りに入る傾向があるということだ。交渉が絡むと、口論になってしまう。しかし、「闘う」という条件反射的な反応で会議に臨めば、文字どおり闘いになってしまう。準備はそれとは逆の方法を取るのに役立つ。解決に向けて動きたければ、純粋に人間を愛しているという姿勢で会議に臨んでみよう。ビジュアライゼーションをするときには、自分の勝利だけでなく、関係者全員の勝利というポジティブな結果をイメージするのだ。自分の態度と行動がイメージと一致すれば、みんなびっくりして、その場が和らぐだろう。

　1つの方法はこうだ。怒っている人に出会ったら、考え方を同情に切り替えるのだ。その人の怒っている理由や否定的になっている理由が分からなければ、それをでっちあげる。「今日はつらいこと

があったのだろう。子供が病気か、愛する人の健康が心配なのだ」という具合にだ。または、その人をもっと肯定的にとらえてみる。「この人はとても愛情深いおじいちゃんなのだ。彼はいつも家族を第一に考えている……」のように。これらのことについてあなたが何も知らなくても、「疑わしきは共感する」を実践するのだ。また、状況をユーモラスにとらえて、その場を和ませることもできる。私は敵意をむき出しにして怒っている人に出会ったら、すぐにその人をディズニーの「白雪姫」に登場する7人のこびとの1人、「グランピー」に見立てる。ポジティブで純粋であれば、ネガティブなエネルギーに引きずられないで済むし、怒っていた人も友好的になることが多い。大切なのは、条件反射的な反応をするのではなく、どんな状況をもより良くできるリーダーになることだ。

　私が「思いやりのある行動をするように」というアドバイスをすると、驚く人たちがいる。彼らは私をウォール街のすご腕と認識していて、そういう人物像を期待している。だから、私が精神的な求道者だと知ると、衝撃を受けるのだ。実は、私は両方の人物像を試してきた。私が学んだことは、親切にするか意地悪になるかを選べるときには、必ず親切にするほうを選ぶべきだということだった。最近、インドから来た男性がマスタートレーダーのセミナーで、考え方と準備についての私の話を聞いたあと、私に近づいてきた。「私はゴードン・ゲッコー（映画『ウォール街』でマイケル・ダグラスが演じた男）のような人を期待していたのですが、ダライ・ラマに出会いました」と彼は言った。私は、「私はダライ・ラマのような立派な人物ではありません」ときっぱりと言ったが、私の人生でこれ以上ない褒め言葉に対してはお礼を言った。

全体を見る

　がん細胞はほかの細胞を殺していき、最終的には自分まで殺してしまう。なぜだろうか。それは、がん細胞が全体を見ないからだ。自分のことだけを「考え」て、その過程で周りのすべてと自分自身をも殺してしまうのだ。これが良い生き方だと思えるだろうか。私たちには脳があり、選ぶことができる。私たちには分別がある。1人にとって悪いことは人類にとっても悪いことだと分かっている。私たちはみんなつながっている、というこの基本的な考えを理解し、受け入れることができれば、全体を見ることの持つ力が理解できる。

　確かに、私たちはスポーツやビジネスでは競争をするし、勝者も敗者も出る。しかし、それ以外のところでは、私たちは人々のなかで暮らしている。お互いを頼りにしている。対戦相手でさえ、私たちが最高のゲームをして勝つ機会を与えてくれている。

　人間は全体の一部である、1人1人が人類の一部である、ということに気づけば、人を見る目が少し変わるだろう。そういうつながりを感じると、自分の心の中にある愛情が見つかる。自分自身をもっと好きになり、自分は成功に値すると感じるようになる。これが成功するための最も重要な要素だ。

　これは慈悲深くあれとか、世界の亀裂を修復しようという話ではない。規律を身に付けて、自分に前向きな期待をするという話だ。人はどんな意図でも持つことができる。だが、私は、こうした人間性への挑戦が最も実りあるもので、最高の心の糧になるということを発見した。

夜の振り返り　10～15分

　最後に、１日の終わりには、正直にその日を振り返る必要がある。これは掘り下げて真実を知るための時間だ。基本的に、夜の振り返りは人事監査のようなものだ。朝行ったように、私は５分間のボックス呼吸から始める。鼻から４秒間息を吸い、４秒間息を止めたら、口から４秒間息を吐いて、また４秒間息を止める。この間、ほかの考えが何も浮かばなくなるまで、数えることだけに集中する。

　次に、１日を振り返り、「今日は目標に近づいただろうか」と自問する。その日の行動を調べて、長期的なビジョンを達成するために課した課題にチェックを入れられたか確かめる。できなかったことがあれば、なぜできなかったのか、どうすればそれが明日できるのかを自分に問いかける。

　１日を通して、自分の考えや行動が自分の意図と合っていたかどうかを確かめていたか。少なくとも１人に、「疑わしきは共感する」を実践したか。思いやりを持って１日を過ごせたか。その日に「現れた」師たちから何を学んだか。今日学んだことをどのように使えば、明日もっと目標に近づけるのか。ここは１日を振り返って、力強い問いを投げかける時間だ。適切な問いをすれば、適切な答えが得られるからだ。

　このようにすれば、日々を充実した人生に変えていける。１日20～30分ぐらいを使って、「朝の準備」→「１日を通して確認」→「夜の振り返り」という基本的な手順を踏んでいれば、自動的に自己実現ができるようになる。幼いころから身に付けている自動神経反応を脱ぎ捨てて、人生で出合う物事をチャンスととらえよう。

　この練習を数カ月続ければ、最高の自分になれることを約束する。

少なくとも、最高の自分がどういうものかや、何を目指すべきかが分かる。自分はもっと成功するに値する人間だと感じるようになり、夢に向かって進むようになる。

トリムタブのように力強く

ジェフ・ブリッジスは私のお気に入りの俳優の１人であり、意図を持って生きる勝者の考え方を身に付けた人だ。彼は2019年にゴールデン・グローブ賞の１部門で、エンターテインメント界への多大な貢献を称えるセシル・B・デミル賞を受賞した。私はそのときの彼の受賞スピーチを思い出さずにはいられない。そこで、彼は大型船の舵を取るときに使われる「トリムタブ」と呼ばれるものに言及した。

彼はスピーチでこう言った。「映画とは何の関係もない人なのですが、私はその人から多くの示唆を受けました。それはバックミンスター・フラーのことです。彼はジオデシックドームで有名ですが、大型タンカーについて素晴らしい観察もしています。彼は、技術者たちがタンカーの進路変更で特に技量を試されていることに気づきました。タンカーには大きな舵が付いていますが、進路変更のためにこの舵の向きを変えるにはあまりにも大きなエネルギーが必要でした。そこで、彼らは素晴らしいアイデアを思いついたのです。大きな舵の上に小さな舵を付けよう。そうすれば、小さな舵で大きな舵の向きが変わり、大きな舵で船の進路が変わる。小さな舵はトリムタブと呼ばれています」

ブリッジスは話を続けた。「トリムタブは実は比喩として出しました。これは１人１人が社会に対して持っている本質的なつながり

を示しているのです。基本的には、小さなものであっても大きなものに影響を与えて、それらを動かす力を持つことができます。めいめいが人類全体の向かう方向に影響を与え、世界を変える力を持っているのです」

　ブリッジスの深い言葉は1人1人の持つ力についてだった。彼はトリムタブだ。あなたもトリムタブだ。私もトリムタブだ。だれもがトリムタブなのだ。私たちの1人1人がより大きな舵を動かして、船を操縦する力を持っている。だから、私たちはみんな、人類の旅の最終目的地や結果に対して責任を分かち合うのだ。

　もしあなたが最後までやり抜きたければ、朝の準備をし、1日を通して自分の考えや行動を確認し、寝る前に1日を振り返ることが大切だ。そうすれば、気を配りながら人生を歩み、目的を維持する役に立つ。これには1日30分くらいしかかからない。だが、この積み重ねが一生を左右する。自分のなかにあるトリムタブを受け入れよう。自分自身の舵を取り、意図する方向に羅針盤を設定し、自分の人生と世界が向かう方向を変えよう。

謝辞

いつも最善を尽くせるように私を奮い立たせてくれる、妻のエレナと娘のアンジェリアへ。ありがとう、2人とも大好きです。

亡き母と父のリーアとネイトへ。2人がいなければ、私は何も達成できなかったでしょう。

義母のジナイーダの愛と援助に。そして、亡き義父のニコライへ。あなたが誇りに思ってくれるように生きることであなたを偲びます。

長年にわたって私を支えてくれた友人や家族のみんなへ。私の旅に付き合ってくれてありがとう。

編集をし、貴重な意見をしてくれた友人のパトリシア・クリッサフォリと、本書の制作に才能と忍耐を発揮してくれたパトリシア・ウォーレンバーグへ。ありがとう。

ボブ・ワイスマンへ。長年の献身と友情に感謝します。

デニス・マギーへ。あなたがどこにいようと、私の人生を変えてくれた宝箱に感謝します。あなたのことはいつまでも忘れません。

世界各地からワークショップに参加してくれる人たちや、クライアントの方々、そしてツイッターをフォローしてくれる人たちへ。みんなに感謝します。本書に書いたことが私にとってと同じように、みんなにとっても意味あるものであることを願っています。

そして、長年にわたって私にひらめきを与えてくれた多くの著者たちへ。知恵と精魂を込めて、貴重な経験を伝える本を書いてくれたことに感謝します。

みんな、ありがとう。

献辞

　本書を、私の家族で伝説となっている話で締めくくりたい。母の兄であるジョンおじさんはフラー・ブラシ社の法人営業マンだった。彼は元来、絵に描いたようなアメリカ的生活を送っているように見えた堅実な人だった。ところが、40年ほど前のある日、彼は夢を追いかけようと決心した。

　彼は人道支援のために中東を訪れていた。妻のヤエルおばさんはイスラエルとパレスチナの紛争を1970年代に経験していた。柵で囲まれた家に住み、申し分ない生活を送っているように見えたが、伯父は違うものを求めていて、叔母も彼に協力的だった。彼は自給自足生活をして、自然と調和したシンプルなライフスタイルに戻りたいと考えていた。そのためには、師匠から学ぶ必要があった。彼はノースカロライナ州のチェロキーネイションに行き、最年長のメディスンマンであるアモネータ・セコイヤに、ネイティブアメリカンの伝統に従った生活を学びたいと話した。するとセコイヤは言った。「小屋の裏口から出てオクラホマ州のタレクアまで歩いて行き、そこから戻ってきたときに、君は私たちの一員となり、アメリカンインディアンであるということがどういうことか理解するだろう」と。伯父は、この言葉は比喩だと思いながら、帰宅してその言葉について考えた。しばらくして、再びアモネータと話をしに行った。伯父は、自分がこの新しいライフスタイルを取り入れて、ネイティブアメリカンの伝統に従った生活をすることを真剣に考えているのだと説明した。すると、アモネータからまた同じことを告げられた。「馬を連れててオクラホマまで歩いて行き、また戻って来なさい。そう

すれば、私たちの一員になることがどういうことか分かる」

　今度は、それが文字どおりの意味だと気づいた。伯父と叔母はノースカロライナ州からオクラホマ州まで歩いて行き、また戻ってくる何千キロもの旅をした。2人は途中で、これは1800年代半ばにチェロキー族がアメリカ南東部から西部の政府居留地に強制移動させられた「涙の道」の再現だということに気づいた。この強制移動では、4000人のチェロキーが飢えや病気で亡くなったと言われている。

　当時、叔母は妊娠していたが、旅の過酷さのせいで、途中で流産してしまった。亡くなった子は出てきたときに青みがかっていたので、2人は「ベイビーブルー」と呼んだ。それでも、2人は旅を続けた。彼らは文字どおり自分たちの涙の痕を残しながら、涙の道を進み続けた。

　その旅を終えると、伯父と叔母はチェロキーの社会に受け入れられた。現在、私は彼らの子供たちである私のいとこたちと親しく付き合っている。彼らと話をするたびに、「大胆で大きな目標を立て、それを強く信じて、どんなことにも立ち向かう」という、伯父が示してくれた説得力ある手本を思い出す。伯父と叔母はこの夢を実現するために多大な犠牲を払った。彼らは未知の世界に恐れることなく飛び込み、ほとんどの人が必死に守る居心地の良い場所を抜け出して、能力を発揮した。

　チェロキーの社会で生活するうちに、伯父はアメリカ先住民の代弁者になり、彼らの権利のための活動家になった。彼は何年も前に亡くなった。だが、大きな夢を持ち、それを達成するために全力を尽くせば何が起きるかを示す手本として、彼の思い出は残っている。

　これは私が子供のころに知っていた、とてもユニークで情熱的だった伯父のジョン・ベックに捧げる言葉だ。彼の冥福を祈る。

著者について

　マーク・ミネルヴィニ（Mark Minervini）は世界でも指折りの株式トレーダーであり、国際的なパフォーマンスコーチでもある。USインベスティング・チャンピオンシップで優勝した経験があり、ベストセラーとなった『**ミネルヴィニの成長株投資法――高い先導株を買い、より高値で売り抜けろ**』『**株式トレード　基本と原則**』（いずれもパンローリング）の著者である。彼はほんの数千ドルを元手にトレードを始めて、取引口座の資金を数百万ドルまでに増やした。そして、５年連続で220％の年平均リターンを達成し、四半期ごとの損益がマイナスになったのは１回だけだった。そして、３万3500％という信じ難いほどの総リターンをたたき出した。分かりやすく言うと、10万ドルの口座をわずか５年で3000万ドル以上にまで増やしたということだ。

　彼は『**成長株投資の神**』とジャック・シュワッガー著『**マーケットの魔術師【株式編】――米トップ株式トレーダーが語る儲ける秘訣**』（いずれもパンローリング）で取り上げられている。シュワッガーは、「ほとんどのトレーダーやマネーマネジャーはミネルヴィニの最悪の年――128％のリターン――が最高の年であっても、大喜びするだろう」と書いている。

　彼はミネルヴィニ・プライベート・アクセスというサービスを通してSEPAトレード法をトレーダーに教えている。会員はそこでストリーミング形式でミネルヴィニと一緒に、リアルタイムでトレードを経験できる。また、週末にはマスター・トレーダー・プログラムというワークショップをライブで行い、彼のトレード法について

総合的に指導している。

　彼のパフォーマンスコーチや投資セミナーには勝利法を学びたいと願う人々が世界中から参加している。

　著者については、https://www.minervini.com/ でもっと詳しく知ることができる。また、ツイッターは、https://twitter.com/markminervini でフォローできる。

■監修者紹介
長岡半太郎（ながおか・はんたろう）
放送大学教養学部卒。放送大学大学院文化科学研究科（情報学）修了・修士（学術）。日米の銀行、CTA、ヘッジファンドなどを経て、現在は中堅運用会社勤務。2級ファイナンシャル・プランニング技能士（FP）。『ルール』『不動産王』『その後のとなりの億万長者』『IPOトレード入門』『株式投資　完全入門』『知られざるマーケットの魔術師』『強気でも弱気でも横ばいでも機能する高リターン・低ドローダウン戦略』『パーフェクト証券分析』『トレードで成功するための「聖杯」はポジションサイズ』『バリュー投資達人への道』『新版　バリュー投資入門』『財産を失っても、自殺しないですむ方法』『キャリートレードの興隆』『鋼のメンタルトレーダー』『投資の公理』『ゼロから学ぶモメンタム投資』『マーケットのチャート入門』など、多数。

■訳者紹介
山口雅裕（やまぐち・まさひろ）
早稲田大学政治経済学部卒業。外資系企業などを経て、現在は翻訳業。訳書に『フィボナッチトレーディング』『規律とトレンドフォロー売買法』『逆張りトレーダー』『システムトレード　基本と原則』『一芸を極めた裁量トレーダーの売買譜』『裁量トレーダーの心得　初心者編』『裁量トレーダーの心得　スイングトレード編』『コナーズの短期売買戦略』『続マーケットの魔術師』『アノマリー投資』『シュワッガーのマーケット教室』『ミネルヴィニの成長株投資法』『高勝率システムの考え方と作り方と検証』『コナーズRSI入門』『3％シグナル投資法』『成長株投資の神』『ゾーン　最終章』『とびきり良い会社をほどよい価格で買う方法』『株式トレード　基本と原則』『金融市場はカジノ』『「恐怖で買って、強欲で売る」短期売買法』『「株で200万ドル儲けたボックス理論」の原理原則』『ルール』『知られざるマーケットの魔術師』『財産を失っても、自殺しないですむ方法』（パンローリング）など。

2022年8月3日　初版第1刷発行

ウィザードブックシリーズ �332

ミネルヴィニの勝者になるための思考法
——自分を変えて、内なる力を最大限に引き出す

著　者　マーク・ミネルヴィニ
監修者　長岡半太郎
訳　者　山口雅裕
発行者　後藤康徳
発行所　パンローリング株式会社
　　　　〒160-0023　東京都新宿区西新宿7-9-18　6階
　　　　TEL 03-5386-7391　FAX 03-5386-7393
　　　　http://www.panrolling.com/
　　　　E-mail　info@panrolling.com
編　集　エフ・ジー・アイ（Factory of Gnomic Three Monkeys Investment）
装　丁　パンローリング装丁室
組　版　パンローリング制作室
印刷・製本　株式会社シナノ

ISBN978-4-7759-7301-1

マーク・ミネルヴィニ

ウォール街で30年の経験を持つ伝説的トレーダー。数千ドルから投資を始め、口座残高を数百万ドルにした。1997年、25万ドルの自己資金でUSインベスティング・チャンピオンシップに参加、155%のリターンを上げ優勝。自らはSEPAトレード戦略を使って、5年間で年平均220%のリターンを上げ、その間に損失を出したのはわずか1四半期だけだった。

株式トレード 基本と原則

定価 本体3,800円+税　ISBN:9784775972342

生涯に渡って使えるトレード力を向上させる知識が満載！

株式投資のノウハウに本気で取り組む気持ちさえあれば、リスクを最低限に維持しつつ、リターンを劇的に増やす方法を学ぶことができるだろう。ミネルヴィニは時の試練に耐えた市場で勝つルールの使い方を段階を追って示し、投資成績を向上させて素晴らしいパフォーマンスを達成するために必要な自信もつけさせてくれるだろう。

ミネルヴィニの成長株投資法

定価 本体2,800円+税　ISBN:9784775971802

USインベスティングチャンピオンシップの優勝者！

ミネルヴィニのトレード法の驚くべき効果を証明する160以上のチャートや数多くのケーススタディと共に、世界で最も高パフォーマンスを達成した株式投資システムが本書で初めて明らかになる。

成長株投資の神

定価 本体2,800円+税　ISBN:9784775972090

4人のマーケットの魔術師たちが明かす戦略と資金管理と心理

実際にトレードを行っているあらゆるレベルの人たちから寄せられた、あらゆる角度からの130の質問に、アメリカ最高のモメンタム投資家4人が隠すことなく赤裸々に四者四様に答える！

オプティミストは なぜ成功するか【新装版】

ポジティブ心理学の父が教える
楽観主義の身につけ方

マーティン・セリグマン【著】
ISBN 9784775941102　384ページ
定価：本体 1,300円＋税

前向き（オプティミスト）＝成功を科学的に証明したポジティブ心理学の原点

数々の実験によって実証されたのは、学校の成績でも、営業の数字でも、健康面でも、楽観主義者（オプティミスト）のほうがよい数字をとりやすいということだった。本書で「楽観主義」を身につければ、ペシミストならではの視点をもちながら、オプティミストにだってなれる。

ポジティブ心理学が教えてくれる 「ほんものの幸せ」の見つけ方

とっておきの強みを生かす

マーティン・セリグマン【著】
ISBN 9784775942468　392ページ
定価：本体 1,800円＋税

誰にでも思い悩むことはある。けれど幸せな人と、そうではない人の違いは何なのだろうか。悲観主義だから？　つらい過去があるから？　置かれた環境のせいで幸せになれないのだろうか？　いやけっしてそんなことはない。人間の心はいつでも変えられる。本書は、ポジティブ心理学の父による「ほんものの幸せ」を手にいれるための実践的な手引き書である。